Peter Ivanov
Powerteams ohne Grenzen

Liebe Daniela,
Wenn wir gemeinsam träumen
schaffen wir eine neue
Wirklichkeit!

Peter Ivanov

PETER IVANOV

Powerteams ohne Grenzen

Eine Geschichte über
virtuelle Teams
und wie sie die Welt verändern

Bibliografische Information der Deutschen Nationalbibliothek

Die Deutsche Nationalbibliothek verzeichnet diese Publikation in der Deutschen Nationalbibliografie; detaillierte bibliografische Daten sind im Internet über http://dnb.d-nb.de abrufbar.

ISBN 978-3-86936-752-1

Redaktionelle Mitarbeit und Übersetzung: Jörg Achim Zoll, Dortmund | www.joergachimzoll.com
Lektorat: Anna Ueltgesforth, Amorbach | www.arsvocis.de
Umschlaggestaltung: Martin Zech Design, Bremen | www.martinzech.de
Umschlagfoto: freepik.com
Autorenfoto: Jonas Baseda
Satz und Layout: Das Herstellungsbüro, Hamburg | www.buch-herstellungsbuero.de
Druck und Bindung: Salzland Druck, Staßfurt

© 2017 GABAL Verlag GmbH, Offenbach

Alle Rechte vorbehalten. Vervielfältigung, auch auszugsweise, nur mit schriftlicher Genehmigung des Verlages.

www.gabal-verlag.de
www.facebook.com/Gabalbuecher
www.twitter.com/gabalbuecher

Inhalt

Ein Erdbeben rüttelt auf 9

Teil I Klarheit

Kapitel 1 Je größer die Distanz zwischen Teammitgliedern, desto wichtiger ist das persönliche Kennenlernen 19

■ Interview mit Thorsten Broese 35

Kapitel 2 Wem es gelingt, die Besten zu vereinen, der hat die Chance auf phänomenalen Erfolg 48

Kapitel 3 Wo jeder ein Ziel hat und glänzen darf, gelingt Führung auf Distanz mit Leichtigkeit 65

Kapitel 4 Wo Ziele verzahnt sind, kann sich kein Teammitglied verstecken 83

Kapitel 5 Wenn Rollen den wahren Stärken entsprechen, macht Arbeit immer Spaß 100

Teil II Kommunikation

Kapitel 6 Wie die Technik überbrückt, wenn Kontinente und Zeitzonen uns trennen 121

■ Interview mit Thorsten Jekel 133

Kapitel 7 Strukturierte Kommunikation heißt: Nicht allein der Chef redet, sondern alle reden über alles 145

Kapitel 8 Strukturen und Prozesse schaffen die Basis – Vertrauen setzt Kraft frei 164

Teil III Kultur

Kapitel 9 Grenzenlose Teams können Chancen und Trends schnell aufgreifen und nutzen 185

Kapitel 10 Wer Vielfalt fördert, statt sie zu bekämpfen, hebt Potenziale 199

■ Interview mit Cemal Osmanovic 216

Kapiel 11 Außergewöhnliche Leistungen verdienen außergewöhnliche Belohnungen – für alle 222

Kapitel 12 Wo grenzenlose Teams auseinandergehen, da beginnt gleichzeitig etwas Neues 236

Anhang

Epilog 251

Quellenangaben 254

Der Autor 255

Stichwortverzeichnis 256

In diesem Buch erzähle ich eine Geschichte, die zeigt, was mit virtuellen Powerteams alles möglich ist. Die Handlung und sämtliche Personen sind frei erfunden. Parallelen zur Realität sind jedoch volle Absicht. Meine Geschichte beginnt mit einem schockierenden Ereignis.

Wenige Wochen nachdem ich über diese fiktive Begebenheit geschrieben hatte, war ich selbst schockiert: Ein ähnliches Ereignis war in derselben Region der Erde tatsächlich eingetreten. Die schrecklichen Bilder gingen um die Welt.

Damit hätte ich niemals gerechnet. Ich habe lange überlegt, ob ich meine Geschichte umschreiben soll, weil sie von der Realität eingeholt wurde. Doch dann habe ich mich dagegen entscheiden. Der Ausgangspunkt der Geschichte in diesem Buch ist nun einmal – leider – sehr realistisch. Vielleicht wird ja die Lösung in der Geschichte dieses Buchs auch eines Tages Realität. Das wäre ein Grund zur Freude.

Ein Erdbeben rüttelt auf

Der Wecker seines iPad holte Bernd aus dem Schlaf. Es war halb sechs am Morgen. Widerwillig regte sich der Unternehmer im Bett und spürte, wie schwer seine Augen waren und wie gerne er noch länger schlafen würde. Sein Körper fühlte sich steif an – am Abend zuvor war er noch spät im Fitnessclub trainieren gewesen. Doch da rasten auch schon die ersten Gedanken durch seinen Kopf:

Frankfurt! Projekt ist in Verzug. Fundamente müssen diesen Monat fertig werden. Warum gestern kein Rückruf vom Bauleiter? Was habe ich für Termine heute? Wer holt Lena heute Nachmittag vom Flughafen ab?

Bei dem Gedanken an seine Tochter setzte er sich im Bett auf. Mit einer schläfrigen Bewegung nahm er das iPad vom Nachttisch und öffnete das E-Mail-Programm. Die neueste Nachricht stammte von Google Alerts:

Erdbeben am Fuß des Himalaya –
Tausende obdachlos in Transmontanien

Jetzt war Bernd hellwach. Die automatischen Benachrichtigungen von Google waren so eingestellt, dass er über Naturkatastrophen sofort informiert würde. Der ehemalige Unternehmensberater hatte sich auf die Organisation von Bau- und Infrastrukturprojekten spezialisiert und wollte sein Geschäft international ausweiten. Und wenn er sich am Wiederaufbau nach Katastrophen beteiligen würde, könnte er gleichzeitig in Not geratenen Menschen helfen. Früher hatte er Unternehmen gezeigt, wie sie Kosten sparen und Gewinne maximieren können. Doch so etwas genügte ihm heute nicht mehr. Er wollte mit seiner Arbeit dazu beitragen, dass die Welt ein besserer Ort wird.

Nun war er erst einmal schockiert. Am Himalaya war es kurz nach halb neun, und über Twitter gingen die ersten Bilder von den Folgen des Erdbebens um die Welt. Bernd sah weinende Menschen vor eingestürzten Häusern und im Hintergrund die mächtige Kulisse des Himalaya. Er las die ersten Berichte. Von Transmontanien hatte er noch nie gehört. Die abgelegene Region hatte erst vor Kurzem ihre Unabhängigkeit erklärt. Und nun schienen die dort weit verstreuten Häuser zu 80 Prozent zerstört. Die Menschen hatten noch Glück im Unglück gehabt: Zahlreiche kleinere Erschütterungen waren dem mächtigen Erdstoß vorausgegangen. Als die ersten Häuser am frühen Morgen einstürzten, waren die Bewohner bereits ins Freie geflohen. Doch nun waren Tausende obdachlos.

Bernd schaute sich die Fotos auf Twitter genauer an. Mit fachmännischem Blick sah er, wie primitiv die ein- bis maximal zweigeschossigen Häuser konstruiert und wie labil sie gebaut waren. Wenn man die genauso wieder aufbaut, dachte er, dann stürzen die beim nächsten Erdbeben gleich wieder ein! Diese Menschen brauchen andere Häuser. Moderne Häuser. Erdbebensichere Häuser.

> Die Bilder sind schrecklich. Doch das ist die Chance, auf die Bernd gewartet hat: Er will erdbebensichere Häuser für ein ganzes Land bauen.

Da war sie, die Chance, auf die er lange gewartet hatte. Inzwischen verfügte er über viel Erfahrung mit Bauprojekten in Deutschland. Nun musste ein ganzer Landstrich wieder aufgebaut werden, und er hatte die Vision dazu: erdbebensichere Häuser für Transmontanien. Doch wie sollte er an ein solches Projekt kommen? Wer würde die neuartigen Häuser konstruieren? Wer sollte sie bauen? Und wie würden die Einheimischen sich die Häuser leisten können? Die Region schien bettelarm zu sein. Unmöglich, schoss es Bernd durch den Kopf –, oder doch möglich?

Er stand auf, ging in die Küche, füllte Wasser in die Espressomaschine und drückte auf den Knopf für einen Lungo. Beim lauten Brummen der Maschine dachte er plötzlich an Claude. Espresso! Das Lieblingsgetränk von Claude, dem jungen Architekten aus Montreal. Claude nahm Espresso im Stundentakt zu sich – außer, wenn er schlief. Und Claude würde eine Idee haben. Ganz bestimmt. Der erfolgreiche Kanadier hatte bereits komplette Wohngebiete neu geschaffen und dabei mit Teams von Architekten aus aller Welt zusammengearbeitet. Claude war ein großer Fan des kollaborativen Arbeitens über das Internet. Sein neuestes Projekt für Montreal war ein großes öffentliches Gebäude, das er gemeinsam mit einem Team von Kollegen auf vier Kontinenten entworfen hatte.

Ich muss so schnell wie möglich mit Claude sprechen, dachte Bernd. Er schickte ihm einen Gruß über den Messenger von Skype und bat um einen kurzen Chat. Dann setzte er sich mit dem iPad und seinem Kaffee an den Küchentisch. Durch das Fenster sah er auf ein trübes und verregnetes Hamburg. Doch seine Gedanken waren ganz am Fuß des Himalaya. Was gab es Neues auf Google News und auf Twitter?

Die Hauptstadt von Transmontanien schien von dem Erdbeben weitgehend verschont geblieben zu sein. Dort war die Infrastruktur intakt, und so hatte die Regierung via Internet einen Hilferuf an die Welt gesandt. Aus eigener Kraft würde sie den Obdachlosen in den abgelegenen ländlichen Erdbebengebieten nicht helfen können. Jede Hilfe sei willkommen – Lebensmittel, Kleidung, Geld oder technische Unterstützung. Man hoffe weiter, dass es keine Verschütteten und kaum Verletzte gebe, könne das aber noch nicht bestätigen.

> Claude, der junge Architekt aus Kanada, wird Bernd helfen können. Er hat schon mit Teams aus aller Welt gearbeitet.

Bernd ging auf die Website der Regierung, von der es zum Glück eine englische Version gab. Auf der Startseite sah er, dass eine junge Beamtin namens Anne Tan soeben zur Koordinatorin für die Hilfeleistungen ernannt worden war. Es wurde auch eine Mailadresse angezeigt. Bernd begann, ihr eine Mail zu schreiben, um seine Hilfe anzubieten.

Da kam eine Skype-Message von Claude: »Hi, komme gerade vom Essen mit Freunden an der Rue Saint-Denis. Wollen wir noch reden?« In Montreal war es kurz vor Mitternacht. »Wäre super«, antwortete Bernd.

Globale Zusammenarbeit – die große Herausforderung unserer Zeit

Nach Erkenntnissen von Forrester Research arbeiten in den Industriestaaten bereits 81 Prozent der Beschäftigten regelmäßig mit Menschen zusammen, die sich nicht am selben Ort befinden – sondern zu Hause, in einer anderen Stadt oder auf der anderen Seite der Erde. Gleichzeitig bestehen 60 Prozent aller Teams aus Mitgliedern mit unterschiedlichem ethnischem oder kulturellem Hintergrund. Und das alles zu einer Zeit, in der sich das Wissen der Welt alle zwei Jahre verdoppelt. Nach einigen Schätzungen wird das Intervall sich bald sogar auf sechs Monate verkürzen. Menschen arbeiten über immer größere Distanzen zusammen. Sie bringen dabei unterschiedliche kulturelle, soziale, sprachliche und persönliche Prägungen mit. Und sie müssen dann auch noch mit einer immer größeren Flut neuer Informationen umgehen. Eine gigantische Herausforderung! Doch damit nicht genug. Hinzu kommen die Probleme, die sich vor der gesamten Menschheit auftürmen: zum Beispiel Naturkatastrophen – nicht allein, aber auch als Folge des Klimawandels –, eine ungebremst wachsende Weltbevölkerung, zunehmende regionale Kriege und damit verbundene Flüchtlingsströme, die problematische Abhängigkeit der Wirtschaft vom knapper werdenden Öl, ein fragiles weltweites Finanzsystem oder die Verwundbarkeit unserer neuen Hightech-Infrastrukturen.

> **Wir brauchen Spitzenleistungen, um die Herausforderungen der Zukunft zu meistern. Wie können virtuelle Teams diese Spitzenleistungen erbringen?**

Die neue Welt, in der wir leben, braucht neue Formen der Zusammenarbeit. Sie braucht vielfältige Gruppen aus den unterschiedlichen Kulturen, die geografische und kulturelle Grenzen überwinden und als vereintes Team den Herausforderungen einer neuen Zeit begegnen. Solche Teams werden jetzt überall benötigt: in Unternehmen, unter Selbstständigen und Freelancern, bei Nichtregierungsorganisationen (NGOs) und in der Politik. Die Frage ist: Wie können diese Teams Spitzenleistungen erbringen? Denn ohne absolute Spitzenleistungen haben wir keine Chance, die Herausforderungen der Zukunft zu meistern. Die Probleme sind zu groß, um sie mit halber Kraft bewältigen zu können.

Leider werden sogenannte »virtuelle Teams«, bei denen Menschen über geografische Distanzen hinweg zusammenarbeiten, oft als unangenehme Folge der Globalisierung gesehen, mit der man sich so gut es geht arrangieren muss. Virtuelle Teams sind jedoch eine Riesenchance – vor allem, wenn sie nicht nur geografische, sondern auch kulturelle Grenzen überschreiten und gerade aus dieser Unterschiedlichkeit ihre Kraft beziehen. Wenn wir diese Chance begreifen, dann können virtuelle Teams zu virtuellen Powerteams werden – den Teams der Zukunft! Sie werden nicht nur die globalen Probleme lösen, sondern auch und gerade wirtschaftliche Chancen erkennen und nutzen. Sie werden neuen Wohlstand schaffen. Nicht für wenige, sondern für viele. So entfaltet sich das ganze Potenzial einer vernetzten Welt.

Wo ein lohnendes Ziel ist, finden sich auch Mitarbeiter – weltweit

Die junge Generation will lieber in spannenden Projekten mitarbeiten als die klassische Karriere in einer hierarchischen Organisation verfolgen. Junge Menschen sind an weltweite Kooperation heute bereits gewöhnt – an den Universitäten und ebenso in den globalen Communitys, in denen sie sich austauschen und engagieren. Für die Jüngeren ist es wichtig, welchen Unterschied eine Organisation macht, welche Spuren sie hinterlässt und ob sie die Welt zu einem besseren Ort werden lässt. Es gibt längst unzählige Menschen, vor allem junge, die global arbeiten und sich weltweit in Projekte einbringen wollen. Und es gibt auf der anderen Seite die Unternehmer und Führungskräfte in den bestehenden Organisationen, die neue Leute brauchen, um gemeinsam hoch gesteckte Ziele zu erreichen.

> **Es kommt in virtuellen Teams darauf an, die Gravitationskraft zu erhalten. Der Energiekern ist das gemeinsame Ziel, jedes Teammitglied ein Stern – einzigartig und voller Strahlkraft.**

Heutzutage ist es möglich, neue Projekte oder sogar ganze Unternehmen fast aus dem Nichts zu starten. Entrepreneure, Freiberufler, Manager in Unternehmen oder Aktivisten in NGOs können überall auf der Welt die besten Mitarbeiterinnen und Mitarbeiter finden und mobilisieren. Die Herausforderung besteht dabei darin, diese Teams zu einen und es ihnen zu ermöglichen, trotz der geografischen Distanz und der kulturellen Unterschiede kraftvoll zu agieren. Ein virtuelles Team ist aufgebaut wie ein Atom, mit einem Kern und verschiedenen Teilchen, die den Kern umkreisen. Es kommt in einem solchen Team darauf an, trotz der Distanz die Gravitationskraft zu erhalten. Der energetische Kern des Teams ist stets das gemeinsame Ziel, es ist das, was alle Mitglieder begeistert, motiviert und zu Spitzenleistungen antreibt. Jedes Mitglied des Teams wird von diesem Kern angezogen und gehalten. In diesem Gefüge ist jedes Teammitglied ein Stern – einzigartig und voller Strahlkraft.

In schlecht geführten virtuellen Teams geht die Gravitationskraft mit der Zeit verloren. Die einzelnen Teilchen entfernen sich immer weiter vom Kern, bis sie sich irgendwann im Raum verlieren. Virtuelle Powerteams haben nicht nur einen starken Kern, eine beständige Gravitationskraft, sondern sie werden mit der Zeit auch stärker statt schwächer. Was konkret geschehen muss, damit virtuelle Teams zu virtuellen Powerteams werden, darum geht es auf den folgenden Seiten.

Die Voraussetzungen, virtuelle Powerteams zu schaffen, waren noch nie so gut wie heute. Zahlreiche digitale Plattformen, wie zum Beispiel LinkedIn oder Fiverr, eröffnen per Mausklick den Zugang zu einem gigantischen weltweiten Expertenpool. Jeder Unternehmer, jede Führungskraft, jedes Mitglied einer NGO kann heute die besten Spezialisten der Welt für ein Projekt gewinnen. Vorausgesetzt es gelingt, ein starkes Band zwischen den einzelnen Experten zu knüpfen und sie für ein lohnendes gemeinsames Ziel zu begeistern. Und ebenso vorausgesetzt, die geografischen und kulturellen Unterschiede lassen sich technisch überbrücken und durch einen kraftvollen, erfolgshungrigen Spirit verbinden.

> Mit virtuellen Powerteams können Organisationen global präsent sein und haben Zugang zu weltweiten Ressourcen. Sie werden flexibel, skalierbar und können mehr vorhandenes Wissen nutzen.

Ein virtuelles Team zu führen bedeutet eine unvergleichlich hohe Verantwortung. In Präsenzteams sorgt die menschliche Nähe dafür, dass die Teammitglieder sich gegenseitig unterstützen und anspornen. In virtuellen Teams ist es die Aufgabe der Führungskraft, eine effektive Teamkultur zu schaffen und dafür zu sorgen, dass die geografische Distanz ebenso überbrückt wird wie die emotionale. Die Führung eines virtuellen Teams ist deshalb in erster Linie die Führung von Menschen. Nicht Rang und Status machen die Führungskräfte der Zukunft aus, sondern ihre besonderen Fähigkeiten im Umgang mit Menschen.

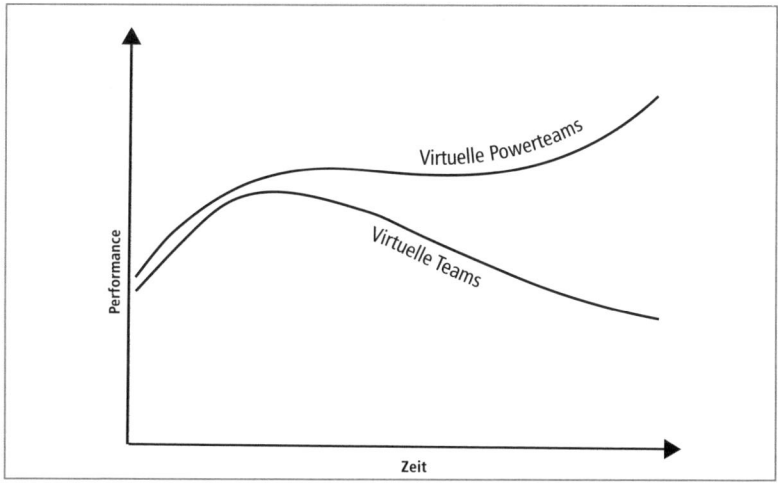

Abb.1: Virtuelle Powerteams

Virtuelle Powerteams sind drei Gruppen gleichermaßen von Nutzen: den verantwortlichen Führungskräften, den einzelnen Teammitgliedern und schließlich der gesamten Organisation sowie der Gesellschaft. Für Führungskräfte liegt der Vorteil darin, dass sie noch nie eine solche Auswahl an Top-Mitarbeitern hatten und mit der gebündelten Expertise von Mitarbeitern aus aller Welt herausragende Ergebnisse erzielen können. Die einzelnen Teammitglieder können an spannenden internationalen Projekten teilnehmen, ohne dafür ständig reisen zu müssen. Sie sind in der Lage, flexibel zu arbeiten, haben mehr Zeit für ihre Partner, Familien und Freunde und können sich trotzdem beruflich verwirklichen, neue Erfahrungen sammeln und sich für immer anspruchsvollere Aufgaben qualifizieren. Die gesamte Organisation – egal, ob Konzern, mittelständisches Unternehmen, wissenschaftliche Einrichtung oder NGO – kann global präsent sein und hat Zugang zu weltweiten Ressourcen. Sie wird flexibel, skalierbar und kann mehr vorhandenes Wissen nutzen, statt in eigene Weiterbildung investieren zu müssen. Wo eine ganze Reihe virtueller Powerteams Spitzenergebnisse erzielen, da wird schließlich auch die gesamte Organisation zu den Besten zählen.

Haben Sie Lust, zu den Gewinnern einer neuen Zeit zu gehören? Dann lesen Sie weiter und verfolgen Sie über zwölf Kapitel die Geschichte von Bernd aus Hamburg und seinem weltweiten virtuellen Powerteam. Lernen Sie, wie Sie zwischen Top-Experten über geografische und kulturelle Grenzen hinweg ein starkes Band schaffen und die Leidenschaft wecken, hohe Ziele zu erreichen. Profitieren Sie von den Erfahrungen der Vorreiter virtueller Powerteams, die diese in exklusiven Interviews und einer spannenden virtuellen Gesprächsrunde mit Ihnen teilen. Viel Spaß dabei!

Teil I
Klarheit

KAPITEL 1
Je größer die Distanz zwischen Teammitgliedern, desto wichtiger ist das persönliche Kennenlernen

Bernd saß seit zwanzig Minuten im Bademantel am Küchentisch. Er schrieb weiter seine Mail an die Koordinatorin für Erdbebenhilfe in Transmontanien. Den Kaffee neben sich hatte er längst kalt werden lassen. Alle seine Gedanken galten dem Auftrag zum Bau der erbebensicheren Häuser am Himalaya. Er hatte zwar noch keinen Plan, doch er dachte: erst den Auftrag – dann den Plan. Das war iteratives Vorgehen. Oder war es Übermut? Sorgsam listete er seine Referenzen auf: erfolgreiche Multimillionen-Bauprojekte in Deutschland, die er koordiniert hatte. Bisher hatte er noch jeden Termin geschafft und jedes Budget eingehalten. Darauf war er stolz. Mit den Asiaten schaffe ich das erst recht, dachte Bernd. Die sind so folgsam. Seine E-Mail sollte selbstsicher klingen, auch wenn sein Englisch manchmal etwas umständlich war und nicht frei von Fehlern. Er beneidete Claude, der zwischen Französisch, Englisch, Spanisch, Russisch und Italienisch wechselte wie andere Leute zwischen Radiosendern.

> Bernd schreibt eine E-Mail an Anne, die Koordinatorin für Erdbebenhilfe in Transmontanien. Er will erst den Auftrag haben und dann einen Plan machen.

Im selben Moment sah er das lächelnde Gesicht des Architekten auf seinem iPad. Damit kündigte sich ein Anruf über Skype an. Bernd tippte auf den grünen Knopf, um das Gespräch anzunehmen. Jetzt sah er ein Videobild von Claude in dessen Wohnung im Plateau, dem angesagtesten

Stadtviertel von Montreal. Der junge Kanadier trug einen lässig geschnittenen hellgrauen Anzug und ein schwarzes Hemd.

»Alter, wie geht's? Du hast dich ja schick gemacht«, scherzte Claude auf Englisch und grinste. Bernd überlegte, die Bildübertragung schnell abzuschalten. Doch dann wollte er nicht der humorlose Deutsche sein.

»Hier ist es gerade mal kurz nach sechs am Morgen, falls du es nicht weißt«, entgegnete Bernd trocken. »Außerdem ist die Lage ernst. Hast du von dem Erdbeben in Asien gehört?«

»Ja, habe es auf CNN gesehen, als ich reinkam. Schrecklich. Scheint ja zum Glück keine Toten gegeben zu haben, aber die Häuser sind alle Schrott. Hast du vor, da was zu machen?«

»Also, die brauchen jetzt unbedingt jemanden, der ihre Häuser wieder aufbaut. Und es sollten widerstandsfähige Häuser sein, die der nächsten Katastrophe standhalten. Das ruft doch nach deutscher Wertarbeit und einem zuverlässigen hanseatischen Unternehmer, findest du nicht?«

»Tja, du besitzt eine gut geölte deutsche Baumaschine, aber hast du jemals Projekte auf anderen Kontinenten gemacht?«

»In der Unternehmensberatung hatten wir internationale Teams. Aber Projekte mit globalen Teams selbst geleitet habe ich noch nie, das stimmt. Und das macht mir auch ein wenig Sorge. Du weißt, ich mag keine Überraschungen. Zum Glück kenne ich ja dich! Verrätst du mir, wie du es schaffst, dass du alleine in Kanada sitzt und dein Team überall auf der Welt arbeitet?«

> Claude schlägt für die Hausdesigns einen MOOC (Massive Open Online Course) vor. Daran beteiligen sich manchmal Zehntausende über das Internet.

»Also, bei dem Projekt in Pakistan war ich tatsächlich alleine in Kanada und die anderen Teammitglieder waren in anderen Ländern. Da haben wir den kompletten Entwurf über einen MOOC gemacht. Mit einem MOOC könntest du auch kollaborativ ein neuartiges, erdbebensicheres Hausdesign für Transmontanien schaffen. Du wirst die Leute ja wohl nicht mit deutscher Architektur beglücken wollen, oder? Also wirst du lokale Bautraditionen berücksichtigen. Die Materialien sollten nachhaltig sein und aus der Region stammen. Und am besten bauen die Einheimischen selbst ihre neuen Häuser. Sonst verdienen am Ende nur westliche Unternehmen – und Transmontanien ertrinkt in Schulden.«

»Das sehe ich genauso. Doch was, bitteschön, ist ein Moock oder wie das heißt?«

»MOOC steht für Massive Open Online Course. Bei diesen virtuellen Hochschulkursen lernen manchmal zehntausende Studierende gemeinsam über das Internet. Das Beste ist, dass sie bei der meist sechswöchigen Kursdauer auch an Projekten arbeiten. Für Pakistan hatten wir 25 000 Studenten, die 5000 Entwürfe für das geplante Gebäude eingereicht haben. Viele Studenten sind weit fortgeschritten, deshalb bekommst du Top-Qualität. Einen der Entwürfe haben wir dann im Auftrag der pakistanischen Regierung gebaut.«

»Wie viel hat das gekostet?«

»In unserem Fall gar nichts, weil der US-Professor, der den MOOC veranstaltet hatte, der pakistanischen Regierung den Entwurf geschenkt hat.«

»Für Transmontanien schaffen wir das bestimmt auch. Schließlich brauchen die Leute dringend Hilfe. Mich schaudert nur bei dem Gedanken, dass ich 25 000 Studenten managen und deren Fortschritte überwachen soll.«

»In der vernetzten virtuellen Welt kommst du mit Mikromanagement und Kontrolle nicht weiter«, weiß der Kanadier. Kann Bernd seine alten Gewohnheiten loslassen?

»Das kannst du gar nicht, da lebst du in der alten Welt. In der vernetzten virtuellen Welt kommst du mit Mikromanagement und Kontrolle nicht weiter. Gib den Leuten, was sie brauchen – und dann lass sie in Ruhe.«

»Claude«, sagte Bernd jetzt mit fester Stimme. »Bist du bei dem Abenteuer dabei? Und hilfst du mir, den Arbeitsablauf beim Entwurf der neuartigen Häuser zu organisieren?«

»Weißt du«, antwortete Claude in gelassenem Ton, »ich habe zwei Schwächen: eine für Menschen in Not und eine für alte Freunde wie dich. Also bin ich dabei. Aber nur an einem Tag in der Woche! Mehr Zeit habe ich nicht.«

»Ich danke dir! Als Erstes versuche ich jetzt, per Mail die Regierungsbeauftragte in Transmontanien zu erreichen und mit ihr eine Skype-Konferenz zu vereinbaren. Ich lade dich dazu mit ein, okay? Du weißt, wie sehr ich Telefonkonferenzen hasse …«

Bernd beendete das Gespräch mit Claude, schrieb die Mail an Anne Tan zu Ende und schickte sie ab. Dann duschte er, zog sich an, verabschiedete sich von seiner Frau, die gerade aufgestanden war, und fuhr mit dem Auto zu seinem Büro in der Hafencity. Den Rest des Tages verbrachte er damit, seine aktuellen Projekte in Deutschland zu verfolgen. Bis zum Mittag telefonierte er und beantwortete E-Mails. Dann besuchte er eine Baustelle in Bremen. Von dort fuhr er am Abend zum Flughafen, um seine Tochter abzuholen. Lena war 14 und gerade mit ihrer Schulklasse zum ersten Mal im Ausland gewesen.

Drei Tage später. Bernd saß in seinem Büro und bereitete sich auf die erste internationale Telefonkonferenz vor, die er selbst leiten würde. Die Frühlingssonne drang durch die raumhohen Fenster und tauchte seinen Schreibtisch in helles Licht. Bernd wollte dieses Projekt unbedingt machen. Er war immer noch betroffen von den Bildern aus Transmontanien – doch er brauchte auch dringend neue Aufträge. Der deutsche Markt entwickelte sich für ihn nicht wie erhofft. Außerdem war vor zwei Wochen ein wichtiger Kunde pleitegegangen. Es war jetzt höchste Zeit, international Geschäfte zu machen. Wenn nur die nervige Technik nicht wäre! Bernd pflegte am liebsten den engen persönlichen Kontakt zu allen Projektbeteiligten. Er war jede Woche mit dem Auto, der Bahn oder dem Flugzeug unterwegs und telefonierte täglich mehrere Stunden. Skype, FaceTime, WhatsApp und alle diese anderen Programme waren ihm unsympathisch. Doch an die virtuelle Welt würde er sich jetzt gewöhnen müssen.

> Die erste Skype-Konferenz mit Claude und Anne ist für Bernd eine ungewohnte Herausforderung. Er glaubt jedoch, gut vorbereitet zu sein.

Zum Glück kannte sich Claude immer mit der neuesten Technik aus. Videokonferenzen und virtuelle Zusammenarbeit waren für den jungen Kanadier Alltag. Wenn irgendetwas schiefgeht, wird Claude mir schon helfen, dachte Bernd. Es war jetzt kurz vor drei. Gleich sollte es losgehen. Etwas nervös ging Bernd noch einmal seine Agenda durch:

1. Umfang, Zeitrahmen und Budget des Projekts
2. Konstruktion nachhaltiger, erdbebensicherer Häuser
3. Möglichkeiten der Finanzierung

Bernd schaute sich nochmals die Benutzeroberfläche von Skype an. Immer diese automatischen Updates! Kaum hatte man sich gemerkt, wo die Schaltflächen waren, sah alles schon wieder anders aus.

Pünktlich um 15 Uhr sah Bernd die Fotos von Claude und von Anne, der jungen Regierungsmitarbeiterin aus Transmontanien. Claude meldete sich zuerst.

»Hi, es ist sieben Uhr morgens in Montreal. Ich liege noch im Bett und lasse mal besser das Bild weg, sonst werdet ihr noch neidisch auf meine coole Bettwäsche.«

»Geht in Ordnung«, sagte Bernd knapp. Für einen Moment war er enttäuscht, dass Claude diese wichtige Telefonkonferenz anscheinend so lässig absolvierte. Doch da meldete sich auch schon die junge Asiatin.

»Guten Abend, Gentlemen. Oder guten Morgen – je nachdem, wie viel Uhr es bei Ihnen ist. Hier spricht Anne Tan.«

»Darf ich Anne sagen?«, schallte es aus Montreal. »Ich bin Claude. Anne klingt ja ziemlich ... europäisch, oder?«

»Hallo Claude! Meine Mutter ist Engländerin und ich habe in Cambridge studiert.«

»Dürfte ich vielleicht ...«, hob Bernd an.

»Oh, sorry, Bernd, tut mir ganz schrecklich leid«, sagte Claude mit gespielter Aufregung. »Du leitest die Konferenz, klar. Ich bin jetzt ruhig. Es sei denn, du zwingst mich, etwas zu sagen.«

Bernd stellte den beiden seine Agenda vor. Dann erteilte er Anne das Wort. Sie sprach langsam und in wohlgesetzten Worten. Für Bernd hörte sie sich an wie die Regierungssprecherin der Downing Street. Die Regierung von Transmontanien habe in einem Eilverfahren bereits die Ausschreibung für den Wiederaufbau der Häuser vorbereitet, erklärte Anne. Eile sei geboten, denn vor dem nächsten Winter müsse alles fertig sein, sonst gebe es noch eine weitere Katastrophe. Während der Sommermonate könne man die Menschen in Zelten unterbringen, aber im Winter sei das undenkbar. Die Weltbank werde wahrscheinlich für die Materialkosten und die Löhne der örtlichen Arbeiter aufkommen. Ungewiss sei die übrige Finanzierung. Projektmanagement, Entwürfe und internationale Mitarbeiter müssten getrennt betrachtet wer-

> Einmal unterbricht Anne die Konferenz und scheint einem Kind etwas zu sagen. Für Bernd ist alles ungewohnt: Claude liegt noch im Bett, und Anne hat ihre Kinder dabei.

den. Der Ministerpräsident sei angetan von Bernds Idee, die Häuser erdbebensicher wieder aufzubauen. Doch wenn das nicht finanzierbar sei, werde man auf die traditionelle Bauweise zurückgreifen. Noch sei nichts entschieden. Während sie redete, hörte man im Hintergrund eine Kinderstimme. Einmal unterbrach Anne kurz und schien dem Kind etwas zu sagen. Es klang warm und freundlich und hörte sich fast so an, als ob sie singen würde.

Bernd dachte: Was für eine Herausforderung! Er war immer noch ein wenig nervös. Alles war ungewohnt für ihn: das Projektmanagement, die Hoffnung auf passende Entwürfe von irgendwelchen Leuten irgendwo auf der Welt und schließlich die offene Frage der Finanzierung. Doch er war entschlossen weiterzumachen. Das würde sein internationaler Durchbruch werden. Außerdem bekam er die Bilder der weinenden Menschen vor ihren zerstörten Häusern nicht aus dem Kopf. Bernd würde Claude die Sache mit dem MOOC organisieren lassen. Für einen deutschen Unternehmer wie ihn klang das zwar alles riskant, doch Bernd war bereit, sich für Neues zu öffnen. Die Finanzierung wollte Claude über Crowdfunding machen. Sollte Bernd sich auch darauf einlassen?

> Anne will einen Spezialisten für Crowdfunding aus London ins Boot holen. Bernd meint dagegen, er sei der Chef und müsse sich selbst um die Finanzierung kümmern.

»Was die Finanzierung über Crowdfunding angeht«, sprach Bernd ins Mikrofon, »da bin ich noch nicht so erfahren und habe auch einige kritische Artikel dazu gelesen. Gebt mir bitte eine Woche Zeit, mich zu informieren, dann werden wir sehen.«

»Also Bernd«, warf Claude ein, »bei allem Respekt – jetzt zwingst du mich wirklich, dich zu unterbrechen. Ich denke, wir sollten schnellstens einen Experten für Crowdfunding ins Team holen, die Parameter definieren und den Experten dann loslegen lassen.«

»Das finde ich auch«, stimmte Anne zu. »Über meine Kontakte in London habe ich Zugang zu einigen absoluten Spezialisten auf dem Gebiet neuer Finanzierungsformen. Auf diese Weise habe ich schon landwirtschaftliche Entwicklungsprojekte in entlegenen Bergregionen finanzieren können. Ich mache Vorschläge für die Parameter und maile euch bis spätestens morgen Abend unserer Zeit eine Liste mit möglichen Ansprechpartnern.«

»Danke für das Angebot«, erwiderte Bernd. »Aber darum sollte ich mich kümmern. Ich werde mich in den nächsten Tagen damit beschäftigen. Sobald ich mehr weiß, schicke ich euch eine E-Mail, und wir können den nächsten Telefontermin vereinbaren, um über die Parameter und die Finanzierung endgültig zu entscheiden.«

Bernd hatte die Telefonkonferenz mit ein paar Dankesworten und guten Wünschen beendet. Seine Agenda war abgehakt. Trotzdem fühlte er sich unwohl. Einerseits war ihm Anne sympathisch. Sie schien selbstbewusst, top ausgebildet, international vernetzt und mit Vollgas unterwegs zu sein. Doch die Finanzierung war doch nun wirklich seine Aufgabe als Initiator des Projekts! Er war es nicht gewohnt, dass andere vorpreschten, wo er der Chef war. Während der Konferenz hatte er mehrmals das Gefühl gehabt, dass die beiden anderen alles besser wussten. Und das passte ihm überhaupt nicht.

Schon wieder ein Anruf über Skype – es war Claude. Leicht irritiert klickte Bernd auf den grünen Knopf.

»Bist du verrückt? Was war denn das für eine Ansage?« Claude schien richtig wütend. So kannte Bernd den smarten jungen Architekten bisher gar nicht. »Wie kannst du so dominant sein und Leute ausbremsen, die eine Aufgabe übernehmen wollen? Danke für das Angebot. Aber darum sollte ich mich kümmern. Mann! So kannst du kein virtuelles Team leiten. Jedenfalls nicht, wenn du weiterhin deine Termine einhalten willst. Wo deine Teammitglieder sich begeistern und ihre Expertise einbringen, da solltest du sie ermutigen und sie einfach machen lassen.«

> Claude wirft Bernd besserwisserisches und unproduktives Verhalten vor. Er empfiehlt ihm einen Mentor. Bernd glaubt aber, kein Coaching zu brauchen.

»Woher weiß ich, ob ich Anne trauen kann? Ich würde gerne. Aber ich kenne sie doch nicht.«

»Dann gib ihr einen Vertrauensvorschuss. Ist das so schwer? Sobald unser Team komplett ist, werden wir uns alle persönlich kennenlernen.«

»Ich soll die Leute aus der ganzen Welt einfliegen lassen, um mit denen Kaffee zu trinken? Ich dachte, du arbeitest mit deinen Leuten in virtuellen Teams über das Internet.«

»Mache ich auch. Nachdem ich sie persönlich kennengelernt habe.«

»Also, ich glaube, so einen Aufwand müssen wir jetzt erst mal wirklich nicht treiben. Wir brauchen jede Minute, um uns um die Projektdaten und die Finanzierung zu kümmern.«

»Mann, du erinnerst mich wirklich an diesen amerikanischen Professor, mit dem ich das Projekt in Pakistan gemacht habe. Der hatte irgendwann nichts mehr im Griff.«

»Ich habe also nichts im Griff, denkst du?« Jetzt war Bernd auch wütend.

»Langsam, langsam«, beschwichtigte Claude. »Noch ist ja nichts passiert. Aber du solltest da anders herangehen. Mach es am besten wie der Amerikaner: Nimm dir einen Coach oder Mentor. Der Mentor bei dem Projekt in Pakistan war ein absoluter Spitzenmann. Der Typ heißt Paul, ehemaliger CIO bei einem Weltkonzern, Ende 40, ich glaube Brite vom Pass her, aber schon ewig in der Karibik und seit Kurzem auch häufig – rate wo! In Tibet am Himalaya! Scheint etwas auf dem spirituellen Trip zu sein. Aber kein Spinner! Und technisch auf dem neuesten Stand. Er hilft regelmäßig internationalen und multikulturellen Teams bei der Zusammenarbeit.«

»Danke, Claude, ich glaube, ich komme zurecht«, sagte Bernd nüchtern.

»Ja, natürlich kommst du zurecht, ich zweifele überhaupt nicht an dir. Aber Paul ist genial! Für das Projekt in Pakistan haben wir mit ihm einen zweitägigen Workshop gemacht, alle fünf Leute im Team. Es ist unglaublich, was da passiert ist! Wir waren uns zum ersten Mal begegnet – nach zwei Tagen kannten wir uns so gut wie alte Freunde, und jeder hatte ein klares Ziel. Das war der Wendepunkt für uns. Danach ging unsere Teamleistung durch die Decke. Ich rate dir, Paul für einen Workshop zu holen, sobald unser Team steht.«

»Claude, ich brauche keinen Coach, keinen Mentor, keine Psycho-Workshops und schon gar keinen Businessguru auf dem Eso-Trip! Ich verstehe mich auf mein Handwerk. Vertrau mir. Wir haben ein sehr knappes Budget und das setzen wir besser dort ein, wo wir schnelle Ergebnisse bekommen, statt um die Welt zu reisen und zwei ganze Tage mit Vorstellungsrunden zu vergeuden.«

> Der Mentor Paul hat mit Claude bei einem Projekt einen zweitägigen Workshop gemacht. Danach kannten sich alle so gut wie alte Freunde und jeder hatte ein klares Ziel.

Sich kennenlernen, damit Vertrauen entsteht

Für Bernd ist die erste Telefonkonferenz mit einem globalen virtuellen Team eine ungewohnte Herausforderung. Er ist hoch motiviert, will den Sprung ins kalte Wasser wagen und sich auch persönlich weiterentwickeln. Doch aus seinen alten Schuhen kommt er noch nicht ganz heraus. Er hat den größten Teil seiner Karriere in hierarchischen Organisationen mit weitgehend vor Ort präsenten Teams verbracht. Das hat ihn ebenso geprägt wie der »deutsche Mittelstand« mit seinem zwar pragmatischen, aber oft auch direktiven Führungsstil. Bernd möchte Menschen wie Anne vertrauen, obwohl er ihr noch nie begegnet ist. Er merkt selbst, dass ihm das nicht leichtfällt. Er ist es gewohnt, vieles zu kontrollieren. Das größte Problem für Bernd in seinem neu entstehenden virtuellen Team ist seine Neigung zum Mikromanagement. Claude hat nicht ganz unrecht, wenn er ihm arrogantes Auftreten und Besserwisserei vorwirft.

> **Wer virtuelle Teams führen will, muss sich oft von alten Gewohnheiten verabschieden. Und er muss neu lernen zu vertrauen.**

So wie Bernd geht es gerade vielen Führungskräften. Sie stehen mit einem Bein in der alten Welt und mit dem anderen Bein in der neuen, digital vernetzten Welt. Die alte Welt gibt ihnen ein Gefühl von Sicherheit. Sie haben dort ihr Wissen und ihre Erfahrung. Die neue Welt reizt sie, doch kommt auch schnell Unsicherheit auf. Kann man an so einer Skype-Konferenz einfach vom Bett aus teilnehmen? Darf da jeder dazwischenreden, ohne dass der Moderator ihm das Wort erteilt hat? Viele Manager versuchen, ihr altes Wissen auf die neuen Situationen zu übertragen. Sie glauben, dass die Zusammenarbeit in virtuellen globalen und multikulturellen Teams im Großen und Ganzen genauso funktioniert, wie sie das bisher von örtlich gebundenen Teams gewohnt sind. Doch das ist ein Irrtum. Wer virtuelle Teams führen will, der muss sich meistens von alten Gewohnheiten verabschieden. Das gilt erst recht, wenn virtuelle Teams zu virtuellen Powerteams werden sollen.

Führungskräfte in virtuellen Teams: mehr »Enabler« als Manager

Was ist die Lösung für Bernd? Wie können Führungskräfte wie er sich verändern? Zunächst ist es wichtig, seine Rolle und seine Einstellung zu reflektieren. Viel stärker als in vor Ort präsenten Teams geht es in virtuellen Teams darum, drei »W« voneinander zu unterscheiden: das »Warum«, das »Was« und das »Wie«. Kurz auf den Punkt gebracht: Das »Warum« ist Kernaufgabe der Führungskraft, das »Was« erarbeitet die Führungskraft gemeinsam mit ihrem Team, und über das »Wie« muss schließlich jedes einzelne Teammitglied selbst entscheiden. Was bedeutet das konkret? Das »Warum« ist das große Ziel, der Sinn und Zweck des Ganzen. Dies den Menschen zu vermitteln, ist Aufgabe der Führung. Bernd hat die Vision von einem erdbebensicheren Wohnen für die Menschen in Transmontanien. Er schwört alle Mitglieder seines virtuellen Teams darauf ein. Gleichzeitig kennt er das »Was« noch nicht: Was ist zu tun, um ans Ziel zu kommen? Welche Art Häuser zum Beispiel eignen sich? Antworten auf solche Fragen findet eine Führungskraft gemeinsam mit ihrem Team.

> Das »Warum« ist Kernaufgabe der Führungskraft, das »Was« erarbeitet sie gemeinsam mit dem Team, und über das »Wie« entscheidet jedes Teammitglied selbst.

Schließlich sind beim »Wie« Vertrauen und Loslassen gefragt. Vertrauen, dass jedes Teammitglied für seinen Bereich Experte ist und über das »Wie«, die konkrete Umsetzung, selbst am besten Bescheid weiß. Wenn Anne schon Erfahrung mit Crowdfunding hat und über entsprechende Kontakte verfügt, dann sollte Bernd sie machen lassen. Er sollte fragen, ob sie von ihm noch etwas braucht, um anzufangen. Die Führungskraft in virtuellen Teams ist mehr »Enabler« als Manager. Wo die Bahn frei ist, da braucht der Chef sich nicht einzumischen. Bernd ist bereit, das zu lernen, doch das Problem ist sein mangelndes Vertrauen. Menschen aktivieren ihr größtes Potenzial im vertrauensvollen Umgang miteinander. Vertrauen und der Blick auf ein attraktives gemeinsames Ziel machen Teams zu Powerteams. Führung in virtuellen Teams heißt deshalb: Ermutigung, Ermächtigung und die Definition gemeinsamer Ziele. Wie entsteht jedoch Vertrauen? Es entsteht in erster Linie durch persönliches Kennenlernen.

Persönlichkeit im Fokus: Warum es auf die persönliche Ebene ankommt

Immer wieder höre ich Führungskräfte in virtuellen Teams sagen: »Die Leute sehen sich während ihrer Arbeit doch sowieso nicht. Wozu dann den Aufwand treiben und persönliche Treffen arrangieren? Wer sich kennenlernen will, kann sich ja mal privat verabreden.« Das ist der vielleicht größte Fehler, den Manager virtueller Teams machen. Sie vernachlässigen die persönliche Ebene, weil sie glauben, es sei ja jetzt alles »virtuell«. Die Menschen sind es jedoch nicht! In virtuellen Teams gibt es wenig Gelegenheit für informelle Kommunikation. Bei den meisten Telekonferenzen geht es konzentriert zur Sache. Im Gegensatz zu einem Präsenzmeeting können sich die Teilnehmenden nicht vorher oder nachher an der Kaffeemaschine zum Austausch treffen. Sich kennenlernen, über die eigenen Interessen sprechen und etwas von seiner Geschichte erzählen – wann soll das also geschehen?

> In virtuellen Teams ist das persönliche Kennenlernen besonders wichtig. Es findet jedoch nicht von selbst statt, sondern muss arrangiert werden.

Viele Manager beschäftigen sich nicht ausreichend mit den persönlichen Eigenschaften der Mitglieder ihres virtuellen Teams. Sie sehen das einzigartige persönliche Potenzial der Teammitglieder zu wenig. Sie ahnen oft nicht einmal, dass es der entscheidende Faktor sein könnte, um die Leistung des gesamten Teams in ungeahnte Höhen zu steigern. Oft bleiben die Mitglieder eines virtuellen Teams sogar anonym. Sie werden als eine Ressource behandelt, die gebraucht wird. Sie sollen auf Knopfdruck Ergebnisse liefern. Doch ohne als Mensch gesehen zu werden, aktiviert niemand sein volles Potenzial. Gerade weil es über geografische Distanz keine spontanen Anlässe für persönliche Kommunikation gibt, ist das Kennenlernen umso wichtiger!

> **Vorsicht Falle!**
> In der Anfangsphase virtueller Teams gibt es eine Reihe von typischen Fehlern. Dazu zählen übertriebenes Misstrauen, Kontrollzwang und Mikromanagement. Der Hintergrund ist oft, dass die persönliche Ebene unterschätzt wird. In virtuellen Teams ist sie noch wichtiger als in örtlich präsenten Teams.

Die Leitenden in virtuellen Teams sollten nicht darauf warten, dass die Teammitglieder sich in irgendeiner Form privat vernetzen. Das passiert viel zu selten. Es ist eine vergebene Chance, dies dem Zufall zu überlassen. Die Führungskraft sollte stattdessen so früh wie möglich für ein persönliches Kennenlernen sorgen. Es kann sein, dass die anfängliche Begeisterung ein Team ganz gut in die Spur bringt. Doch spätestens wenn Probleme auftauchen, zeigt sich, ob die Teammitglieder einander vertrauen und sich aufeinander verlassen können. Deshalb ist auch ein größerer Aufwand für ein persönliches Treffen gerechtfertigt. Das zahlt sich spätestens dann aus, wenn Vertrauen entscheidend ist, damit es weitergehen kann. In einigen Fällen ist ein persönliches Treffen nicht möglich, weil das Team zu groß ist oder zu weit verstreut oder es das Budget einfach nicht erlaubt. Dann sollte es mindestens eine Telefonkonferenz mit dem Fokus auf Persönliches geben.

Die zwei Seiten des Vertrauens

Vertrauen hat in Teams immer zwei Seiten: Vertrauen in die berufliche Kompetenz und Vertrauen in die Persönlichkeit. Wenn ich das Wissen und die Erfahrungen eines Teammitglieds gut kenne, dann traue ich ihm auch zu, anspruchsvolle Aufgaben zu lösen. Ich sage mir: Dieser Mann oder diese Frau kann das – und macht das! Das ist das Vertrauen in die Kompetenz. Hinzu kommt das Vertrauen in die Persönlichkeit: Wenn ich ein Teammitglied persönlich gut kenne, dann weiß ich, was seine Stärken und Schwächen sind. Ich kann sein Verhalten richtig einschätzen. Ich kann ihn begeistern und motivieren. Ich kenne aber auch seine wunden Punkte. Wenn ein Mitarbeiter einen schlechten Tag hat und ich die persönlichen Gründe dafür kenne, verliere ich nicht gleich das Vertrauen in ihn.

Also gilt: Je besser Sie Ihre Teammitglieder kennen, je mehr Sie darüber wissen, was ihnen am Herzen liegt, was ihnen Freude macht, was ihnen Energie gibt, desto besser können Sie ein Team auch über die Distanz hinweg führen und unterstützen.

Reflexionsfragen:
- Kennen Sie die persönlichen Interessen, die Lebensumstände und die Stärken aller Mitglieder Ihres virtuellen Teams?
- Wie kann sich die jeweils einzigartige Persönlichkeit der Mitarbeitenden in Ihrem Team ausdrücken?
- Wie halten Sie den persönlichen Kontakt zwischen den Mitgliedern Ihres virtuellen Teams lebendig, und wie wird daraus die Basis für den Erfolg?

Ein Workshop bringt den Durchbruch

Mein erstes internationales Projekt als Manager betraf Niederlassungen eines Unternehmens in zwanzig europäischen Ländern. Ziel war die globale Vereinheitlichung des IT-Managements. Nach ursprünglicher Begeisterung wurde das Projekt immer zäher. Mir wurde bewusst, dass das auch an mir lag. Ich übte zu viel Druck aus, und das Team folgte mir nicht. Daraufhin arrangierte ich mit allen Mitarbeitern einen ganztägigen Workshop, in dem jeder sich den anderen persönlich präsentierte. Diese persönliche Vorstellung hatte schriftlich und über Telefonkonferenzen nie richtig funktioniert. Nach dem Workshop ging die Leistungskurve des Teams steil nach oben. Das Vertrauen nahm zu, und die Kommunikation lief nun viel besser. Im Anschluss sorgte ich dafür, dass wir im persönlichen Gespräch blieben.

Ich lernte also früh in meiner Karriere, welchen Unterschied ein persönliches Kennenlernen macht. Heute rate ich Unternehmen: Wartet nicht, bis eine Krise da ist, sondern macht einen Workshop zum persönlichen Kennenlernen, sobald das virtuelle Team steht. Sollte es aus organisatorischen Gründen oder aus Budgetgründen nicht möglich sein, einen solchen Workshop vor Ort durchzuführen, dann sollte er zumindest virtuell (über eine Videokonferenz) stattfinden. Mit einer entsprechenden Software können die Teilnehmenden sich dabei auch gegenseitig Zeichnungen, Fotos und Videos zeigen. Und wenn Ihr Team zu groß ist für einen gemeinsamen Workshop? Dann beschränken Sie sich auf das Kernteam, das Leadership Team, und sorgen Sie dafür, dass hier starke persönliche Beziehungen entstehen.

So gehen Sie in einem Workshop konkret vor

Für Workshops zum Kennenlernen empfehle ich eine Methode, die sich in meiner Arbeit seit Langem bewährt hat. Lassen Sie jedes Teammitglied sich mit zwei vorbereiteten Folien vorstellen: Auf einer Folie wird die berufliche »Lifeline« dargestellt und auf einer anderen die persönliche. Alternativ zu vorbereiteten Folien mit PowerPoint, Keynote oder Prezi können es ruhig auch live gezeichnete Flipchart-Seiten oder Projektionen auf einem interaktiven Whiteboard sein. Hauptsache, die Teilnehmenden präsentieren jeweils ihre beruflichen und ihre persönlichen »Lebenslinien«. Wer will, kann beide Linien am Schluss übereinanderlegen und vergleichen. Das kann besonders spannend sein! Lassen Sie die Mutigsten beginnen. Nach und nach trauen sich dann alle. Meistens ist die berufliche »Lifeline« nicht so interessant wie die persönliche, trotzdem bin ich auch hier immer wieder überrascht, was alles zutage kommt. Da wollte einer zum Beispiel ursprünglich Schauspieler werden, und ein anderer hatte früher als Journalist gearbeitet – die anderen wären niemals darauf gekommen. Allein daraus entstand jede Menge Gesprächsstoff.

> **Methode:**
> Machen Sie einen Workshop, und lassen Sie jedes Teammitglied sich mit seiner beruflichen und seiner persönlichen Lebenslinie präsentieren. Legen Sie den Schwerpunkt auf die jeweils größten Erfolge und größten Herausforderungen.

Die persönliche »Lifeline« ist am wichtigsten. Ich rege meistens dazu an, hier sowohl diejenigen Momente zu präsentieren, die die Teilnehmer mit Stolz erfüllten, als auch diejenigen, die für sie die größte Herausforderung darstellten. Zu den stolzesten Momenten zählt vielleicht eine Medaille im Sport oder ein Preis als Hobbykoch. In einem Team hatte ich einmal den Gewinner der Weltmeisterschaft für ferngesteuerte Modellboote – ich hätte nie gedacht, dass es so etwas gibt. Als größte Herausforderung stellte ein anderes Teammitglied die Erziehung seines autistischen Kindes vor. Das war für alle sehr berührend. Übrigens: Fotos und Videos zu teilen ist oft besonders stark. Dank Smartphones geht das im Workshop auch spontan.

In einem meiner Workshops saß einmal ein junger Mann, der Vorstandsmitglied einer deutschen Non-Profit-Organisation war. Seine berufliche »Lifeline« ging kontinuierlich nach oben, die persönliche hatte einige ziemliche Tiefpunkte (siehe Abbildung). Seine Eltern trennten sich, als er fünf Jahre alt war – in der Zeichnung ist es als erstes Tief zu sehen. Er erzählte, wie er erst Klassensprecher, dann in der Kommunalpolitik aktiv war und schließlich seinen »Durchbruch« bei einer Diskussion mit Bundestagsabgeordneten hatte. Als er abends seiner Mutter davon erzählen wollte, fand er sie in Tränen aufgelöst vor. An diesem Tag hatte sie eine Krebsdiagnose bekommen. Die persönliche Lebenslinie fiel steil nach unten.

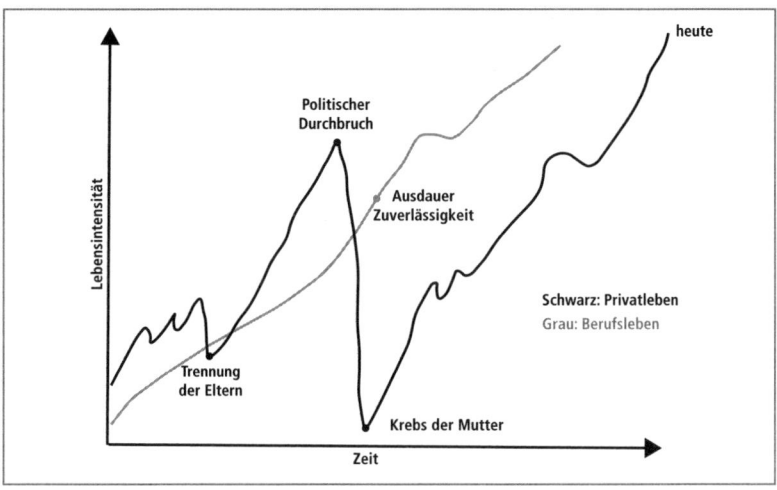

Abb. 2: Workshop-Beispiel einer beruflichen und persönlichen Lifeline

Der junge Mann konnte seine politische Karriere weiter verfolgen, blieb jedoch nahe bei seiner Mutter. Wenn sie sich nicht täglich sahen, dann rief er sie wenigstens an oder meldete sich per Skype. Obwohl seine persönliche Lebenslinie noch einmal fast bei null anfing, war es doch diese Situation, in der er die Charakterstärke und Resilienz entwickelte, die seine Teammitglieder später so sehr an ihm schätzten. Durch den Workshop hatten nun auch alle in seinem Team diesen Zusammenhang erkannt.

Deshalb funktioniert dieser Workshop so gut

Was ist der Trick bei einem Workshop zum Kennenlernen? Die Teammitglieder präsentieren sich mit ihren Höhen und Tiefen. Dabei konzentrieren sie sich besonders auf ihre größten Erfolge, also auf Momente, die sie besonders stolz machen. Das macht ganz viel Mut! Plötzlich wird sichtbar, was jeder im Team schon erreicht hat und welche Herausforderungen er bereits gemeistert hat. Die Menschen empfinden Stolz. Sie erkennen: In der Vergangenheit habe ich schon so viel geschafft, dann werde ich die Herausforderungen, die jetzt im Team anstehen, auch bewältigen.

Innerhalb von 10 bis 15 Minuten findet jedes Teammitglied heraus, was sein Herz berührt. Und jedes Teammitglied lernt das auch über jeden Kollegen und jede Kollegin. So wird die Saat für fruchtbare zwischenmenschliche Beziehungen ausgebracht. Selbst örtlich präsente Teams, die bereits seit 15 Jahren zusammenarbeiteten, waren verblüfft, was sie mit dieser Methode noch übereinander lernen konnten.

Mögliche Agenda bei einem Start-Workshop:
1. Lifeline-Übung
2. Persönliche Stärken entdecken
3. Ziele erarbeiten und festlegen
4. Ziele zu einer Roadmap zusammenfassen
5. Regeln für strukturierte Kommunikation festlegen
6. Persönliches Commitment jedes Teammitglieds

Mit dem Kennenlernen allein ist es nicht getan – es schafft jedoch die Basis für das Vertrauen in einem virtuellen Team. Die Aufgabe der Führungskraft ist es, den persönlichen Kontakt der Teammitglieder über die geografische Distanz weiter zu fördern. Der Workshop ermöglicht es, auf der Basis der jeweiligen beruflichen und persönlichen Lebenslinie die einzigartigen Stärken jedes Teammitglieds zu erkennen. Auf dieser Grundlage verpflichtet sich dann jeder Einzelne zu persönlichen Zielen, die zu seinen Stärken passen. Alle sind einmalig und leisten ihren eigenen und unverzichtbaren Beitrag zum Erfolg eines virtuellen Powerteams. Jeder ist ein Stern – und kann leuchten, wenn Stärken und Ziele zueinander passen.

Interview mit Thorsten Broese

Thorsten Broese war Topmanager und zuletzt »Group Head of IT Services« bei einem internationalen Konzern mit rund 60 000 Mitarbeitern und einem Jahresumsatz von knapp 20 Milliarden Euro. Das Unternehmen ist in 180 Ländern der Welt vertreten und hat seinen Hauptsitz in Großbritannien. Thorstens Schreibtisch stand in Kuala Lumpur. Von dort berichtete er direkt an den CIO (Chief Information Officer) im Konzernvorstand. Über 42 000 Mitarbeiter auf dem gesamten Globus arbeiteten täglich mit der IT, für die Thorsten verantwortlich war. Zu seinen größten Erfolgen zählen die Vereinheitlichung der weltweiten IT und die Einführung von Cloud-Services. Thorsten hat globale Teams mit Beteiligten in mehr als 150 Ländern geleitet. Durch seine Change-Projekte konnten Unternehmen Hunderte Millionen Euro einsparen. Was mich an Thorsten jedoch am meisten beeindruckt, ist die Bescheidenheit, die er sich bewahrt hat. Aus dieser Haltung heraus tritt er jedem einzelnen Teammitglied auf der Welt mit großem Respekt gegenüber.

- **Wer bist du und was machst du? Beschreibe dich doch einmal selbst!**

Ich bin 52 Jahre alt, verheiratet, habe zwei Söhne und lebe in einer Stadt in der Nähe von Hamburg. Neben meinem Berufs- und Familienleben bin ich gerne in der Natur und halte mich körperlich fit mit Laufen, Radfahren und Wandern. Als Deutscher liebe ich natürlich schnelle Autos. Gutes Essen (also mehr als Sauerkraut und Würstchen) und guten Rotwein schätze ich auch.

Vor vielen, vielen Jahren habe ich Mathematik und Informatik studiert. Seitdem habe ich bei unterschiedlichen Unternehmen gearbeitet. Das reicht von sehr kleinen Unternehmen mit weniger als fünf Mitarbeitern bis hin zu Konzernen mit über 60 000 Angestellten. Auch bin ich eine Zeit lang selbstständig gewesen.

In der IT hatte ich zunächst unterschiedliche Rollen inne – vom Analysten über den Datenbank-Administrator und den Programmierer bis hin zum Projektmanager. Doch während der vergangenen 20 Jahre ging es bei mir beruflich mehr darum, globale Teams zu leiten.

> Wir müssen zukünftig mehr in Netzwerken denken und arbeiten. Das führt uns automatisch zu Teams ohne Grenzen und flachen Hierarchien

Vor einigen Monaten habe ich beschlossen, meine Arbeitsweise zu verändern, und ein Sabbatical begonnen. Es gibt noch eine Menge, das ich machen möchte und mit dem ich nicht warten möchte, bis ich alt und in Rente bin. Ich glaube ohnehin, dass die traditionelle Arbeitsweise und die Karriere in großen Konzernen nicht mehr die besten Antworten auf die Herausforderungen unserer Welt sind. Wir müssen zukünftig mehr in Netzwerken denken und arbeiten. Das führt uns automatisch zu Teams ohne Grenzen, flachen Hierarchien und virtuellen Teams.

- **Welche Erfahrungen hast du mit virtuellen Teams gemacht?**

Ich war bereits Ende der Neunzigerjahre Teil von virtuellen Teams, die in den USA, Großbritannien, den Niederlanden, Italien und Deutschland saßen. Wir arbeiteten gemeinsam für Kunden auf der ganzen Welt. Zu dieser Zeit ging es hauptsächlich um Projektarbeit. Wir entwickelten und unterstützten IT-Systeme. Während der späten Neunziger wurde Open Source in der IT ziemlich populär, und jetzt konnten virtuelle Teams zum ersten Mal zeigen, was in ihnen steckte.

Seit diesen frühen Tagen habe ich immer mehr Erfahrung mit virtuellen Teams gesammelt. Es ging zunehmend über reine Projektteams hinaus. Ich hatte dann auch virtuelle Teams innerhalb der Linienorganisation. Stets ging es über geografische Grenzen, Zeitzonen und

Kulturen hinweg. Es endet damit, dass mein letztes Team sich über 60 verschiedene Länder und noch mehr Städte auf der Erde verteilte.

Für mich geht es bei virtuellen Teams jedoch um viel mehr als darum, dass sich die Mitarbeiter über verschiedene Länder verteilen und die Teammitglieder einen unterschiedlichen Hintergrund haben. Ich nenne hier einmal nur einen weiteren Aspekt: Die Teams befinden sich heute nicht nur an unterschiedlichen Orten, sondern sind auch immer seltener Teil derselben Organisation. In vielen Projekten hat man die fest angestellten Mitarbeiter aus der eigenen Organisation und genauso Freiberufler, Berater, Angestellte von Dienstleistern und von Partnern und sehr oft auch noch Kunden.

Ich habe mehr als zehn Jahre im Bereich IT-Services verbracht, wo Outsourcing eine sehr große Rolle spielt. Dort muss sich eine Führungskraft stark auf die externen Unternehmen verlassen können. Oft hat man es mit zweimal oder dreimal so vielen Mitarbeitern im Partnerunternehmen zu tun wie im eigenen Unternehmen. »New leadership« bedeutet für mich auch, dass ich als Führungskraft weiß, wie ich auf diese Leute Einfluss nehmen und sie führen kann. Denn alle sind gleich wichtig dafür, dass man seine Ziele erreicht.

> »New leadership« bedeutet für mich auch, dass ich als Führungskraft weiß, wie ich auf Freiberufler, Berater, Angestellte von Dienstleistern und auf Kunden Einfluss nehme.

- **Welche deiner Erfolge als Führungskraft und Unternehmer machen dich besonders stolz?**

Während der vergangenen fünf Jahre gab es bei uns im Konzern ein großes Veränderungsprogramm in der IT. Bevor wir uns auf den Weg gemacht haben, hatten wir höchst unterschiedliche Arten und Weisen, um unsere mehr als 40 000 Anwender in 180 Ländern der Welt zu unterstützen. Unser Ziel war es dann, so gut wie alle Rechenzentren, Netzwerke, Callcenter, Software-Services und so weiter zu verändern und so viel wie möglich zu zentralisieren. Wir haben Dienste zu externen Partnern verlagert, Prozesse angepasst und die gesamte Organisation damit effizienter gemacht. Das sollte nicht nur sehr viel Geld einsparen, sondern auch eine schlankere und agilere Organisation ermöglichen. Es ging um zukunftssichere Technologien und Dienste. Und dieser enorme Wandel musste in Echtzeit geschehen, ohne dass die Geschäftsprozesse unterbrochen werden konnten. Eine Art Operation am offenen Herzen, die nur eine sehr, sehr kleine Anzahl von Unternehmen der Welt bisher geschafft hat.

An dem Programm waren einige hundert Menschen beteiligt, an vielen verschiedenen Orten, mit sehr verschiedenen Hintergründen und über viele Unternehmensgrenzen hinweg. Das waren virtuelle Powerteams in Reinkultur! Vor gerade einmal zwölf Monaten haben wir dieses Programm erfolgreich beendet und die erwarteten Ergebnisse erzielt, ohne dass das Geschäft in irgendeiner Weise gestört worden wäre. Im Gegenteil, die Servicequalität und das, was wir den »geräuschlosen Betrieb der IT« nennen, hatte sich deutlich verbessert. Eine große Erfolgsgeschichte und eine, die nur mit einem großartigen virtuellen Team möglich war. Das Team wurde zusammengehalten durch übergreifende Ziele, überragendes Engagement auf allen Ebenen und eine ganze Reihe von stillen Helden vor Ort. Nicht zu vergessen die großen Partys, mit denen wir unsere Erfolge gefeiert haben.

- **Wie motivierst du dein Team?**

Ich glaube, bevor du ein Team oder ein Individuum motivieren kannst, musst du sicherstellen, dass die Basics stimmen. Zum Beispiel solltest du eine Umgebung schaffen, in der Menschen sich trauen, sich frei auszudrücken, Neues auszuprobieren und Grenzen zu verschieben. Ich glaube sehr stark an so eine positiv motivierende Umgebung. Mitarbeiter, die Angst haben, werden nicht ihre maximale Leistung abliefern und sind schwer zu motivieren.

Menschen möchten einbezogen werden, deshalb habe ich versucht, so viel wie möglich an Wissen und Informationen mit Mitarbeitern zu teilen. So ist eine Umgebung des Vertrauens entstanden, in der auch alle Teammitglieder Informationen und Wissen teilen können.

In vielen Teams breitet sich Frust aus, weil die Ziele nicht klar sind. Deswegen sollte man sicherstellen, dass Ziele glasklar und mit den höheren Zielen des Unternehmens im Einklang sind, um Verwirrung zu vermeiden. Wenn es eben möglich ist, sollte man die strategischen und jährlichen Teamziele und die individuellen Ziele gemeinsam mit dem Team entwickeln.

Was die Bedürfnisse von Individuen angeht, sollte sichergestellt sein, dass großartige Arbeit anerkannt und belohnt wird. Ich meine an dieser Stelle nicht Geld. Ich meine einfach, so oft wie möglich und am besten in Anwesenheit vieler anderer Menschen Anerkennung zu bekunden. Gleichzeitig sollte selbstverständlich sein, dass schlechte Leistungen und Probleme offen angesprochen werden. Doch das wenn möglich unter vier Augen oder in kleinen Gruppen. Ich habe zu oft das Gegenteil gesehen: Leute bekommen unter vier Augen Lob und werden vor der versammelten Mannschaft kritisiert.

Mir ist klar geworden, dass Teams und einzelne Menschen Wettbewerb und Herausforderung mögen, sofern es eine positive Umgebung gibt und genug Unterstützung, sodass jeder eine Chance hat zu gewinnen. Das hat Menschen wirklich dazu angestiftet, die Extrameile zu gehen.

> Wenn es eben möglich ist, sollte man die strategischen und jährlichen Teamziele und die individuellen Ziele gemeinsam mit dem Team entwickeln.

Last, but not least: Wenn man herausfordernde Ziele setzt, sollte man das Team motivieren, Grenzen zu verschieben, und wenn es am Ende klappt, dafür sorgen, dass der Erfolg gefeiert wird – ja, dass die Leute jede Menge Spaß haben. So entstehen die besten Voraussetzungen für motivierende Teamerfahrungen, die Teammitglieder noch stärker aneinander binden.

- **Wie stellst du sicher, dass sich niemand im Team versteckt?**

Das ist allgemein eine sehr gute Frage, und noch viel wichtiger, wenn man in einem virtuellen Team arbeitet, das über viele Orte verstreut ist. Zunächst einmal: Menschen sind unterschiedlich, was ihre Persönlichkeit und ihre Kultur angeht. Und während einige extrovertiert sind, sind andere eben etwas stiller. Doch die Verschiedenheit des Teams ist eine der größten Ressourcen. Also sollte man erst einmal vorsichtig sein mit dem Urteil, dass sich jemand versteckt, nur weil er vielleicht in Meetings oder Telefonkonferenzen nicht dominiert.

Man sollte Klarheit schaffen, was die Teamziele sind und was jeder Einzelne beitragen muss. Es sollte sichergestellt sein, dass jede Person, das Team und man selbst als Führungskraft regelmäßig den Fortschritt einschätzt, Verbesserungsbedarf aufzeigt und gewährleistet, dass die Teammitglieder einander bis zum erfolgreichen Abschluss unterstützen.

Es ist ganz normal, dass man während der Zeit weitere Aktivitäten managen und Probleme lösen muss. Das bietet eine gute Gelegenheit, einzelne Leute im Team zu bitten, zusätzliche Verantwortung zu übernehmen. Auf Leute, die vielleicht dazu neigen, sich zu verstecken, sollte man vor Meetings zugehen und ihnen anbieten, diese zusätzlichen Aufgaben zu übernehmen.

> Auf Leute, die vielleicht dazu neigen, sich zu verstecken, sollte man vor Meetings zugehen und ihnen anbieten, zusätzliche Aufgaben zu übernehmen.

Sollte es jedoch so sein, dass es wirklich schwerwiegende Probleme mit der Zielerreichung gibt, jemand bei Teambesprechungen nur wenig beiträgt oder sich weigert, zusätzliche Aufgaben zu übernehmen, um das Team zu unterstützen, ist es die Verantwortung der Führungskraft, dies klar und rechtzeitig gegenüber dieser Person auszusprechen. Und wenn dann nichts funktioniert, um die Leistungen dieses Teammitglieds zu verbessern, dann ist es das Beste für alle, wenn für diese Person eine neue Rolle gesucht wird.

Es gibt noch ein paar Dinge, die wichtig sind, wenn man in virtuellen Teams arbeitet. Da man nicht zu jedem Teammitglied ins Nachbarbüro gehen kann, haben diejenigen Teammitglieder, die im selben Gebäude oder zumindest in derselben Stadt ansässig sind, eine höhere Verantwortung. Wirkliche A-Teams und virtuelle Powerteams funktionieren nur, wenn jeder die maximale Leistung abliefert. Minderleistung ist nicht länger nur ein Problem von Führungskräften. Sie muss gegenüber dem gesamten Team offen angesprochen werden.

Und last, but not least: Es ist möglicherweise nicht jedermanns Sache, alleine zu Hause zu sitzen, Teil eines Teams auf der anderen Seite der Erde zu sein und dann großartige Ergebnisse abzuliefern. Während man als Führungskraft mit den Methoden, wie sie auch in deinem Buch stehen werden, eine Menge machen kann, um Menschen zu führen und zu motivieren, braucht es doch bei jedem Einzelnen ein hohes Maß an Disziplin und Selbstmotivation. Das gilt insbesondere, wenn Menschen ganz alleine zu Hause arbeiten.

- **Was war das Erfolgsgeheimnis deines Unternehmens?**

Diese Frage ist schwierig zu beantworten und ich glaube nicht, dass es da so etwas wie ein Geheimnis gibt. Allerdings denke ich, dass ich in meiner Arbeitsumgebung Erfolg hatte, weil ich an Menschen glaube. In der Welt der IT gibt es eine Menge Tools, Prozesse und Regeln. Wir sind die Meister der Hard- und Software, und in den Unternehmen haben wir alle anderen Abteilungen damit überschwemmt. Und trotzdem dreht sich am Ende alles um Menschen und darum, wie man Menschen führt.

Es besteht ein gewisses Risiko, dass es in unserer virtuellen Welt noch mehr um Produkte und Prozesse geht und der menschliche Aspekt zu kurz kommt. Das liegt daran, dass es eben oft schwierig ist, Menschen über die Distanz zu führen. Deshalb habe ich mich immer bemüht, authentisch und offen zu sein. Das hat normalerweise eine vertrauensvolle Umgebung geschaffen, wo Menschen sich sicher fühlen, sich auszudrücken und ihre Erlebnisse und Ambitionen mit anderen zu teilen. Eine Umgebung auch, in der niemand aufgrund seines Geschlechts, seines Alters oder seiner Hautfarbe diskriminiert wird.

Mir ist es auf diese Weise stets gelungen, bunte Teams zusammenzuführen, in denen es einen starken Zusammenhalt gab und die von Vertrauen getragen waren. Hinzu kommt, dass ich ein sehr ergebnisorientierter Mensch bin. Es geht also nicht nur darum, dass wir alle glücklich sind und uns gut fühlen, sondern es geht in erster Linie darum, die Voraussetzungen dafür zu schaffen, uns ambitionierte Ziele zu setzen und mit unserem Team den nächsten Level zu erreichen.

- **Wie stellst du effektive Kommunikation sicher, wenn deine Mitarbeiter verstreut sind? Und welche Kommunikationsmittel setzt du ein?**

Ich arbeite mit einer Kombination von wenigen realen Meetings und regelmäßigen virtuellen Meetings. Wenn es für das Team sehr herausfordernde Ziele gibt – oder einen schwierigen Veränderungsprozess, der für die gesamte Organisation viel Wandel mit sich bringt –, braucht man vor allen Dingen starke Verbindungen zwischen den Teammitgliedern, einen Teamgeist und Vertrauen.

Während wir im Tagesgeschäft sehr vieles auf virtuellem Weg erledigen können, bin ich fest davon überzeugt, dass einige reale Meetings nötig sind, um den Teamzusammenhalt sicherzustellen. Insbesondere am Beginn eines schwierigen Weges oder wenn ein neues Team zusammenfindet.

Für mich existiert nicht die eine Form des realen Meetings als Patentrezept. Es ist vielmehr eine Kombination von interaktiven Gruppentreffen, Workshops, Einzelgesprächen, Teamentwicklungen und nicht zuletzt von Partys und Events, um großartige Erfolge zu feiern.

Obwohl persönliche Meetings die beste Gelegenheit bieten, alle Beteiligten auf denselben Stand zu bringen und Informationen zu teilen, habe ich mich immer stärker auf den informellen Teil dieser Meetings und Besuche konzentriert. Ein großartiges Team entsteht nur, wenn man die jeweilige Persönlichkeit und die Erfahrung der einzelnen Teammitglieder gut kennt. Deshalb sind persönliche Meetings eine großartige Gelegenheit, um etwas über den Werdegang der Menschen, ihre Kultur, ihre Persönlichkeit, ihre Träume, ihre Ambitionen und ihre Ängste zu erfahren. Das geschieht allerdings nur, wenn man sich als Führungskraft ebenfalls öffnet, etwas von seiner Persönlichkeit preisgibt und Dinge über sich selbst erzählt.

> Ich bin fest davon überzeugt, dass einige reale Meetings nötig sind, um den Teamzusammenhalt sicherzustellen. Insbesondere am Beginn eines schwierigen Weges.

Zwar lieben es viele Leute, eine Firmenzentrale zu besuchen, doch ist es ebenso wichtig, als Führungskraft die Mitarbeiter dort aufzusuchen, wo sie leben und arbeiten. In ihrem gewohnten Umfeld sind die Leute normalerweise aufgeschlossener, und wenn man Augen und Ohren offen hält, dann bekommt man viele Einsichten, die man in der Zentrale niemals bekommen würde.

Wenn es nur wenige persönliche Treffen gibt, ist es umso wichtiger, regelmäßig mit sämtlichen Mitarbeitern auf der Welt zu kommunizieren. Wir hatten immer einen Kommunikationsplan für das gesamte Jahr, den wir, wenn nötig, anpassen konnten, das heißt, manchmal traten Ereignisse ein, die eine unmittelbare Kommunikation erforderten. Der Plan sollte eine Richtlinie sein, aber keine starre Vorgabe.

Für die Kommunikation im gesamten Unternehmen haben wir eine Kombination aus Videokonferenzen (Podcast, Webex), Newslettern und persönlichen Nachrichten verwendet. Also nichts wirklich Neues oder Besonderes. Trotzdem hier meine Erkenntnisse, was gut funktioniert hat:

Bei großen Telefon-, Video- oder Web-Konferenzen sollte man natürlich sehr auf die Zeitzonen, die Zeitverschiebungen und die Terminkalender der Beteiligten achten. Den Beteiligten in Asien und Australien sowie in Nord- und Südamerika haben wir manchmal am selben Tag zwei unterschiedliche Termine angeboten. Wir haben die Konferenz aufgezeichnet und diejenigen, die nicht teilnehmen konnten oder sich Teile noch mal anhören wollten, konnten das später über eine Website abrufen.

Konferenzen, in die sich mehrere hundert Mitarbeiter einwählen, lassen sich schlecht in Dialogform oder als Frage-und-Antwort-Runde durchführen. Man kann sich aber etwas einfallen lassen, um die Sache interaktiv zu gestalten. Zum Beispiel können Leute per E-Mail, per Messenger oder über andere Kommunikationskanäle Fragen stellen, auf die man dann während der Konferenz eingeht. Eine Alternative ist, dass man die Telefonkonferenz in einer größeren Niederlassung veranstaltet und dort auch Leute im Raum hat, die mitdiskutieren.

Mitarbeiter, die in einer virtuellen Umgebung arbeiten, haben nicht die Gelegenheit, eine Führungskraft als Menschen kennenzulernen. Doch Menschen haben Emotionen und brauchen mehr als Fakten und Informationen. Das bedeutet, dass man als Führungskraft immer überlegen sollte, wie man der Kommunikation einen menschlichen Anstrich gibt und authentisch rüberkommt. Ich habe zum Beispiel alle zwei Monate meinen Mitarbeitern eine persönliche Nachricht geschickt, in der ich selbstverständlich über die neueste Geschäftsentwicklung berichtete, wichtige Initiativen beschrieb und Erfolge und Versäumnisse ansprach. Ich schrieb dann jedoch auch immer einen Absatz über mich selbst, sei es über Familie, Sport oder Urlaub. Jede Führungskraft kann hier überlegen, was ihr wichtig ist und was sie teilen möchte.

Bei uns gab es schließlich auch immer persönliche Kommunikation unter vier Augen. Wir haben die Mitarbeiter stets ermutigt, Feedback zu geben und Verbesserungsvorschläge zu machen. Wir haben eine Umgebung geschaffen, in der das mittlere Management keine heilige

> Menschen haben Emotionen und brauchen mehr als Fakten und Informationen. Man sollte immer überlegen, wie man der Kommunikation einen menschlichen Anstrich gibt.

Kuh war, und Mitarbeiter sich auch daran vorbei an das höhere Management wenden durften. Dabei ist es lediglich wichtig, den Mitarbeitern ausschließlich zuzuhören und keine Entscheidungen zu treffen, die das mittlere Management zu treffen hat. Wenn es eine solche Umgebung gibt, dann sollten auch sämtliche Kommunikationskanäle offen sein: Telefon, E-Mail, Messenger, Web- und Videokonferenzen. Unterschiedliche Menschen bevorzugen nun einmal aus verschiedenen Gründen unterschiedliche Kommunikationskanäle. Wichtig ist auch, dass man als Führungskraft wirklich antwortet und verfügbar ist und dass das nicht nur bei einem selbst so ist, sondern beim gesamten Führungsteam. Andernfalls wird einer der Chefs mit Telefonanrufen und E-Mails überschüttet werden.

- **Führungskräfte haben oft Angst, dass Mitarbeiter, die sie nicht sehen können, ihre Arbeit nicht machen. Manchmal werden sie deshalb Mikromanager oder Kontrollfreaks. Wie hast du deine Mitarbeiter kontrolliert? Wie hast du dafür gesorgt, dass alle ihr Bestes geben?**

Einen Teil dieser Frage habe ich bereits beantwortet. Lass mich noch ein paar Aspekte nennen, die für Führungskräfte wichtig sind.

Viele unserer heutigen Managementmethoden sind in der ersten Hälfte des letzten Jahrhunderts entstanden. Damals ging es darum, dass ein Heer von Mitarbeitern manuelle Arbeit im richtigen Takt erledigt, um eine Fabrik am Laufen zu halten. Während dieser Zeit war Arbeit ungesund, langweilig und frustrierend. Deshalb gab es Kontrollmechanismen, um zu »motivieren«, was damals auch durchaus sinnvoll war. Heute wollen wir nicht die Arme und Beine der Leute, sondern ihren Kopf. Deshalb bringt es überhaupt nichts, zu kontrollieren, ob jemand am Schreibtisch physisch anwesend ist. Denn es kann ja sein, dass er mit seinem Kopf trotzdem nicht bei der Arbeit ist.

> Es bringt überhaupt nichts, zu kontrollieren, ob jemand physisch anwesend ist. Eine Führungskraft muss die Zielerreichung, kontrollieren.

Zeit und Anwesenheit zur Grundlage des Managements zu machen, schafft keinen tatsächlichen Wert. Man muss eben die Extrameile gehen und klare Ziele definieren. Es geht um Zahlen und Ergebnisse. Dann kann man sehen, inwiefern Mitarbeiter ihre Ziele erreicht haben, und genau das, nämlich die Zielerreichung, muss eine Führungskraft kontrollieren.

Es ist also wichtig, gemeinsam mit dem Team regelmäßig zu checken, wo man steht. Das genügt normalerweise einmal im Monat. Es sei denn, es besteht eine außergewöhnliche Situation. Zum Beispiel, wenn ein Mitarbeiter besondere Hilfe braucht oder man in einer schwierigen Phase ist. Ich rate auch dazu, die Ziele mit dem gesamten Team regelmäßig anzuschauen, denn so sieht man rechtzeitig, wer im Plan ist und wer nicht, und kann die Aufgaben bei Bedarf neu verteilen.

Eine Führungskraft sollte sich außerdem stets klarmachen, dass sie für das Team und die einzelnen Teammitglieder verantwortlich ist. Sie muss die richtigen Leute für die richtigen Aufgaben auswählen. Es gibt zwar eine Menge Freiheit und Flexibilität in einem virtuellen Team, trotzdem bestehen für jedes Mitglied Pflichten und Verantwortlichkeiten. Wenn Leute damit nicht zurechtkommen und sie täglich Motivation und Kontrolle brauchen, dann rate ich dazu, solche Leute so schnell wie möglich auszutauschen, denn das wird sich auf das gesamte Team negativ auswirken. Die richtigen Leute zu haben, ist in einem virtuellen Team noch wichtiger als in einem vor Ort präsenten Team, und wenn man ein A-Team will, dann muss man hohe Ansprüche definieren und ihnen auch Geltung verschaffen.

Alles in allem ist es weder in einem virtuellen noch in einem anderen Team die Aufgabe einer Führungskraft, zu kontrollieren und Mikromanagement zu betreiben. Die Aufgabe ist es vielmehr, die richtigen Leute auszuwählen, klare Ziele zu setzen und das Team zu motivieren. Wenn das der Fall ist, verbringt eine Führungskraft die meiste Zeit damit, als Enabler für das Team zu arbeiten. Das bedeutet, dafür zu sorgen, dass dem Team keine Steine im Weg liegen.

■ **Wie stellst du sicher, dass Mitarbeiter die Extrameile gehen und das Team mehr ist als die Summe seiner Teile?**

Ganz einfach ausgedrückt: Menschen mögen es, zu lernen und zu wachsen. Menschen lieben Herausforderungen und möchten diese gerne bestehen. Menschen mögen Wettstreit, und sie mögen es zu gewinnen. Wo auch immer es darum geht, die Extrameile zu gehen und überragende Ergebnisse zu erzielen, da werden die Menschen im Boot sein, wenn sie dafür Anerkennung bekommen und für ihre Arbeit gelobt werden.

Wenn ich noch etwas weiter ausholen soll, dann sage ich: Ziele und Zielsetzung sind der Schlüssel. Die Führungskraft muss sicherstellen, dass es Herausforderungen gibt, dass Menschen sich auf unbekanntes Terrain begeben und ihre Komfortzone verlassen. Allerdings: Wenn die Ziele unrealistisch sind und nicht erreicht werden können, dann macht sich Widerstand, Frust, und Sarkasmus breit. Und es wird sehr schlechte Ergebnisse geben.

Ich nehme immer gerne den Hochsprung als Beispiel. Wenn jemand normalerweise 2,00 m schafft und sein Rekord 2,03 m ist, dann sind 2,03 m kein herausforderndes Ziel. Wenn ich jetzt 2,30 m verlange, dann wird mich derjenige für verrückt erklären und es nicht einmal versuchen. Wenn ich 2,06 m vorgebe, wird er härter trainieren und motiviert sein. Und wenn ich 2,10 m als Ziel ausgebe und gleichzeitig einen Coach engagiere, der erklärt, wie das zu schaffen ist, dann wird die Motivation extrem hoch sein. Also setze ich ein hohes Ziel und tue dann alles, damit die Mitarbeiter in der Lage sind, es zu erreichen.

> Die Führungskraft muss sicherstellen, dass es Herausforderungen gibt, dass Menschen sich auf unbekanntes Terrain begeben und ihre Komfortzone verlassen.

Bei mir hat es zudem immer funktioniert, wenn es zwischen den Teams ein wenig gesunden Wettbewerb gab. Etwa darin, wer den Umsatz schneller steigert, eine höhere Kundenzufriedenheit erzielt oder die Vorgaben beim Servicelevel besser erfüllt. Man sollte allerdings immer darauf achten, dass das fair bleibt und sich die Teammitglieder wenn nötig gegenseitig unterstützen.

Es muss schließlich immer auch etwas zu gewinnen geben. Um die Extrameile zu gehen und herausragende Ergebnisse zu erzielen, braucht es eine Belohnung. Es kommen da ganz unterschiedliche Modelle infrage, und Geld kann durchaus eine Rolle spielen. Noch besser sind Teamevents in einer einzigartigen Location, eine unvergessliche Party oder ein Preis, der im festlichen Rahmen verliehen wird. Kurzum: Es geht darum, Erfolge wahrzunehmen und zu feiern.

- **Wie schätzt du die Bedeutung virtueller und grenzenloser Teams in der Zukunft ein?**

Seit den Neunzigerjahren ist die Welt flach. Politische Grenzen und andere Beschränkungen haben sich aufgelöst. Informationen verbreiten sich mit Lichtgeschwindigkeit. Unternehmen und Verbraucher denken global, und die besten Leute aus allen Teilen der Erde können für die besten Unternehmen der Welt arbeiten.

Hinzu kommt, dass die gute alte Zeit, als Menschen 20 Jahre oder länger für ein Unternehmen gearbeitet haben, vorbei ist. Viele Unternehmen existieren heute nicht einmal mehr 20 Jahre lang. Alles wird mehr projektorientiert, und man braucht Mitarbeiter, Partner, Netzwerke und Teams für 6 bis 24 Monate. Anschließend entsteht ein neues Team.

Unternehmen konzentrieren sich immer mehr auf ihre Kernkompetenzen. Alles andere übernehmen externe Partner, Berater und Netzwerke.

Für mich ist das alles erst der Beginn eines längeren Wegs. Virtuelle Teams, flache Hierarchien und natürliche Führung werden in Zukunft die Norm sein. Und das wird zu besseren und schnelleren Ergebnissen führen, als sie heute selbst das engagierteste Inhouse-Team abliefern kann.

> Virtuelle Teams, flache Hierarchien und natürliche Führung werden in Zukunft die Norm sein. Und das wird zu besseren und schnelleren Ergebnissen führen.

KAPITEL 2
Wem es gelingt, die Besten zu vereinen, der hat die Chance auf phänomenalen Erfolg

Bernd wachte um kurz vor halb sechs aus einem Traum auf. Noch immer durchströmte ihn ein warmes Glücksgefühl. Er hatte von Transmontanien geträumt und die Menschen dort lachen gesehen. Da war ein kleiner Junge gewesen, der über das ganze Gesicht gestrahlt hatte. Er hatte mit dem Finger auf ein schlichtes, solide gebautes Haus gezeigt. Dann hatte der Junge zu einem Mann aufgesehen und gefragt: »Papa, ist das jetzt unser Haus?« Bernd schloss die Augen, um sich die Bilder noch einmal zu vergegenwärtigen. Ein Lächeln zeichnete sich nun auch in seinem Gesicht ab. Da setzte schlagartig sein Verstand ein, als hätte jemand einen Knopf gedrückt. Seine To-do-Liste schoss ihm durch den Kopf. Ganz oben auf der Liste stand: »Recherche zu Crowdfunding: Plattformen und Best Practices.« Bernd spürte, wie sich Nervosität in seinem Körper ausbreitete. Innere Anspannung begann, das Glücksgefühl aufzulösen.

»Na los, Bernd«, sagte sich der Unternehmer leise. »Du hast schon viel komplexere Herausforderungen gemeistert.« Doch das Selbstgespräch machte den Stress nur noch größer. Bernd nahm sein iPad vom Nachttisch, schaltete den Wecker aus, der in zwei Minuten ertönt wäre, öffnete Google und suchte nach »Crowdfunding«.

Während er die Ergebnisse durchstöberte – jede Menge Google-Anzeigen, Übersichten von Plattformen und Informationsportale zu Crowdfunding –, musste er an Annes Worte denken. Hatte sie nicht gesagt, sie hätte mit einem Crowdfunding-Experten schon oft zusammengearbeitet? »Egal«, dachte Bernd. »Ich muss mich so oder so in die Materie einarbeiten.«

Er hatte kaum fünf Minuten recherchiert, da fielen ihm seine weiteren wichtigen und dringenden To-dos ein:

- Recherche zum Thema MOOC
- Nächste Skype-Konferenz mit dem Team vorbereiten
- Auf der Baustelle in Frankfurt Lösung für Probleme besprechen

Inzwischen war Bernds Frau Wiebke vom Licht des iPads wach geworden. Sie wünschte ihrem Mann einen guten Morgen und drückte ihm einen Kuss auf die Wange.

»Ich muss los«, sagte Bernd zu seiner Frau. »Ich bräuchte den ganzen Tag zum Recherchieren. Aber ich habe die verdammte Zeit nicht. Ich hasse das, wenn andere in meinem Team schon mehr wissen als ich.«

»Warum denn? Sei doch froh ...«, wollte Wiebke einwenden.

Doch da war Bernd schon aus dem Bett gesprungen. Er duschte und zog sich an. Dann machte er sich einen Kaffee, goss kalte Milch aus dem Kühlschrank hinzu und schüttete das lauwarme Getränk herunter. Es war noch dunkel, als er in seinen 5er-BMW stieg. Der Berufsverkehr war nicht besonders dicht. Bernd wechselte immer wieder die Fahrspur, um schneller voranzukommen. Als er in der Tiefgarage unter seinem Büro ausstieg, fühlte er sich zum ersten Mal nach langer Zeit überfordert. Dabei hatte der Tag gerade erst begonnen.

> Bernd merkt, dass er es nicht gleichzeitig schafft, das Team zu führen, eigene Beiträge zu leisten und sein Wissen zu erweitern. Er fühlt sich überfordert.

Es war ein grauer, aber trockener Morgen am Hamburger Hafen. Bernd saß im Licht der Schreibtischlampe vor seinem Computer. Da machte sich Skype mit dem inzwischen vertrauten Ton bemerkbar, und das strahlende Gesicht von Claude tauchte auf dem Bildschirm auf. »Wie kann Claude immer so gute Laune haben?«, fragte sich Bernd, als er auf die grüne Schaltfläche klickte, um das Gespräch anzunehmen.

»Hey, Bernd«, legte Claude gleich los, ohne sich mit Smalltalk aufzuhalten. »Erinnerst du dich an den Professor aus New York mit dem MOOC für Pakistan? Also, ich habe heute Abend mit ihm geskypt, und er will uns unterstützen. Er kann schon an unserer nächsten Teamkonferenz teilnehmen, um die Parameter zu definieren. Und dann geht die Post ab! Was sagst du jetzt? Das ist doch wohl der Hammer.«

»Ich bin noch nicht so weit«, sagte Bernd zögernd und spürte wieder diese Anspannung in sich aufsteigen. »Die Recherche zum MOOC ist seit einer Woche auf meiner Liste. Ich bin aber noch nicht dazu gekommen. Ohne die Recherche kann ich keine Parameter definieren.«

»Entspann dich. Lass den Professor was vorschlagen. Wir wissen, was für Häuser wir wollen. Das reicht. Wie man über einen MOOC an richtig gute Baupläne kommt, ist seine Sache.«

> Das Team ist längst startklar. Doch Bernd ist nicht bereit loszulassen. Er will, dass die anderen warten, bis er als Chef alles recherchiert und geplant hat.

»Du hast das für Pakistan ihm überlassen, und alles hat geklappt?«

»Na klar doch. Der Mann kennt sich aus.«

»Also, unsere nächste Telefonkonferenz ist kommenden Mittwoch«, sagte Bernd. Er atmete flach. »Ich plane das gerade. Schaue doch bitte, dass du bis dahin vom Professor alle Informationen über den MOOC hast und du uns kurz berichten kannst.«

»Alles klar, mein Bester. Wir stellen uns gerade ein Team wie aus dem Delikatessenladen zusammen, merkst du das eigentlich? Nächste Woche könnte Anne uns auch ihren Crowdfunding-Guru vorstellen. Unser Team hebt ab, und wir werden bald liefern. Mir juckt es schon in den Fingern ...«

»Ich bin aber mit der Recherche noch nicht fertig. Geschweige denn mit der Planung. Lass mich nächsten Mittwoch während der Konferenz entscheiden, ob wir wirklich Crowdfunding machen oder über die Banken gehen oder über Private Equity.«

»Kein Problem, du bist der Boss. Anne und ich würden jetzt allerdings gerne Gas geben. Wir beide holen gerade sehr erfahrene Leute ins Team, echte Stars. Solange wir denen klare Ziele vorgeben, müssen wir nicht alles im Detail planen. Geh doch einfach mal etwas entspannter an die Sache ran. Du holst die Besten auf ihrem Gebiet ins Boot, schwörst sie auf unser Ziel ein, und dann lässt du sie durchstarten.«

»Okay, okay«, sagte Bernd. »Du hast bestimmt recht.«

Bernds restlicher Tag verlief hektisch. Mittags flog er für wenige Stunden nach Frankfurt. Der Besuch auf der Baustelle erhöhte seinen Adrenalinspiegel. Er traf sich mit dem Kunden und mit seinen Teamleitern, fällte Entscheidungen und fühlte sich dabei sehr lebendig. Abends am Frankfurter Flughafen, kurz vor dem Boarding der Maschine nach Hamburg, rief er auf dem iPad seine E-Mails ab. Eine Mail kam von Anne und hatte die Betreffzeile »Crowdfunding-Expertin bereit mitzumachen«. Bernd las den Text:

Linda, meine Studienfreundin aus Cambridge, hat während der letzten fünf Jahre Crowdfunding-Kampagnen gemacht. Sie ist überzeugt von unserem Projekt und möchte gerne dabei sein. Ich habe schon mehrmals mit ihr zusammengearbeitet. Linda ist nicht nur sehr erfahren und engagiert, sondern auch in der internationalen Finanzwelt bestens vernetzt. Sie lebt übrigens im Moment wieder in ihrer Heimat im Süden von Nigeria. Dort begleitet sie mehrere Non-Profit-Projekte zur Verbesserung der Infrastruktur. Soll ich Linda zu unserer nächsten Telefonkonferenz einladen?

Bernd starrte weiter auf den Text. Er hörte die Durchsage: »Meine Damen und Herren, Ihr Lufthansa-Flug nach Hamburg ist nun zum Einsteigen bereit« und blieb sitzen. Das Meeting hier in Frankfurt war ganz nach seinen Vorstellungen gelaufen. Alle auf der Baustelle hatten seine Vorschläge akzeptiert. Bei seinem virtuellen Team kam er hingegen nicht mehr mit. Er hätte heute zu Crowdfunding recherchieren wollen und hatte noch gar nichts geschafft.

Ich werde hier gerade zum Flaschenhals, dachte Bernd resigniert. Er stand langsam auf und stellte sich in die Schlange vor der Kontrolle der Bordkarten. Ach was, sagte sich Bernd und spannte seine Muskeln an. Ich hänge heute Abend einfach noch eine Stunde dran. Gleichzeitig spürte er, dass sein Körper nicht noch einmal vor den Computer wollte.

Am Mittwochmittag saß Bernd in seinem Büro. Schwere, dunkle Wolken hingen über Hamburg. Für die Telefonkonferenz hatte er sein Mittagessen verschoben. Er hatte Hunger und fühlte sich reizbar, als er noch einmal die Agenda las, die er ausgedruckt und vor sich hingelegt hatte:

- Anforderungen der Regierung: Umfang, Budget, Zeitplan
- Finanzierung: Weltbank und Anteil Crowdfunding – Linda?
- Baupläne: Claudes MOOC-Professor, Definition der Parameter
- Bautrupps vor Ort: Feedback von Anne

Pünktlich um 13 Uhr stellte Bernd eine Skype-Konferenz mit Anne und Claude her. Irgendwann brauchen wir mal was Professionelleres als dieses wackelige Skype, dachte Bernd, als er den grünen Knopf drückte.

Da meldete sich auch schon Claude: »Schönen guten Morgen aus Kanada! Ich bin geduscht, rasiert und habe ein frisches Hemd an. Eigens für euch!«

Dann meldete sich Anne mit ihrer angenehmen Stimme und ihrem Oxford-Englisch: »Guten Tag, Bernd. Guten Tag, Claude.« Anne trug ein buntes Kleid und hatte ihre Haare zu einem Knoten gebunden.

»Hallo Anne und hallo Claude«, sagte Bernd. »Schön, dass wir sprechen, nach so vielen E-Mails. Wird Linda heute auch teilnehmen?«

»Ja, ich kann sie jeden Moment hinzufügen«, bestätigte Anne.

»Claude, hast du alle Informationen von dem Professor?«

»Ja, Chef!«

»Also, dann kann es ja losgehen«, sagte Bernd und vergewisserte sich, dass alle die Agenda per E-Mail erhalten hatten. Dann bat er Anne, über den Stand der Dinge zu berichten. Als Erstes bestätigte sie, dass die Baugrundstücke feststünden. Die Armee werde gerade von Freiwilligen dabei unterstützt, die Trümmer zu beseitigen.

Allerdings gebe es ein Problem: »Von der Weltbank wird weniger Geld kommen, als wir erwartet haben. Das hat mir unser Finanzminister gestern bestätigt. Wir brauchen also wahrscheinlich eine ergänzende Finanzierung. Die Ausschreibung hat inzwischen begonnen. Wir suchen erfahrene einheimische Bauleute. Für die zusätzliche Finanzierung scheint mir Crowdfunding bestens geeignet. Ich hole jetzt Linda in die Konferenz.«

»Hi Anne, guten Tag, meine Herren. Ich heiße Linda Ogedengbe-Smith. Ich war bei verschiedenen Infrastruktur-Projekten in Afrika für die Finanzierung zuständig. In der letzten Zeit haben wir das immer über Crowdfunding gemacht. Ich halte das auch in diesem Fall für machbar. Trotz der weltweiten Rezession sind die Menschen weiterhin bereit, für einen guten Zweck Geld zu geben. Und von der steigenden Kaufkraft in Asien wird auch der Westen profitieren. Eine Bedingung sehe ich: Wir werden für die Initiative Öffentlichkeitsarbeit machen müssen und können uns nicht allein auf Crowdfunding-Plattformen verlassen.«

Bernd schaltete sich ein: »Linda, wie garantierten Sie, dass wir das Geld auch komplett zusammenbekommen?«, wollte er wissen. »Falls nicht, stehen wir doch am Ende mit leeren Händen da, oder?«

»Bisher habe ich immer alle Finanzierungsziele erreicht«, erwiderte Linda selbstbewusst. »Manchmal brauchte ich zusätzliche Unterstützung aus meinem Netzwerk in der Finanzwelt. In anderen Fällen hat eine intelligente Werbekampagne mir geholfen. Oder es war eine Kombination aus beidem.«

»Entschuldigung, Linda«, sagte Bernd mit voller Stimme. »Sie werden sicher verstehen, wie wichtig dieser Punkt für uns ist. Können Sie mir einen detaillierten Finanzierungsplan liefern, auf dem ich sehe, in welchen Schritten Sie das Ziel erreichen wollen?«

»Bernd, die wesentlichen Schritte sind klar, und ich beschreibe sie gerne. Ein detaillierter Plan wäre in diesem Stadium jedoch praxisfern. Unsere Vorgehensweise kann sich noch ändern, je nachdem, was ich an Rückmeldungen aus meinem Netzwerk bekomme und wie die ersten Reaktionen möglicher Geldgeber ausfallen. Wenn Sie bereit sind, mir zu vertrauen, dann werde ich Ihnen zeigen, wie wir die Strategie auf dem Weg zum Ziel optimal anpassen.«

Bernd spürte schon wieder Nervosität. Er kannte die Mechanismen des Crowdfunding nicht, weil er keine Zeit gehabt hatte, genau zu recherchieren. Jetzt sollte er sich auf ein ominöses Netzwerk von irgendeiner Afrikanerin verlassen. Und die Reaktion der möglichen Geldgeber war auch noch völlig offen. Das passte Bernd überhaupt nicht.

> Bernd verlangt von der Crowdfunding-Expertin Linda einen detaillierten Finanzierungsplan. Sonst kann er ihr nicht vertrauen.

»Also Linda, dann beschreiben Sie Ihren Plan bitte einfach so detailliert, wie Sie können. Wenn ich den Plan vorliegen habe, telefonieren wir zu zweit, und dann entscheide ich. Geht das bis nächsten Montag?«

»Sicher, kein Problem. Ich bin Montag ab 2 Uhr nachmittags Greenwich-Zeit zu erreichen.«

Bernd fühlte sich jetzt wieder sicher. »Okay, meine Damen und Herren«, hob er an. »Nächster Punkt auf der Agenda sind die Baupläne für erdbebensichere Wohnhäuser. Wie sich alle bestimmt erinnern, planen wir, Tausende Studenten weltweit in einem Massen-Online-Kurs damit zu beauftragen.« Als er diese Tatsache aussprach, spürte Bernd schon wieder innere Unruhe. »Claude kennt einen Professor, der diese MOOCs veranstaltet und damit in Pakistan schon einmal großen Erfolg hatte. Claude, kannst du kurz erklären, wie ein MOOC uns zu Bauplänen verhelfen soll?«

»Aber sicher doch!«, kam aus Montreal. Claude hatte beste Laune. »Der

MOOC, den wir nutzen werden, trägt den Titel ›Widerstandsfähige, kosteneffiziente Wohngebäude für Transmontanien‹. Ein Freund von mir wird alles organisieren. Er ist Professor an der City University of New York, kooperiert intensiv mit den Vereinten Nationen und macht parallel noch andere MOOCs. Unser MOOC wird sechs Wochen dauern. Die Studenten bekommen über Video-Vorlesungen des Professors das neueste Know-how und müssen verschiedene Aufgaben bearbeiten. Ein ganzes Team an der Uni gibt den Studenten online Feedback. Die Studenten wiederum arbeiten in sich selbst organisierenden Teams von fünf bis zehn Personen. Diese Teams werden Schritt für Schritt jeweils einen kompletten Bauplan erarbeiten, mit dem Fokus auf Widerstandsfähigkeit gegenüber Naturkatastrophen bei gleichzeitiger Kosteneffizienz. Am Ende werden die besten Baupläne gekürt, und zwar vom Hochschulteam und per Abstimmung aller Studenten. Die Pläne stellt der Professor uns dann kostenlos zur Verfügung. Habt ihr Fragen?«

> Der MOOC wird innerhalb von sechs Wochen Tausende architektonische Entwürfe liefern. Werden sie den Anforderungen genügen und örtliche Traditionen berücksichtigen?

Anne meldete sich zu Wort: »Wenn ich bedenke, dass du damit in Pakistan großen Erfolg hattest, bin ich vollkommen glücklich mit der Vorgehensweise. Dennoch eine Frage: Wie können wir die örtlichen Bauleute einbeziehen, und wie stellen wir sicher, dass unsere Traditionen und unsere üblichen Materialien Berücksichtigung finden? Ich meine, bevor es zu spät ist und sich die Pläne nicht mehr ändern lassen?«

»Da ist eine sehr gute Frage, Anne«, erwiderte Claude. »Ich werde den Professor fragen, inwiefern Leute aus Transmontanien in den gesamten Prozess als Berater eingebunden werden können. Ich werde euch bis Ende der Woche informieren, wie der Professor das machen will.«

Bernd schoss durch den Kopf: »Oh nein! Noch eine Schnittstelle, die wir im Griff behalten müssen: Architekturstudenten und traditionelle Baumeister aus Transmontanien!« Dann gab er Anne das Wort zum letzten Agendapunkt. Wie sah es überhaupt mit den Bautrupps vor Ort aus? Anne erklärte, dass die Ausschreibungen gerade liefen, wegen der Notsituation allerdings im Eilverfahren. Sie sei zuversichtlich, dass bald genügend Bauleute bereitstünden. Man werde allerdings viele Bauarbeiter aus China brauchen. Das Bauwesen in Transmontanien wäre mit dem Projekt überfordert.

Bernd fasste alles noch einmal zusammen und dankte den Teilnehmern. Für die nächste Telefonkonferenz fanden alle einen Termin in drei Wochen.

In Hamburg war es jetzt 2 Uhr mittags. Die Konferenz hatte eine Stunde gedauert. Für Bernd hatte es sich viel länger angefühlt. Noch nie hatte er sich auf so viele Dinge gleichzeitig konzentrieren müssen. Bernd spürte, dass er nichts gegessen hatte. Doch jetzt war er zu angespannt, um essen zu gehen. Er beschloss, Claude noch einmal anzurufen.

»Bernd, du alter Telefonterrorist!«, meldete sich der Kanadier. »Würdest du mich gefälligst frühstücken lassen! Wenn ich jetzt nicht bald den zweiten Kaffee bekomme, werde ich bewusstlos.«

»Nur fünf Minuten, okay?«

»Aber klar doch! Ich mache ja nur Spaß. Die Telefonkonferenz war super, oder? Wir haben so geniale Leute. Mann, wir werden jede Menge Spaß haben und die Häuser, ich sage dir, diese Häuser, die werden Furore machen. Da werden sie auf der ganzen Welt drüber berichten. Ich spüre das ganz genau.«

»Ich wünschte, ich könnte deine Begeisterung teilen, Claude«, sagte Bernd. »Aber ich fürchte, bei mir ist es das Gegenteil. Ich mache mir große Sorgen.«

»Warum denn?«

»Wir denken hier an Crowdfunding, aber ich weiß nicht, wie das gehen soll. Da taucht plötzlich diese Linda auf, kann mir aber auch nicht verraten, was sie plant. Oder will sie es mir nicht sagen? Dann machen wir mit dem MOOC weiter – und wer garantiert mir hier die Ergebnisse? Jetzt dürfen die Bauleute aus Transmontanien da auch noch mitreden. Ich dachte, die bauen nur! Was die lokalen Traditionen sind, können wir doch auch einfach recherchieren. Da brauchen die uns nicht reinzureden. Wie soll ich da am Ende noch den Überblick behalten, wer gerade für was verantwortlich ist?«

> Bernd bleibt misstrauisch, weil er weder alle Beteiligten persönlich kennt noch detaillierte Pläne hat. Unsicherheiten erträgt er nur schwer.

»Du machst dir viel zu viele Gedanken. Dabei hast du ein Team aus Stars! Alle haben schon in globalen Teams gearbeitet, und alle kennen die üblichen Unklarheiten. Du hast ihnen gesagt, warum sie etwas machen sollen, jetzt mach dir keine Sorgen darüber, wie sie es machen. Das wissen sie schon. Sie und ihre jeweiligen Netzwerke. Dein Job war es, für ein großes Ziel die Besten zu vereinen. Jetzt sind alle hoch motiviert. Jeder trägt dazu bei, was wir machen. Über die Umsetzung – das *Wie* – muss am Ende jeder selbst entscheiden. Da kannst du ihnen nicht ständig im Nacken sitzen. Hab Vertrauen, und du wirst positiv überrascht sein.«

»Dein Vertrauen hätte ich gerne.«

»Bernd, warum treffen wir uns nicht mit allen für zwei Tage? Sobald du die Leute persönlich kennst, wirst du ihnen besser vertrauen können. Dann siehst du mehr die Menschen hinter den Rollen. Außerdem können wir dann die individuellen Ziele festzurren.«

»Bevor das mit der Finanzierung und dem Crowdfunding nicht geklärt ist, treffe ich niemanden.«

»Na, immerhin freundest du dich mit dem Gedanken an ein Treffen doch noch an. Und jetzt geh ich am besten mal was essen. Die fünf Minuten sind nämlich vorbei.«

So entstehen heute virtuelle Powerteams

Früher nützte es nicht viel, geniale Ideen und große Visionen zu haben. Wer nicht die richtigen Leute kannte, der hatte kaum eine Chance, seinen Traum Realität werden zu lassen. Heute ist es kein Problem mehr, Experten auf der ganzen Welt zu gewinnen. Über das Internet sind alle miteinander verbunden und jederzeit erreichbar. Menschen präsentieren ihre Fähigkeiten auf ihren eigenen Websites und in sozialen Netzen wie LinkedIn oder XING. Über E-Mails und Messaging-Dienste ist jeder für jeden jederzeit erreichbar. Typischerweise hat jeder Experte wiederum ein Netzwerk aus anderen Experten, mit denen er ebenfalls über das Internet verbunden ist. Wer selbst nicht mehr weiterkommt, kann sofort jemand anderen hinzuziehen. Noch nie war es so einfach, ein globales Team aus Experten zusammenzustellen. Das bedeutet jedoch: Heute kommt es auf die Ideen und die Visionen an. Je faszinierender die Vision und je lohnender das Ziel, desto größer ist die Wahrscheinlichkeit, dass sich die Besten der Besten auf der ganzen Welt dafür begeistern. Immer mehr gilt die Regel: Eine gute Idee zieht ganz automatisch die besten Leute an.

Die Herausforderung für Entrepreneure, Manager und Verantwortliche in Non-Profit-Organisationen besteht heute nicht mehr so sehr darin, die besten Leute zu finden. Sondern die Herausforderung besteht darin, sie von einer Idee zu überzeugen und sie für ein lohnendes Ziel zu vereinen. Wer das schaffen will, der steht vor der Aufgabe, effektive Zusammenarbeit zu organisieren, ja wirklich kollaborative Strukturen zu schaffen. Es muss ihm gelingen, eine Umgebung zu schaffen, in der jeder jedem vertraut. Schließlich muss er sein Team so begeistern, dass jedes Teammitglied die Extrameile geht. Denn nur so ist phänomenaler Erfolg möglich.

> Die Herausforderung besteht heute nicht mehr darin, die besten Leute zu finden. Sondern darin, die besten Leute für eine Idee zu begeistern.

Bernd ist jemand, der eine Chance erkennt und den Willen hat, sie zu nutzen. Der wichtigste Ansprechpartner ist für ihn zunächst Claude. Der Kanadier ist ein typischer Netzwerker. Solche Netzwerker haben viele aktive Kontakte, das heißt, sie pflegen gerne zwischenmenschliche Beziehungen, auch wenn ihnen das nicht immer unmittelbar nützt. Einer ihrer Lieblingssätze lautet: »Vielleicht können wir irgendwann was miteinander machen.« Mal ergibt sich schnell eine Gelegenheit dazu, mal nach längerer Zeit und mal auch gar nicht. Der Netzwerker knüpft Kontakte sozusagen auf Vorrat. Wer ein Team zusammenstellt, muss nun nicht nur schauen, wer die besten Referenzen oder die meiste Erfahrung hat. Es kommt vielmehr auch entscheidend darauf an, wer sich begeistern lässt.

Bei der Afrikanerin Linda kommt beides zusammen: Sie ist eine Top-Expertin und von dem Projekt sofort begeistert. Wenn alle so begeistert sind, entsteht ein starker Spirit. Erst so ist das Team als Ganzes mehr als die Summe seiner Teile. Wenn Teammitglieder auf der ganzen Welt sich von der Gravitationskraft einer Vision und den zu ihrer Verwirklichung nötigen Zielen angezogen fühlen, entsteht mit der Zeit eine Aufwärtsspirale. Dieses Team möchte unbedingt seine Ziele erreichen und ist bereit, die Herausforderungen zu meistern.

Wie können Sie nun die besten Leute zu einem Powerteam vereinen, sobald Sie diese gefunden haben? Lassen Sie uns in diesem Kapitel die vier wichtigsten Faktoren betrachten. In den folgenden Kapiteln werde ich die einzelnen Punkte dann noch vertiefen.

Die persönliche Ebene als Erfolgsfaktor im Team

Einen Erfolgsfaktor für Powerteams kennen Sie bereits aus Kapitel 1: Die persönliche Ebene beachten! In virtuellen Teams ist es entscheidend, die persönlichen Unterschiede wahrzunehmen. Menschen haben individuelle Denkstile, gehen jeweils anders mit Informationen um und sind aus unterschiedlichen Gründen motiviert, bei einem Projekt mitzumachen. Es gibt ausgeklügelte Persönlichkeitsprofile, mit denen Sie den Charakter Ihrer Teammitglieder analysieren können. Manchmal genügt aber auch schon die Übung mit der persönlichen und beruflichen »Lifeline«, die Sie aus Kapitel 1 kennen, um herauszufinden, was die einzelnen Menschen begeistern kann. Wie Sie bereits gelesen haben, spielt Vertrauen dabei eine zentrale Rolle. Eine wesentliche Voraussetzung zum Aufbau von Vertrauen ist Offenheit. Für Bernd ist Linda erst einmal »irgendeine Afrikanerin« mit Beziehungen in der Londoner Finanzwelt. Er ist misstrauisch und zeigt wenig Offenheit, Linda näher kennenzulernen. Nicht zuletzt als Folge dieses Misstrauens stellt er Lindas Vorschläge infrage. Er will die Kontrolle nicht abgeben. Auch wehrt sich Bernd immer noch gegen ein persönliches Kennenlernen. Er will erst seine Parameter definiert sehen und Sicherheit haben, dass alles läuft. Der umgekehrte Weg wäre richtig: Durch Kennenlernen und den Aufbau von Vertrauen kommt die Sicherheit. Wenn ich weiß, wie eine Person denkt und fühlt, dann verstehe ich auch besser, wie sie an ihre Aufgaben herangeht.

> Persönliche Unterschiede wahrzunehmen ist in virtuellen Teams noch viel wichtiger als in örtlich präsenten Teams. Seien Sie offen für Menschen.

> **Vorsicht Falle!**
> Sicherheit ist ein legitimes Bedürfnis. Doch wenn der Wunsch nach Absicherung dazu führt, dass Sie misstrauisch werden und Chancen ungenutzt lassen, ist nichts gewonnen. Mit einem gewissen Maß an Unsicherheit müssen in virtuellen Teams alle leben.

Menschen mit individuellen Stärken zu einer Einheit verschmelzen

Claude konzentriert sich ganz auf die Stärken der Teammitglieder. Er ist begeistert davon, was Anne, Linda und der Professor aus New York an Fähigkeiten einbringen. Bernd hingegen ist defizitorientiert – sein Denken kreist um Probleme, die er glaubt lösen zu müssen. Ich war immer ein großer Fan eines stärkenorientierten Managements. Wenn ich bei meinen Teammitgliedern die Stärken fördere, dann lösen sie die Probleme alleine. Welche Stärken haben Ihre Teammitglieder? Um das herauszufinden, brauchen Sie sich nicht allein auf Ihr Bauchgefühl zu verlassen. Es gibt wissenschaftlich fundierte Methoden dazu, zum Beispiel den »Stärkenfinder« der Gallup-Organisation. Der Strengths-Finder 2.0 testet 34 verschiedene Stärken, zum Beispiel strategisches Denken, Empathie oder Selbstsicherheit. Für jedes Teammitglied lassen sich so die fünf größten Stärken ermitteln. Anschließend können Sie einen Plan entwickeln, wie sich diese individuellen Stärken besser für die Arbeit des Teams nutzen lassen. Als Manager habe ich allerdings auch hier gerne mit relativ einfachen Methoden gearbeitet. So können sich zum Beispiel die Teammitglieder untereinander nach ihren Stärken fragen. Das funktioniert sowohl in einem Workshop als auch

> Neben einfachen Fragetechniken gibt es wissenschaftlich fundierte Methoden, um die Stärken von Menschen zu ermitteln.

online. Hier helfen Leitfragen, zum Beispiel: Was fällt Ihnen leicht? Was gibt Ihnen Energie und macht Ihnen Spaß? Oder: Wobei werden Sie oft um Hilfe gebeten? Die auf diese Weise entdeckten Stärken dienen auch dazu, weitere Rollen und Verantwortlichkeiten zu vergeben. Wenn Sie die wahren Stärken eines Teammitglieds entdeckt haben, können Sie ihm Aufgaben geben, die Freude und Erfüllung schaffen. Niemand schaut dann mehr ständig auf die Uhr. In Kapitel 5 werde ich dieses Thema aufgreifen und die hier kurz erwähnte Methode noch genau beschreiben.

Von Anfang an strukturiert und effektiv kommunizieren

Virtuelle Teams haben heute jede Menge Kommunikationskanäle zur Verfügung: Telefon und E-Mail, Apps wie Skype oder FaceTime, professionelle Tools für Videokonferenzen wie Cisco WebEx, geschlossene Online-Diskussionsgruppen und so weiter. Nicht die Kanäle sind das Problem, sondern die Art sie zu nutzen. Oft konferieren virtuelle Teams hauptsächlich kurzfristig, wenn ein Problem ansteht. Solche Gespräche sind sicherlich notwendig, aber bei Weitem nicht ausreichend. Auch quartalsweise Update-Konferenzen sind oft nicht besser. Die Chefs präsentieren dann jede Menge Zahlen, Daten und Fakten, während einige Teammitglieder den Eindruck haben, dass sie nur von ihrer Arbeit abgehalten werden. Richtige Kommunikation von Anfang an entscheidet wesentlich darüber, ob ein Powerteam entstehen kann. Bernd macht hier schon einiges richtig. Zwar präsentiert er sich zu betont als Chef – worüber sich Claude immer wieder lustig macht –, doch immerhin gibt er allen Teammitgliedern ausreichend Redezeit und macht sie dafür verantwortlich, ihren Teil zu liefern.

> **Haben Sie sich schon einmal während einer Telefonkonferenz gelangweilt? Kommunikation über die Distanz ist oft schlecht organisiert und wenig effektiv.**

Gerade am Anfang ist es wichtig, dass alle zu Wort kommen und genügend Redezeit haben. Zwei wichtige Dinge muss Bernd noch lernen:

Erstens müssen konstruktive Debatten im Team möglich sein. Über seine Zweifel beim Thema Crowdfunding will Bernd mit Linda telefonieren und dann allein entscheiden. Besser wäre, die Sache im Team zu diskutieren und dann zu entscheiden oder dem Teammitglied zu erlauben, innerhalb des Zeit- und Budgetrahmens selbst eine Lösung zu finden. Zweitens muss Bernd noch lernen, sich dafür zu interessieren, wie es den einzelnen Teammitgliedern seit der letzten Konferenz ergangen ist – sowohl im Hinblick auf ihre Arbeit als auch persönlich. Bernd sollte jedem Einzelnen Raum geben, darüber zu berichten. Idealerweise haben alle dafür ihre feste Redezeit. Das reduziert Langeweile und sorgt dafür, dass alle sich beteiligen.

Obwohl er Anne jetzt schon eine Weile kennt, fragt Bernd bei ihr nur Fakten ab. Dabei gäbe es genug Grund, sich dafür zu interessieren, wie sie mit der schwierigen Situation in einem von einer Katastrophe erschütterten Land umgeht. Und was bedeutet es für ihre kleinen Kinder, dass die Mutter nun fast pausenlos mit Krisenmanagement beschäftigt ist? Als Leiter eines virtuellen Teams sollten Sie gleich damit beginnen, persönliche Beziehungen aufzubauen und zu stärken. Langeweile in Telefonkonferenzen kann nicht aufkommen, wenn sowohl über das Projekt als auch über Persönliches gesprochen wird, wenn es sowohl formale als auch informelle Teile gibt und wenn nicht nur der Chef Input gibt, sondern auch konstruktive Diskussionen stattfinden. Dieses Buch widmet seinen zweiten Teil über drei Kapitel komplett dem Thema Kommunikation. Dort werde ich auf die Kanäle, die Häufigkeit und die Struktur der Kommunikation in virtuellen Powerteams näher eingehen.

Die richtige Belohnung für außergewöhnliche Leistungen

Menschen sind ganz unterschiedlich motiviert, sich außergewöhnlich stark beruflich zu engagieren. Bernd zum Beispiel träumt davon, dass Menschen in einem von einer Katastrophe heimgesuchten Land wieder lachen können. Das wäre für ihn eine Sinnerfahrung, die er aus seinem bisherigen Berufsleben nicht kennt. Gleichzeitig steht er unter großem wirtschaftlichen Erfolgsdruck, was er dem Team gegenüber nicht offen zugibt. Claude hat Spaß am Netzwerken und will gleichzeitig mit einer Erfolgsstory in der internationalen Fachwelt glänzen. Anne erfüllt zunächst einmal ihre Pflicht gegenüber ihrem Land und ihrer Regierung. Linda ist fasziniert von dem Projekt. Als Afrikanerin kann sie sich mit den Problemen der betroffenen Menschen sehr gut identifizieren. Sie will unbedingt helfen. Was kann für alle diese unterschiedlichen Menschen eine attraktive Belohnung sein? Ich kenne viele Manager von virtuellen Teams, die einfach selbstverständlich davon ausgehen, dass ihre Leute sich engagieren und die volle Leistung bringen. Da gibt es Gehälter oder bei freien Experten entsprechende Honorare und vielleicht noch Boni – und das war's.

Ich sage: Menschen wollen Helden sein. Sie wollen in einem Siegerteam über sich hinauswachsen. Ich habe immer wieder wahre Wunder erlebt, wenn Menschen auf eine Belohnung hingearbeitet haben, die sich wie die Erfüllung eines Traums anfühlte. Geld kann dabei eine Rolle spielen, sollte aber nicht das Einzige sein, was Ihnen einfällt. Ein ganz großartiges gemeinsames Erlebnis kann zum Beispiel eine Belohnung sein wie ein Treffen mit einer prominenten Persönlichkeit oder die Teilnahme an einer Veranstaltung, zu der Ihr Team sonst keinen Zugang hätte. Zwei Dinge sind hier wichtig: Erstens muss die Belohnung zum Engagement passen, das Sie erwarten. Sie können keine Höchstleistung erwarten und eine Belohnung versprechen, die für einige im Team »nichts Besonderes« ist. Zweitens muss die Art der Belohnung möglichst alle Teammitglieder abholen. Menschenorientierte Teammitglieder zum Beispiel wollen am Ende ein Gemeinschaftserlebnis und nicht nur Geld überwiesen bekommen. Idealisten wollen sehen und spüren, dass sie die Welt ein Stück verändert haben. Hier schließt sich der Kreis zum ersten Erfolgsfaktor: Je besser Sie Ihre Leute persönlich kennen, desto leichter fällt es Ihnen, den richtigen Anreiz zu setzen.

> **Eine Belohnung muss zur erbrachten Leistung passen und für möglichst viele im Team sehr attraktiv sein. Sonst hat sie keinen Sinn.**

Drei Tipps für Belohnungen
1. Der Chef kann eine sehr großzügige Belohnung für den Fall anbieten, dass das Team schneller als geplant fertig ist. Denn die Kosten von Verzögerungen sind in aller Regel viel höher.
2. Stellen Sie Belohnungen rechtzeitig in Aussicht, zum Beispiel ein halbes Jahr im Voraus. In einem virtuellen Team brauchen zusätzliche Anreize länger, bis sie wirken.
3. Warum lassen Sie Ihr Team die Belohnung nicht selbst bestimmen? Organisieren Sie ein Brainstorming und lassen Sie abstimmen. So ist die Belohnung auch wirklich die richtige.

Kombinieren Sie die vier Erfolgsfaktoren!

Sie haben nun vier Erfolgsfaktoren kennengelernt, die gleich zu Anfang dafür sorgen, dass Sie Top-Leute aus aller Welt zu einem Powerteam vereinen können:

1. Persönliche Unterschiede wahrnehmen und die persönliche Ebene beachten
2. Individuelle Stärken erkennen und Menschen im Team entsprechend einsetzen
3. Von Anfang an regelmäßig kommunizieren, alle reden lassen und Diskussion fördern
4. Eine Belohnung in Aussicht stellen, die Ihre Leute zu Spitzenleistung motiviert

Diese vier Faktoren hängen eng miteinander zusammen. Der Schlüssel ist der Blick für Menschen, ihre Unterschiede und ihre Persönlichkeit. Je besser Sie Ihre Teammitglieder kennen, desto wohler fühlen diese sich und desto besser erkennen Sie die individuellen Stärken. Sie können nun so kommunizieren, dass alle sich als Menschen gesehen fühlen, und wissen auch, welche Belohnung dem Team noch mal einen Extra-Motivationskick geben kann. Wecken Sie das einzigartige Potenzial jedes Individuums. Fördern Sie passend dazu individuelle

Ziele, die dem großen Ziel des gesamten Teams im Projekt dienen. (Mehr zum wichtigen Thema Ziele in den folgenden beiden Kapiteln.) Alles zusammen setzt in einem virtuellen Team enorme Energie frei und eröffnet die Chance auf phänomenalen Erfolg.

KAPITEL 3
Wo jeder ein Ziel hat und glänzen darf, gelingt Führung auf Distanz mit Leichtigkeit

Bernd schüttelte seinem Bauleiter die Hand und machte sich auf den Weg zum wartenden Taxi. Nach all den Problemen war sein Projekt in Frankfurt endlich wieder in der Spur. Während er über die verdreckte Baustraße spazierte, rief er auf dem iPhone seine Mails ab. Da sah er eine Nachricht von Anne aus dem Erdbebengebiet mit der Betreffzeile »Gute Neuigkeiten«. Gespannt tippte er auf die Mail, um sie zu lesen. Dabei lief er beinahe vor einen Betonmischer, der gerade auf die Baustelle eingebogen war. Mit lautem Hupen verschaffte sich der Lkw-Fahrer Beachtung. Bernd wich zur Seite aus und stellte sich auf eine leere Holzpalette, die neben der Baustraße im Schlamm lag. Er gab dem Taxifahrer hinter dem Bauzaun ein Zeichen, noch einen Moment zu warten. Dann las er Annes Mail. Die wichtigste Neuigkeit lautete:

Die Regierung hat unser Angebot angenommen. Der Staat Transmontanien wird 50 Prozent der von uns veranschlagten Kosten übernehmen. Die übrigen 50 Prozent müssen wir über Crowdfunding finanzieren.

»Jaaa!« – das war der Durchbruch, von dem Bernd lange geträumt hatte. Endlich würde er ein international tätiger Unternehmer sein. Er ballte die Faust, so wie früher, wenn er beim Tennisspielen gewonnen hatte. Eine warme, starke Energie floss von seinem Brustkorb durch den ganzen Körper.

Als das Taxi über die Autobahn zum Flughafen fuhr, beobachtete Bernd durch das Seitenfenster die Skyline von Frankfurt. Er war euphorisch. Es fühlte sich an, als ob etwas ganz Großes begonnen hätte. Formulierungen schossen ihm durch den Kopf, mit denen er den anderen im Team die Neuigkeiten mitteilen würde. In Gedanken sah er sich alles koordinieren, was jetzt nötig war, um unter schwierigen Verhältnissen diese neuartigen erdbebensicheren Häuser zu bauen. Er dachte an die einheimischen Bauleute, an das Designteam aus Zehntausenden Studenten mit ihren Professoren und an die Banker aus London. Von allen war er ab jetzt der Chef! Bei diesem letzten Gedanken wurde ihm ein wenig mulmig. Doch er schob das Gefühl beiseite und sagte zum Taxifahrer: »Können wir nicht schneller fahren? Die Überholspur ist doch frei.« Der Fahrer gab keine Antwort. Schweigend blinkte er links und beschleunigte.

> Bernd ist euphorisch, weil das Projekt endlich losgeht. Er sieht sich auf der Überholspur. Dabei steht die Finanzierung erst zur Hälfte. Und es gibt technische Probleme mit Skype.

Am Frankfurter Flughafen angekommen, ging Bernd noch für einen Kaffee zu Starbucks. Er setzte sich, nahm sein iPad und genoss es, die Mail an das ganze Team zu schreiben. Sein Ton war beinahe feierlich. Als er alle Informationen weitergegeben hatte, lud er zu einer Telefonkonferenz für Mittwoch nächster Woche ein.

Diesmal hatte Bernd vor der Konferenz zu Mittag gegessen. Entspannt legte er in seinem Büro die Füße hoch und startete die Skype-Konferenz mit dem grünen Knopf. Claude, Anne und Linda konnten es kaum erwarten zu berichten, was sie erreicht hatten. Der MOOC hatte begonnen. Anne hatte sich mit dem Chef der örtlichen Bauarbeiter getroffen. Und Linda war fertig mit der Beschreibung für das Crowdfunding. Sie brauchte nur noch ein Okay, um damit auf der Internetplattform online zu gehen. Der Ball rollte und Bernd spürte, wie begeistert sein gesamtes Team war.

»Habe ich grünes Licht für die Crowdfunding-Kampagne?«, fragte Linda.

»Nicht so schnell, Linda«, antwortete Bernd. »Ich möchte den Text bitte erst prüfen. Und dann hätte ich gerne einmal mit deinen Freunden in London telefoniert, die uns helfen sollen, genügend Geld aufzutreiben. Es wäre ja ein Unding, wenn Leute an unserer Finanzierung mitwirken, die ich überhaupt nicht kenne ...«

»Bernd, ich bitte dich«, unterbrach Claude, noch bevor Linda reagieren konnte. »Wir sind uns einig, dass wir Crowdfunding wollen. Also lass doch Linda und ihr Team selbst entscheiden, wie sie das hinbekommen. Ich sehe überhaupt nicht, warum Linda uns mit ihren Kontakten bekannt machen muss. Hauptsache, sie hat diese Kontakte und wir bekommen, was wir brauchen.«

»Aber es geht um 50 Prozent unserer Finanzierung!«, protestierte Bernd. Er nahm die Füße vom Tisch und setzte sich gerade hin. »Ich bin hier am Ende für alles verantwortlich, und deshalb will ich auch sehen, was gerade geschieht. Ich will eingreifen können, bevor etwas schiefläuft.« Bernd spürte Hitze in seinem Nacken.

»Okay Bernd, was soll ich tun?«, fragte Linda. Ihre Stimme klang jetzt kühl und distanziert.

»Ich würde gerne eine Telefonkonferenz mit dir und deinen Ansprechpartnern in London machen. Wir gehen dann den gesamten Prozess einmal gemeinsam durch.«

Bernd spürte, dass sich etwas verändert hatte. Die Begeisterung war verschwunden. Zu allem Überfluss kamen auch noch technische Probleme dazu. Skype brach immer wieder zusammen, und er musste sich neu einwählen. Gegen Ende der Konferenz sprach Bernd mit fester Stimme und wiederholte fürs Protokoll, was jetzt für jeden die nächsten Aufgaben waren. Nachdem sich alle ausgeklinkt hatten, stand Bernd auf und ging ans Fenster.

> Linda möchte eigenverantwortlich die Crowdfunding-Kampagne organisieren. Doch Bernd will die Kontrolle haben und jederzeit eingreifen können. Die Stimmung verändert sich.

»Irgendwie haben sie sich zurückgezogen«, dachte er. »Aber wir haben einen gemeinsamen Plan und feste Vereinbarungen.«

Eine Woche später saß Bernd wieder in seinem Büro und ging das Protokoll der letzten Telefonkonferenz durch. Aus Neugier hatte er sich letzte Nacht einmal in den MOOC eingeloggt. Da waren plötzlich Anforderungen an die Häuser definiert, die nicht abgesprochen waren und nur von Claude stammen konnten. Bernd war schockiert. Machte der junge Architekt da einfach, was er wollte? Und was war mit Linda? Die Afrikanerin hatte noch immer keinen Terminvorschlag für eine Telefonkonferenz mit London gemacht. Bernd hatte seit letzter Woche überhaupt nichts mehr von ihr gehört. Wütend griff Bernd zum iPhone und tippte im Adressbuch auf Lindas Mobilnummer.

»Hier ist die Voicemail von Linda Ogedengbe-Smith ...«, erklang keine Sekunde später Lindas energische Stimme.

»Telefon ausgeschaltet, na toll!«, brüllte Bernd und warf das iPhone wütend auf seinen Schreibtisch. Er stand auf und ging im Raum umher. Das Blut staute sich in seinem Nacken und seinem Gesicht.

»Jetzt wo wir das Projekt endlich haben, spielen sie Spielchen mit mir. Wieso macht Claude solche Sachen? Und Linda, Linda, die ist ohnehin immer so komisch rebellisch. Aber jetzt geht sie zu weit. Wenn sie nicht in Afrika wäre, dann würde ich zu ihr ins Büro gehen und mal eine Ansage machen, die sich gewaschen hat ...«

Nachdem Bernd sich wieder beruhigt hatte, schrieb er Claude eine Nachricht über Skype: »Können wir bitte so schnell wie möglich reden?«

Früh am nächsten Morgen hatte Bernd den Kanadier über Skype endlich erreicht. Bernd war zu Hause in seinem engen Arbeitszimmer. Draußen war es noch dunkel. Claude saß auf dem Sofa in seiner offenen, minimalistisch eingerichteten Dachwohnung in Montreal. In Hintergrund lief der Fernseher.

> Bernd hat den Eindruck, dass die Teammitglieder seiner Führung nicht mehr folgen. Claude weist Bernd auf sein Mikromanagement hin und schlägt nochmals einen Workshop mit dem Mentor Paul vor.

»Claude, wir sind seit Jahren befreundet«, kam Bernd gleich zur Sache. »Warum, verdammt nochmal, machst du jetzt einfach, was du willst, und erzählst mir nichts davon?«

»Hör mal zu, Bernd«, sagte Claude ruhig und gelassen. »Ich setze für dieses Projekt meinen Ruf als Architekt aufs Spiel. Ich bin bereit, mich sehr dafür zu engagieren. Aber wenn es um Architektur geht, kann ich nicht allein auf dich hören. Ich kann nicht einmal allein auf die Studenten hören, so genial das mit dem MOOC auch ist. Ich muss hier einfach Qualitätsstandards durchsetzen. Verstehst du das? Ich arbeite einen Tag pro Woche an dem Projekt und habe keine Zeit, mich mit dilettantischen Ideen aufzuhalten.«

»Ist ja schon gut. Lass uns deine Wünsche ein anderes Mal im Detail besprechen. Eine viel wichtigere Frage: Weißt du, was mit Linda los ist? Ich habe seit einer Woche nichts mehr von ihr gehört. Ich weiß nicht, wie der Stand beim Crowdfunding ist.«

»Ich konnte kurz mit ihr sprechen und ich glaube, Ich weiß, was los ist. Sie aktiviert ihr Netzwerk für dich, und was machst du? Du willst den

Prozess haarklein erklärt haben. Du willst, dass sie dir ihre Kontakte gibt und du willst diesen Leuten ihre wertvolle Zeit stehlen. Es ist doch völlig klar, dass Linda sauer ist. Bernd, du bist jetzt nicht mehr in deiner kleinen Welt zwischen Hamburg und München. Du leitest ein globales Team aus Top-Experten. Da musst du deinen Leuten einfach vertrauen. Sie sollen ihre Pläne im Team vorstellen, du kannst sie alles fragen, was du wissen willst. Aber versuche ihnen nicht reinzureden, wie sie vorgehen sollen.«

»Alles schön und gut«, antwortete Bernd, »aber die Zeit läuft. Wie kommen wir zurück in die Spur? Jetzt brauchen wir vielleicht doch Coaching. Wie hieß noch mal dieser Guru, den du da kennst?«

»Mein Mentor? Paul.«

»Was würde Paul dir jetzt raten?«

»Das habe ich ja längst gesagt: Er würde zu einem Workshop raten. So ein Workshop ist total effektiv. Wir würden unsere Ziele aufeinander abstimmen, Roadmaps entwickeln und das volle Commitment von allen für die Ziele einholen.«

»Also gut. Kannst du mir eine Kostenschätzung machen für diesen Workshop, einschließlich des Honorars für Paul und unserer gesamten Reisekosten?«

»Mache ich gerne, mein Bester. Schön, dass du den Workshop jetzt doch machen willst.«.

Es war der 21. Mai um 8.30 Uhr am Morgen. Die blühenden Kirschbäume an der Außenalster waren in mildes Sonnenlicht getaucht. Bernd stand in einem Konferenzraum des Hotels »Le Meridien« und schaute über die glitzernde Wasserfläche auf den Fernsehturm. Kurz vor dem ersten Workshop mit seinem Team ordnete er seine Gedanken. Gestern hatte er mit Paul zu Abend gegessen. Paul war ein ruhiger Typ mit grauen Haaren, der seinen Gesprächspartnern direkt in die Augen schaute und Ruhe und Gelassenheit ausstrahlte. Er war ein guter Zuhörer, der ab und zu provozierende Fragen stellte. Bernd war ein wenig nervös, doch seit dem Abendessen spürte er, dass er Paul vertrauen konnte. Er fühlte sich sogar ein wenig erleichtert, dass er heute nur Teilnehmer war und nicht moderieren musste. Anne würde als Einzige per Videokonferenz teilnehmen. Bernd checkte den großen Bildschirm, auf dem bereits der Konferenzraum in Transmontanien zu sehen war, in dem Anne jeden Moment eintreffen würde. Als Krisenbeauftragte der Regierung hätte sie eine Reise nach Europa im Moment nur schwer rechtfertigen können. Außerdem war noch ihre kleine Tochter krank geworden.

Paul hatte Bernd versichert, dass der Workshop auch in diesem hybriden Format funktionieren würde. Es käme bei diesen Workshops mit internationalen Teams immer wieder vor, dass einzelne Teilnehmer nur per Videokonferenz teilnehmen könnten.

Mittlerweile hatte das Team sich von Skype verabschiedet. Claude arbeitete schon lange mit WebEx, einer professionellen Software von Cisco. Er hatte Bernd per E-Mail die Vorteile von WebEx geschildert, und Bernd hatte daraufhin für das Team eine Jahreslizenz gekauft. Nun hatte das Team viel mehr Möglichkeiten, Dateien gemeinsam anzuschauen oder ein Whiteboard über die Distanz zu nutzen. Außerdem würde die Verbindung nun endlich stabil sein.

> Paul leitet für das Team einen hybriden Workshop: Ein Teil der Teammitglieder ist im Raum präsent, ein anderer zugeschaltet. Statt Skype kommt jetzt mit WebEx eine professionellere Lösung zum Einsatz.

Durch die offene Glastür hörte Bernd das Lachen von Claude und Linda. Als die beiden da waren, konnte der Workshop pünktlich um 9.00 Uhr beginnen. Bernd begrüßte zunächst alle. Er freue sich über diese einmalige Gelegenheit, alle Beteiligten persönlich zu treffen. Bis auf Anne, bei der dafür immerhin die perfekte Übertragungsqualität des neuen Systems zu erleben war. Dann übernahm Paul.

»Ich weiß, dass ihr alle erfahrene Experten auf eurem Gebiet seid«, begann der Mentor. »Heute will ich euch dabei helfen, von einzelnen Stars zu einem wirklich funktionierenden Team zu werden. Zu einem Sternbild sozusagen, einer starken Gemeinschaft, die mit ihrer eigenen Gravitationskraft jede geografische Distanz überwinden kann.«

Paul begann mit einer Übung zur persönlichen und beruflichen Lifeline. Als Erstes erzählte er eine dramatische Geschichte aus seinem eigenen Leben. Danach sollte jedes einzelne Teammitglied sich vorstellen. Der Reihe nach bat Paul alle, ihre berufliche und persönliche Lifeline auf ein Flipchart zu zeichnen und den anderen zu erklären. Und tatsächlich berichteten alle sowohl von ihren stolzesten Momenten als auch von den größten Schwierigkeiten, die sie in ihrem bisherigen Leben gemeistert hatten.

Linda erzählte von einem erschütternden Ereignis während ihrer Studienjahre in London. Sie hatte gerade einen Teilzeitjob bei einer Bank in der City gefunden, als ihr Vater in Nigeria bei einem Bombenanschlag getötet wurde. Sie gab ihren Job auf, absolvierte einen Teil ihres Studiums als Fernstudium und half der Familie in dieser schwierigen Zeit. Alle konnten sehen, wie Linda bei dieser Geschichte Tränen in den Augen standen. Anschließend fragte Paul die anderen, was sie für Lindas größte persönliche Stärke hielten. Alle waren sich einig, dass dies ihre Belastbarkeit war.

Claude erzählte, wie er als Kind ein Seifenkistenrennen gewonnen hatte. Er war der einzige Junge gewesen, der seinen Rennwagen selbst konstruiert und gebaut hatte. Bei allen anderen Jungen waren das die Väter gewesen. So hatte Claude schon früh sein Talent unter Beweis gestellt, Dinge zu konstruieren, sich im Wettbewerb durchzusetzen und hoch gesteckte Ziele zu erreichen.

Bernd war überrascht und begeistert. Selbst die Geschichte von Claude kannte er noch nicht, obwohl die beiden Männer nun schon seit ein paar Jahren befreundet waren. Er hatte ein Team aus großartigen Menschen. Sie waren alle einzigartig und leuchteten wie Sterne. Bernd spürte eine neue Nähe zu allen, besonders zu Linda. Sie hatte so schwierige Zeiten gemeistert! Kein Wunder, dass sie für Bernds Ungeduld und Misstrauen wenig Verständnis aufbringen konnte.

Paul machte weiter mit einer Übung, bei der jedes Teammitglied seine größten Stärken entdecken sollte. Dazu arbeitete das Team in Zweiergruppen mit einfachen, klaren Fragen, die Paul vorgab. Am Ende entschieden alle jeweils aus der Außenperspektive, was für ein einzelnes Teammitglied die größte Stärke sei. Danach waren die Teamziele an der Reihe.

> Durch das Teilen der beruflichen und persönlichen »Lifelines« rückt das Team auf der menschlichen Ebene zusammen. Mit Paul werden die drei wichtigsten Themen des Teams erarbeitet. »Eigenverantwortung« steht ganz oben.

Paul teilte das Team wieder in zwei Gruppen ein und bat darum, sich gegenseitig Fragen zum Projekt zu stellen. Die Fragen lauteten zum Beispiel: Was geht dir nicht aus dem Kopf? Was sagt dir dein Bauchgefühl? Was könnte dich beflügeln? Diese geschickt gewählten Fragen brachten viel Unausgesprochenes zutage. Der Ehrgeiz der einzelnen Teammitglieder wurde ebenso sichtbar wie ihre Visionen. Die zweite Gruppe sollte eher nüchtern und analytisch Probleme und Chancen des Projekts betrachten. Im dritten Schritt malten dann alle drei im Raum Anwesenden gemeinsam ein Bild, wie der größtmögliche Erfolg des Teams aussehen würde.

Schließlich wurden die drei wichtigsten Themen des Teams gewählt. Jeder hatte dazu drei Stimmen. Bernd war nicht überrascht, dass »eigenverantwortliches Arbeiten« zum wichtigsten Thema für sein Team gewählt wurde. Womit er allerdings wirklich nicht in dieser Form gerechnet hatte und was ihn positiv überraschte, war, wie viel Wissen, Weisheit und Lebenserfahrung aller Teammitglieder an diesem Vormittag sichtbar geworden waren. Bernd war jetzt fest entschlossen, seinem Team mehr Eigenverantwortung zu übertragen. Er war sich nur noch nicht sicher, wie er das anstellen sollte.

Paul machte unterdessen weiter mit dem Workshop: »Lasst uns nun unsere drei wichtigsten Themen in Ziele nach der SMART-Formel überführen.«

Team-Management über Distanz: Von persönlichen Stärken zu individuellen Zielen

Bernd erlebt seine erste echte Führungskrise. Das virtuelle Team droht ihm zu entgleiten. Claude setzt ohne Absprache seine eigenen Vorstellungen durch. Und Linda tut anscheinend überhaupt nichts mehr. Zumindest gibt sie Bernd keinerlei Feedback. Sie spricht auch nicht darüber, dass sie sich über Bernd geärgert hat. Sondern sie versteckt sich vor ihm. In örtlich präsenten Teams ist ein solches Szenario sehr unwahrscheinlich. Der Chef kann jederzeit zu den anderen ins Büro gehen und die Dinge klären. In virtuellen Teams dagegen sind solche Situationen ziemlich häufig. Insbesondere dann, wenn der Chef autoritär auftritt oder anfängt, Mikromanagement zu betreiben. Was genau hat bei diesem Team zur Krise geführt?

Bernd war es bisher gewohnt, alles selbst zu entscheiden. Er sagte seinen Leuten sowohl was zu tun ist als auch, welchen Weg sie bei der Umsetzung gehen sollen. Bei seinen deutschen Bauprojekten hat dieser Führungsstil immer gut funktioniert. Auch seine aktuellen Probleme in Frankfurt löst Bernd, indem er den Beteiligten Anweisungen gibt. Er verlässt sich auf seine Erfahrung. Bisher wusste er stets, wie man eine solide Finanzierung, verlässliche Lieferanten und gute Architekten bekommt. In seinem ersten internationalen Projekt mit einem virtuellen Team ist Bernd dann plötzlich überfordert mit vielen Unklarheiten. Es macht ihn nervös, tagelang nicht zu sehen, was einzelne Teammitglieder machen. Deshalb reagiert er mit einem autoritären Führungsstil und Mikromanagement. Doch das funktioniert nicht. Claude trifft kurzerhand seine eigenen Entscheidungen und Linda weigert sich, mit ihm zu sprechen.

Bernds psychologisches Motiv ist Angst. Er befürchtet, dass etwas schiefläuft. Er glaubt, dann wäre er allein dafür verantwortlich und stünde am Pranger. Um Sicherheit zu gewinnen, will Bernd den Prozess stärker steuern. Er mischt sich in die Umsetzung einzelner Aufgaben ein und möchte den Teammitgliedern Vorschriften machen, wie sie ihre individuellen Ziele erreichen. Er merkt nicht, dass er ein virtuelles Team mit Experten aus aller Welt hat, die auf ihrem jeweiligen Gebiet viel besser wissen, was zu tun ist. Linda hat schon viele Crowdfunding-Projekte gestemmt. Bernd ist Neuling auf dem Gebiet und will trotzdem mitreden, da er ja der Chef ist.

> In virtuellen Teams kommt es schneller zu Führungskrisen als in klassischen Teams. Die Distanz verunsichert Führungskräfte und nährt den Wunsch nach Kontrolle. Doch statt Kontrolle braucht das Team gemeinsam erarbeitete Ziele.

Wenn Sie die Besten zu einem Powerteam vereinen wollen, dann gehört dazu, alle auf *ein gemeinsames Ziel* auszurichten, das *vom Team selbst* erarbeitet wurde. Wie die Dinge zu tun sind, wie sich einzelne Ziele erreichen lassen, sollte dabei jeder beteiligte Experte selbst entscheiden.

Methode:
Der legendäre Apple-Gründer Steve Jobs hat einmal gesagt: »Es macht keinen Sinn, kluge Köpfe einzustellen und ihnen dann zu sagen, was sie zu tun haben. Wir stellen kluge Köpfe ein, damit sie uns sagen, was wir tun können.«

Ein autoritärer Führungsstil führt in hochleistungsfähigen, virtuellen Teams einfach nicht zum Ziel. Selbst wenn einige Teammitglieder sehr viel jünger und weniger erfahren sind als der Chef, brauchen sie ein großes Maß an Freiheit, um ihre Aufgaben zu erledigen. Auch muss sich der Chef in virtuellen Teams darüber klar sein, dass er die einzelnen Arbeitsschritte nicht kontrollieren und lenken kann. Umso wichtiger ist deshalb Feedback. Feedback hält virtuelle Teams am Leben!

Die Führungskräfte in einem virtuellen Team sollten regelmäßig um Feedback bitten und stets ihre Kommunikationskanäle offen halten, damit die einzelnen Beteiligten gerne und ausreichend Feedback geben. Wenn ein Teammitglied plötzlich kein Feedback mehr gibt, so wie Linda, dann stimmt etwas nicht.

Einzig bei einer Krise oder einem massiven Konflikt kann der Chef eines virtuellen Teams einmal autoritärer auftreten als sonst. Das dann aber bitte nicht willkürlich oder einschüchternd. Sondern für diesen Fall sollte es einen klar definierten Prozess geben, bei dem der Chef von jedem einzelnen Teammitglied zunächst Feedback zum Problem einholt und dann alle auf einen Beitrag verpflichtet, wie sie wieder in die Spur kommen wollen.

> Allein in Krisen und im Konfliktfall sollte der Leiter eines virtuellen Teams seine Autorität ins Spiel bringen. Das allerdings nach klaren Regeln. In der übrigen Zeit ist er mehr »Enabler« und Ermutiger.

Die meiste Zeit ist der Chef in einem virtuellen Team derjenige, der Menschen ermutigt und Dinge ermöglicht. Der einzige Punkt, an dem er seine ganze Autorität in die Waagschale wirft, ist das »Warum« eines Projekts – die Mission und das große Ziel des Teams. Das ist der Energiekern, der das gesamte Team anzieht und dafür sorgt, dass alle dabei bleiben.

Wann der Chef eines virtuellen Teams Coaching benötigt

Bernd ist frustriert, weil die Mitarbeiter entweder seine Anweisungen nicht befolgen oder ihm einfach kein Feedback mehr geben. In einem virtuellen Team gibt es sehr viele Möglichkeiten, sich zu verstecken. Einzelne Teammitglieder können überaus geschickt sein, wenn es darum geht, niemanden merken zu lassen, dass sie gerade nicht arbeiten oder machen, was sie wollen. Wer nicht mehr ans Telefon geht oder E-Mails nur noch selektiv beantwortet, der versteckt sich bereits. Dieses Versteckspiel frustriert sowohl die Kollegen als auch den Chef.

Frustration führt nun bei Chefs typischerweise zu mehr Eingreifen und Mikromanagement. Das wiederum verschlimmert den Konflikt nur und kann einzelne Teammitglieder sogar vollkommen demotivieren. Im schlimmsten Fall wird der Frust beim Chef so groß, dass er dem Burn-out nahe kommt, und die Konflikte eskalieren so stark, dass einzelne Teammitglieder entlassen werden müssen oder von sich aus das Team verlassen. In allen diesen Fällen ist es die Aufgabe der Führungskraft, die »Reset«-Taste zu drücken. In den meisten Fällen ist es das Beste, sich hierbei von außen Unterstützung zu holen. Ein erfahrener Coach kann dafür sorgen, dass die Teammitglieder wieder miteinander sprechen, ihre Konflikte klären und sich neu auf die Teamziele ausrichten.

So setzen Sie im virtuellen Team eine Aufwärtsspirale in Gang

Für viele Führungskräfte ist es der erste Impuls in schwierigen Situationen, mehr eigene persönliche Ressourcen zu aktivieren. Der Glaubenssatz dahinter lautet oft: »Von mir hängt alles ab.« In virtuellen Teams führt das nicht weiter. Viel wichtiger ist es, das Wissen, die Fähigkeiten und das Potenzial des Teams zu entdecken und zu nutzen. In virtuellen Teams ist es selten oder nie möglich, von oben etwas zu bewirken. Der Schlüssel liegt immer in der Aktivierung des im Team schlummernden Potenzials. Die persönlichen Fähigkeiten und die Lebenserfahrung der Teammitglieder sind die Basis, damit die Mission des Teams sich entfalten kann. Führungskräfte glauben oft, die einzelnen Teammitglieder schon gut zu kennen, weil sie mit ihnen zum Beispiel Einstellungsgespräche geführt haben oder im Projekt häufig individuell mit ihnen kommunizieren. Doch das heißt nicht viel. Entsprechend sind Führungskräfte meistens überrascht, was in einer offenen Gruppensituation, in der alle über ihre Stärken sprechen können, zutage tritt. Und am besten sprechen die Teammitglieder nicht nur über ihre Stärken, sondern auch über die persönliche Lebenslinie und das, was sie im Innersten geprägt hat und sie aus ihrem Herzen heraus handeln lässt. Die Methode dazu habe ich in Kapitel 1 beschrieben. Jedes Mal, wenn ich einen solchen Workshop veranstaltet habe, war ich vollkommen verblüfft, was in Menschen alles steckt. In jeder, absolut jeder Gruppe von Menschen können Sie Großartiges entdecken. Verlassen Sie sich darauf. Was die einzelnen Teammitglieder an beeindruckenden Erfahrungen gemacht haben, wird die anderen in der Gruppe inspirieren und dafür sorgen, dass in der gesamten Gruppe das Vertrauen wächst.

> In virtuellen Teams ist es kaum noch möglich, »von oben« etwas zu bewirken. Der Erfolgsschlüssel liegt in der Aktivierung des im Team schlummernden Potenzials. In Menschen steckt mehr als sie zeigen!

Individuelle Stärken zu entdecken ist der Schlüssel, um eine Aufwärtsspirale in Gang zu setzen. In Kapitel 2 haben Sie wissenschaftlich basierte Methoden wie beispielsweise den StrengthsFinder 2.0 von Gallup kennengelernt. Auch habe ich schon etwas zu einfachen Möglichkeiten gegenseitigen Coachings mit gezielten Fragen gesagt. So lassen sich schon innerhalb von rund einer Stunde tiefere Einsichten in die größten Stärken der anderen Teammitglieder gewinnen. In einem eintägigen Workshop ist es nun ganz wichtig, solche Ergebnisse zu visualisieren. Zeichnen Sie eine »Landkarte der Ressourcen« an eine Metaplan-Wand oder an ein Whiteboard. Listen Sie dabei alle Namen Ihrer Teammitglieder auf und schreiben Sie jeweils die wichtigsten Stärken zu den Namen. Dabei sollte sowohl die eigene Einschätzung als auch die Außensicht der anderen Teammitglieder abgebildet werden. Eine solche Landkarte entfaltet eine sehr starke Wirkung: Jedes Teammitglied zeigt, wie es sich sieht, worauf es stolz sein kann, und erhält dafür Aufmerksamkeit von der Gruppe. Gleichzeitig sehen alle, wie viele Stärken das gesamte Team in der Summe hat. Das visualisiert das Potenzial des Teams und schafft Vertrauen, dass es gemeinsam sein großes Ziel erreichen wird.

Methode:
Zeichnen Sie in der Gruppe eine »Landkarte der Ressourcen« Ihres virtuellen Teams. Schreiben Sie an ein Whiteboard oder auf eine mit Papier bespannte Metaplan-Wand die Namen aller Teammitglieder und dazu jeweils die größten Stärken. So visualisieren Sie auf motivierende Art das Potenzial des Teams.

Wie Sie die wichtigsten drei Themen in einem virtuellen Team erarbeiten

Paul arbeitet mit seiner bewährten Methode, um die drei wichtigsten Themen für das Team herauszuarbeiten: Was braucht unser Team besonders? Woran wollen wir arbeiten? Paul kombiniert dazu geschickt drei verschiedene Arten von Input. Um an diesen dreifachen Input zu kommen, würde er das Team normalerweise in drei Gruppen aufteilen. Da das Team für drei Gruppen zu klein ist, arbeiten die Teammitglieder hier wieder paarweise. Danach schließen sich die drei im Raum Anwesenden zu einer dritten Gruppe zusammen. Ich erkläre die Methode im Folgenden für größere Kernteams, in denen es möglich ist, drei Gruppen zu bilden.

Die **erste Gruppe** hat die Aufgabe, Erkenntnisse über mögliche Themen mehr aus dem Unterbewusstsein zu gewinnen. Hier geht es um das, was im Projektalltag selten oder nie direkt ausgesprochen wird. Um das zu veranschaulichen, können Sie den Umriss eines Menschen auf ein Flipchart malen und um diesen Umriss unterschiedliche öffnende Fragen notieren.

Methode:
Fragen, um Unbewusstes bewusst zu machen:
- Was geht in Ihrem Kopf vor?
- Was liegt Ihnen am Herzen?
- Was juckt Ihnen in den Fingern?
- Was sagt Ihnen Ihr Bauchgefühl?
- Was legt Ihnen Fußfesseln an?
- Was kann Ihnen Flügel verleihen?

In der ersten Gruppe sollten die einzelnen Teammitglieder jeweils für sich ihre Antworten notieren. Es macht keinen Sinn, hierüber zu diskutieren. Es ist auch gar nicht nötig, zu einem Konsens zu kommen, sondern es geht einfach darum, unterschiedliche Einsichten zu sammeln.

Nun zur nächsten Gruppe. Die **zweite Gruppe** hat die Aufgabe, mehr sachlichen Input zu sammeln. Es geht um die aktuellen Probleme und Chancen des virtuellen Teams, die für alle offen erkennbar sind. Weil an dieser Stelle Probleme angesprochen werden, wird es normalerweise einige Diskussionen geben. Achten Sie darauf, dass diese Diskussionen nicht zu viel Raum einnehmen. Auch hier geht es noch nicht darum, Lösungen zu finden, sondern Einsichten und Perspektiven zu sammeln.

Die **dritte Gruppe** hat schließlich die Aufgabe, das Bild eines ganz außergewöhnlichen Teamerfolgs zu malen. Diese Visualisierung soll eine Herausforderung an die Kreativität sein. Machen Sie also keine zu großen Vorgaben, wie solch ein Bild aussehen könnte. Lassen Sie die Teammitglieder lieber ihre Fantasie einsetzen. Ich bin immer wieder überrascht und begeistert, auf welche Ideen Menschen hier kommen. Sie zeichnen entweder wahre Kunstwerke ans Whiteboard oder Flipchart. Oder sie kommen auf ungewöhnliche, aber treffende Metaphern für den Erfolg des Teams.

> Spezielle Formen der Gruppenarbeit sind wichtig, wenn ein Team selbst seine drei wichtigsten Entwicklungsthemen finden soll. Sonst bringen sich nur die Extrovertierten ein und die Introvertierten schweigen.

Sind alle drei Gruppen so weit? Dann bitten Sie zunächst alle aus der ersten Gruppe, ihre Notizen und Beobachtungen mit den anderen zu teilen. Die übrigen Teammitglieder dürfen dazu Verständnisfragen stellen. Es ist wichtig, dass hier jeder die Gelegenheit hat zu sprechen. Einige mehr introvertierte Teammitglieder würden sich hier normalerweise vielleicht gar nicht einbringen. Das bedeutet aber, dass dem Team wertvolle Beobachtungen verloren gehen. Die zweite Gruppe bestimmt normalerweise einen oder zwei Repräsentanten, die die Ergebnisse erläutern. Es sollte allerdings möglich sein, nachzufragen, von wem welcher Gedanke stammt, und dazu Verständnisfragen zu stellen. Die dritte Gruppe nominiert in der Regel ein Teammitglied, um das fertige Bild zu erläutern. Viele »Kunstwerke« sprechen für sich. Aber manchmal gibt es Details, die ohne eine entsprechende Erläuterung übersehen würden.

Sobald alle Gruppen ihre Ergebnisse vorgestellt haben und es keine weiteren Verständnisfragen mehr gibt, ist es an der Zeit zu wählen. Jedes Teammitglied hat drei Stimmen und soll mit einem Stift diese drei Stimmen an die Themen verteilen, die es für die wichtigsten hält.

Wenn dann die Stimmen ausgezählt werden, kommt der Augenblick der Wahrheit. Jedes Mal, wenn in einem solchen Format die drei wichtigsten Themen verkündet werden, geschieht auf der psychologischen Ebene etwas sehr Wichtiges: Ein Gefühl von Zusammenhalt und Verbundenheit entsteht. Die Magie dieser Übung ist eine dreifache: Erstens werden die wichtigsten Themen nicht vom Chef bestimmt. Das setzt ein starkes Signal. Zweitens hat jedes Teammitglied gleich viele Stimmen. Drittens sind sowohl bewusste und rationale als auch unterbewusste und emotionale Aspekte eingeflossen. Auf eine sehr einfache und demokratische Art und Weise hat das Team über die Relevanz von beidem abgestimmt.

Sobald die drei wichtigsten Themen feststehen, werden sie in Ziele nach der SMART-Formel umgewandelt. Die SMART-Formel aus dem Projektmanagement ist Ihnen sicherlich vertraut. Zur Erinnerung: SMART ist das Akronym für spezifisch, messbar, akzeptiert, realistisch und terminiert. Ein Ziel ist nur dann »smart« definiert, wenn es diese fünf Bedingungen erfüllt. Die SMART-Formel hat sich bewährt, um klare, messbare und überprüfbare Ziele zu setzen.

Die größten Hürden auf dem Weg zu gemeinsamen »smarten« Zielen

Selbstverständlich denken Menschen in einem virtuellen Team nicht immer nur an die anderen und an das gemeinsame Ziel, sondern auch an sich selbst. Sie haben ihren eigenen Ehrgeiz, und manche haben persönliche Ziele, über die sie mit den anderen nicht sprechen. Wenn es keinen transparenten Ziel-Prozess gibt, dann kann es sein, dass diese persönlichen Ziele die Teamziele sabotieren. Das gilt es zu verhindern.

Da ist zunächst die berüchtigte **Hidden Agenda**. Versteckte persönliche Pläne von Teammitgliedern können sehr vielfältig sein. Es kann sich um Karriereziele handeln, es kann darum gehen, möglichst viel Anerkennung von den anderen Teammitgliedern zu bekommen oder es kann sein, dass jemand für sich selbst möglichst viel Geld aus einem Projekt ziehen möchte. Der Übergang von einer Hidden Agenda zu einer Intrige ist fließend. Ich beschränke mich hier auf persönliche Ziele, die durchaus legitim, aber mit der Vision und mit dem Gesamtziel des Teams nicht abgestimmt sind und deshalb für das Teamziel gefährlich werden können. Die besten Gegenmittel gegen eine Hidden Agenda bestehen darin, dass die Teammitglieder jederzeit offen über ihre persönlichen Interessen sprechen können und gleichzeitig jedes Teammitglied ein klares Ziel hat, das den Teamzielen entspricht.

> **Die drei wichtigsten Entwicklungsthemen des Teams werden in Ziele nach der SMART-Formel umgewandelt. Doch Vorsicht! Eine Hidden Agenda, Mikromanagement und Besserwisserei sind häufige Hürden.**

Geben Sie Karrierezielen neben den Teamzielen ebenfalls Raum. Die persönlichen Interessen und die Interessen des Teams müssen einander nicht widersprechen. Gerade deshalb ist es so hilfreich, dass die einzelnen Teammitglieder Input zu den Problemen und Chancen geben und anschließend über die wichtigsten Themen demokratisch abstimmen. So einigen sich wirklich alle gemeinsam auf das, worauf sie ihre Kräfte konzentrieren wollen. Eine Führungskraft sollte Lob und Anerkennung nie für erreichte Karriereziele spenden, sondern immer nur für erreichte Teamziele. So werden alle daran erinnert, wo der Fokus liegt. Wenn es noch keine erreichten Ziele gibt, dann loben Sie alles Verhalten, das Kooperation und Zusammenhalt im Team fördert.

Ein zweiter sicherer Motivationskiller in virtuellen Teams ist **Mikromanagement**. Selbst wenn alle sich auf ein großes Ziel eingeschworen haben und ihre persönlichen Interessen mit dem Gesamtziel in Einklang gebracht haben, besteht die Gefahr, dass der Chef durch Mikromanagement die Teamleistung sabotiert.

Selbst wenn der Chef ein noch so großer Experte auf seinem Gebiet ist, demotiviert er die Teammitglieder, wenn er immer wieder eingreift und ihnen Input oder Anweisungen gibt, wie sie ihre Aufgaben erledigen sollen. Alles, was ein Experte in einem virtuellen Team wirklich braucht, ist ein sauber definiertes Ziel in einem Budget- und Zeitrahmen. Anregungen zur Umsetzung seiner Arbeit sollte ein Teammitglied nur dann bekommen, wenn es ausdrücklich darum bittet. Das kann dann in Form von Fragen und Was-wäre-wenn-Überlegungen geschehen. Das Wichtigste ist es, in der Gruppe gemeinsam für jedes einzelne Teammitglied Ziele zu setzen, sodass die Teammitglieder sich ihre Ziele nicht aus den Fingern saugen müssen.

Neben der Hidden Agenda und dem Mikromanagement gibt es noch eine dritte große Hürde auf dem Weg zum Ziel. Das sind die **Kritiker und Besserwisser** im Team. Sie finden immer irgendetwas zu kritisieren. Wie sorgen Sie dafür, dass diese Kritiker den anderen Teammitgliedern nicht im Weg sind? Ein klares Ziel zu haben und auch für jeden kleinen Beitrag vom Chef Anerkennung zu bekommen, ist das beste Mittel gegen überkritische Teammitglieder, die sonst die Ziele des Teams und die Leistungen der anderen Teammitglieder ständig infrage stellen würden. Kritik kommt meistens von unklaren Zielen, ungeklärten Verantwortlichkeiten oder nicht erkanntem Potenzial. Natürlich gibt es da die Härtefälle. Es gibt Menschen, die es einfach nicht lassen können zu kritisieren. Dann sollte der Chef den Motiven dieser Menschen näher auf den Grund gehen. Er kann im Einzelgespräch über Probleme und Bedenken sprechen. Manchmal muss er auch korrigierend eingreifen, wenn die Kritik überhandnimmt. Bei den virtuellen Teams, die ich in der Vergangenheit geführt habe, hatte ich insgesamt wenige Probleme mit Kritikern. Dadurch, dass Sie Ihre Teammitglieder sorgfältig auswählen, sie eigenverantwortlich arbeiten lassen und ihnen Anerkennung geben, können Sie auch sehr kritische Menschen zur konstruktiven Mitarbeit bewegen.

> Virtuelle Teams bringen mit Leichtigkeit Spitzenleistungen, wenn das Potenzial jedes Teammitglieds gehoben wird, jeder Einzelne ein Ziel hat und eigenverantwortliches Arbeiten möglich ist.

Noch einmal zusammengefasst: Wenn Sie Ihr virtuelles Team mit Leichtigkeit zu Spitzenergebnissen führen wollen, dann brauchen Sie vor allem dreierlei: Erstens sollten Sie die Einmaligkeit und das Potenzial jedes Teammitglieds entdecken. Zweitens ist es wichtig, klare Ziele sowohl für jeden Einzelnen als auch für das Team insgesamt zu setzen. Und drittens sollten alle die Möglichkeit haben, eigenverantwortlich zu arbeiten. Zur Eigenverantwortung gehört Unterstützung durch andere Teammitglieder ebenso wie Anerkennung für gute Ergebnisse.

KAPITEL 4
Wo Ziele verzahnt sind, kann sich kein Teammitglied verstecken

Die Frühlingssonne über Hamburg tauchte den Raum im Hotel »Le Meridien« in helles Licht. Paul hatte sein Jackett ausgezogen und die Ärmel hochgekrempelt. Er wusste, dass der Workshop in die entscheidende Phase gehen würde. Claude und Linda standen vor einem Flipchart. Sie diskutierten laut auf Englisch und gestikulierten lebhaft. Gemeinsam bildeten sie eine der beiden Zweiergruppen, die an den für das Team entscheidenden Themen arbeitete. Alle paar Minuten wurde es still. Dann schrieb Linda eine Idee auf das Flipchart. Bernd saß an einem Tisch vor seinem aufgeklappten Laptop und war voll konzentriert. Er schaute abwechselnd zu Anne auf dem Bildschirm mit WebEx und auf seinen Computer. Die beiden hielten ihre Ideen auf einem virtuellen Whiteboard fest. Paul beobachtete alle aus dem Hintergrund. Ab und zu ging er leise zu einer der beiden Gruppen, um sie mit einer Frage auf neue Gedanken zu bringen. Claude arbeitete mit Linda am Thema »Empowerment«. Die beiden diskutierten darüber, woran man es merken würde, wenn das Ziel maximaler Eigenverantwortung bereits erreicht wäre. Man merkte Claude an, dass ihm das Thema viel bedeutete. Er redete schnell und sprach viel in der Ich-Form. Bernd bearbeitete mit Anne über WebEx das Thema »Integration von externen Parteien«. Hierbei ging es gerade um die Frage, wie die Bauleute, die Regierung und der Professor aus New York am besten in das Team integriert

> Paul macht weiter mit dem Workshop für das Team. Die Teammitglieder bearbeiten die entscheidenden Themen »Empowerment« und »Integration von Externen«.

werden könnten. Bernd und Anne sprachen ruhig und benutzen kaum Gesten.

Nach einiger Zeit waren alle vier bereit, ihre Ergebnisse zu präsentieren. Claude und Linda machten den Anfang.

»Ich will vollkommene Freiheit«, erklärte Claude mit lauter Stimme. Bernd musste schmunzeln. »Das ist Claude«, dachte er. Der Kanadier stand am Flipchart und Linda neben ihm, jederzeit bereit zu ergänzen.

»Das bedeutet, ich kann Entscheidungen treffen, ohne mich vorher mit Bernd abzustimmen«, fuhr Claude fort. »Jedenfalls solange ich innerhalb des Budgets bleibe und der Zeitplan nicht durcheinandergerät. Wenn wir alle eigenverantwortlich handeln, werden wir das auch bei den wöchentlichen Telefonaten merken. Jeder berichtet über seine Fortschritte der vergangenen Woche. Wenn Probleme auftauchen, dann landen die nicht bei allen, sondern jeder Verantwortliche macht Vorschläge und entwickelt Lösungsansätze. Dabei wird er so wenige andere Teammitglieder wie möglich beanspruchen.«

Linda nickte zustimmend. Sie hasste es, wenn andere ihre Probleme bei ihr abladen wollten, ohne sich Gedanken über eine Lösung gemacht zu haben.

»Bernd, du als Chef kannst Fragen stellen oder Ratschläge geben«, fuhr Claude fort und warf Bernd einen freundlichen Blick zu. »Aber die operativen Entscheidungen für jedes einzelne Ziel trifft der jeweils Verantwortliche. Wenn ich deine Hilfe brauche, um Dinge zu priorisieren oder um mit externen Parteien zu verhandeln, werde ich mich melden.«

Alle nickten zustimmend. Als Nächstes präsentierten Bernd und Anne die »smarten« Ziele, die sie erarbeitet hatten. Anschließend stellten die anderen Fragen und gaben Feedback. Bernd schrieb jedes Feedback mit.

Schließlich bat Paul alle Anwesenden aufzustehen und sich bereit zu machen für die Roadmap-Übung. Claude und Linda gingen in eine Ecke des Raumes und Bernd rückte näher an den Video-Bildschirm. Alle hatten gerade angefangen, Meilensteine zu definieren, als Anne über das Videokonferenz-Tool ihre Stimme erhob.

»Entschuldigt bitte vielmals die Störung. Ich musste zwischendurch E-Mails lesen, um in dringenden Fällen reagieren zu können. So habe ich gerade eine E-Mail von den örtlichen Baufirmen an die Regierung gesehen, bei der ich auf CC stand. Darin heißt es: ›Nachdem wir nun eine detaillierte Planung gemacht und dabei das Ergebnis des MOOC verwendet haben, schätzen wir, dass wir ca. 25 Prozent mehr Budget benötigen als ursprünglich beantragt.‹«

»Was?!«, schrie Bernd. Er schlug mit der Faust auf den Tisch und sprang von seinen Stuhl auf.

Linda blieb ungerührt. Sie beobachtete Bernds Reaktion und sagte dann mit ruhiger Stimme: »Nun, ich fürchte, das können wir nicht finanzieren, indem wir unsere Crowdfunding-Kampagne ausdehnen. Ihr wisst ja, dass die Kampagne stagniert. Wir finden nur noch wenige Investoren. Die Leute beteiligen sich mit kleinen Beträgen. Es gibt eben keine Bilder mehr in den Medien.«

»Was, verdammt noch mal, soll das?«, rief Bernd durch den Raum und ging zum Fenster. Er war so aufgebracht, dass er Linda gar nicht richtig zugehört hatte. »Das gefährdet unser gesamtes Projekt!«

»Es sei denn, ihr baut effizienter und damit kostengünstiger.« Das war die ruhige Stimme von Paul aus der hinteren Ecke des Raumes. Alle drehten sich zu ihm um. »Ich habe schon größere Überraschungen erlebt als diese. Und was ich hier vor mir sehe, ist ein Team von Top-Experten, die beginnen, einander zu vertrauen. Ich bin mir sicher, ihr werdet einen Weg finden. Es muss auf dieser Welt ja jemanden geben, der so etwas billiger hinbekommt.«

> Plötzlich ein Schock: Anne bekommt eine Mail, dass die Regierung 25 Prozent mehr Geld will. Das Projekt scheint nicht mehr machbar.

Nach einer Kaffeepause war Bernd immer noch wütend. Doch ihm wurde klar, dass sie Hilfe benötigen würden. Er war zaghaft optimistisch.

Paul sagte: »Ich schlage vor, dass wir mit den ersten zwei Roadmaps weitermachen und dann als gesamtes Team an noch einer dritten Roadmap für kosteneffizienteres Bauen arbeiten!«

Kurz darauf standen Claude und Linda in der Mitte des Raums, schrieben jeden Meilenstein auf eine Metaplankarte und legten die Karten auf den Boden. Der heutige Tag und der Endtermin des Projekts waren beide auf dem Boden markiert. Wenn Claude und Linda hin und her liefen, bedeutete das, dass sie in der Zeit vor und zurück reisten.

Als die Denkpausen immer länger wurden, war es höchste Zeit für ein Mittagessen. Anne klinkte sich für eine Stunde aus, aß schnell etwas zu Abend und sah dann nach ihrer Tochter.

»Lasst uns in die nächste Runde der Roadmap-Übung gehen«, sagte Paul, als eine Stunde später alle wieder bereit waren. »Ich mache es euch am

Beispiel ›Empowerment‹ vor.« Paul hatte sich so im Raum positioniert dass alle Anwesenden ihn gut sehen konnten – auch Anne über die Videokamera. »Stellt euch vor, heute ist der Tag, an dem ihr euer Ziel vollständig erreicht habt«, fuhr Paul fort. Er bat Linda und Claude, sich an den markierten Endpunkt auf dem Boden zu stellen. »An diesem Punkt handeln alle Teammitglieder eigenverantwortlich. Das ist Empowerment!«

> Für die nächste Runde des Workshops bittet Paul alle, sich vorzustellen, wie es wäre, wenn das Team sein Ziel schon vollständig erreicht hätte.

Paul schaute in die Runde. Alle nickten. »Also, welche Zwischenziele fehlen euch noch, wenn ihr den Weg aus der Perspektive des Ziels betrachtetet? Seid spontan. Schreibt das auf, was euch einfällt.«

Dann ging Paul zum Bildschirm, an dem Anne und Bernd das Thema »Integration externer Parteien« bearbeiteten. Er schaute auf das digitale Whiteboard und bat die beiden, sich vorzustellen, sie hätten alle externen Partner erfolgreich integriert.

Paul fragte: »Jetzt, wo ihr das alles erreicht habt – welchen Rat würdet ihr dem Team von heute geben, das gerade erst beginnt, die externen Parteien zu integrieren?«

Da hatte Anne spontan eine Idee: »Bernd, warum benennen wir nicht einen Botschafter für jede externe Partei, mit der wir zu tun haben? Die Externen sollen bei sich auch jeweils einen Botschafter benennen. Die Botschafter laden wir jeweils zur monatlichen Telefonkonferenz ein. Umgekehrt nehmen unsere Botschafter an den wichtigsten Meetings der externen Parteien teil und haben dort jeweils einen kleinen Slot.«

Bernd nickte anerkennend. Claude wirkte interessiert.

»Ich bin mir sicher, dass jemand wie Claude so etwas gerne macht«, fügte Anne hinzu. »Er würde dann über den aktuellen Fortschritt, aber auch über Probleme mit der jeweiligen Organisation sprechen.«

Nachdem alle kurz diskutiert hatten, stand das Thema »Botschafter« auch schon auf dem Whiteboard.

Jetzt läutete Paul die letzte Runde ein und bat beide Zweiergruppen, ihre Roadmaps zu präsentieren. Jede Gruppe hatte sich untereinander einigen müssen, wer für welches der Zwischenziele die Verantwortung übernehmen sollte. Die jeweils andere Gruppe sollte Fragen stellen, Vorschläge machen und – falls nötig – sogar Kritik an den Entscheidungen üben. Paul ermutigte jeden, sich für bestimmte Zwischenziele aktiv zu melden, wenn er glaubte, die dafür nötigen persönlichen Stärken zu besitzen. Es gab hitzige Diskussionen. Bernd bezeichnete einige Vorstellungen von Claude beim Thema Empowerment als »Quatsch«. Er schien immer noch darauf aus zu sein, möglichst viel Kontrolle zu behalten. Doch schließlich gab er nach. Ihm wurde klar, dass er in Zukunft viel mehr Zeit für das Wesentliche haben würde. Er könnte ab jetzt viel besser den Überblick behalten. Die anderen Teammitglieder hatten alles getan, um Bernd die Rolle als Senior und Ratgeber schmackhaft zu machen.

Linda und Claude meldeten sich ohne zu zögern als Botschafter.

Am Ende hielten Linda und Claude etliche Karten mit Zielen in der Hand, für die sie ab sofort verantwortlich waren. Anne und Bernd hatten ihre Ziele auf dem Whiteboard markiert.

Paul erklärte, bald würden alle merken, dass die Ziele der einzelnen Teammitglieder stark aufeinander bezogen seien.

»Ihr könnt euch das so vorstellen, als ob die einzelnen Ziele wie Zahnräder ineinandergreifen. Niemand kann sein Ziel erreichen, ohne dass gleichzeitig auch die anderen ihre Ziele erreichen.«

Paul gab Bernd noch den Rat, sich von operativen Zielen weitgehend frei zu halten, um für das Team jederzeit als Ratgeber und Unterstützer verfügbar zu sein.

Dann sagte Paul: »Lasst uns jetzt alle noch gemeinsam das Thema in Angriff nehmen, wie ihr effizienter und kostengünstiger bauen könnt.«

> Nach der letzten Runde trägt jedes Teammitglied die Verantwortung für mehrere Zwischenziele. Die Zweiergruppen haben sich einigen müssen, wer was macht.

Alle im Kernteam sind jeweils verantwortlich für eines der wichtigsten Ziele

Teams in Konzernen fixieren ihre Vision oft schriftlich. Und sehr häufig sind das drei oder vier Sätze in typischer Managersprache, die wenige Emotionen auslösen und mit denen sich die Teammitglieder nur schwer identifizieren können. Als Leiter eines virtuellen Teams haben

Sie zwei Möglichkeiten, es besser zu machen. Entweder Sie taugen zum Charismatiker und stellen sich vor Ihr Team wie einst Martin Luther King: »I have a dream.« Sie malen Ihre Vision so lebendig und leidenschaftlich aus, dass Sie Ihre Mitarbeiter emotional erreichen. Oder Sie lassen Ihr Team die Vision selbst erarbeiten. In den meisten Fällen ist das die bessere Alternative. Für dieses »Bottom-up«-Vorgehen gibt es einfache Coaching-Techniken. Dabei kommt es darauf an, kreativ zu sein, Zielzustände vorwegzunehmen und alle Sinne anzusprechen.

> **In virtuellen Teams funktioniert es nicht, wenn mehrere Personen für große Ziele verantwortlich sind. Es sollte pro Teammitglied ein großes Ziel geben.**

Sobald die Vision klar ist, sollte sie in Jahresziele heruntergebrochen werden. Hier gibt es einen Riesenunterschied zwischen örtlich präsenten und virtuellen Teams. In vor Ort präsenten Teams ist es in Ordnung, die Vision in drei bis vier strategische Jahresziele zu überführen und mehrere Verantwortliche für diese großen, strategischen Ziele zu benennen. Bei virtuellen Teams hat es in meiner Erfahrung niemals richtig funktioniert, wenn mehrere Leute für ein gemeinsames Ziel zuständig waren. Sie sollten die Vision des virtuellen Teams in so viele einzelne Jahresziele herunterbrechen, dass jeder aus dem Kernteam für ein Ziel die Verantwortung übernehmen kann.

Methode:
Gemeinsam mit Ihrem Kernteam (oder »Leadership-Team«, also denjenigen, die direkt an Sie berichten) definieren Sie die wichtigsten Teamziele. Und zwar so, dass jedes Mitglied des Kernteams die Verantwortung für jeweils eines dieser Ziele übernehmen kann. Alle Mitglieder des Kernteams tragen so dieselbe hohe Verantwortung.

Was Sie in virtuellen Teams brauchen, sind also Zwischenziele und jeweils ein Mitglied des Kernteams als Verantwortlichen für jedes Ziel. Das Kernteam – oder auch »Leadership-Team« – besteht aus denjenigen, die direkt an den Teamchef berichten. Innerhalb des Zeit- und

Budgetrahmens entscheidet hier jeder selbst, wie er seine Ziele erreicht. Alle Mitglieder des Kernteams tragen eine hohe Verantwortung und dürfen glänzen, wenn sie ihr Ziel erreicht haben.

Das Versteckspiel in virtuellen Teams beenden

Haben Sie jemals in einem Projekt alles gegeben, während andere Teammitglieder bei Weitem nicht so motiviert bei der Sache waren? In virtuellen Teams kommt das wesentlich häufiger vor als in örtlich präsenten Teams. Ich brauche einfach nur das Telefon zu ignorieren oder nicht alle E-Mails zu beantworten – schon frustriert es die anderen Teammitglieder. Die Produktivität des Teams sinkt rapide. Eine virtuelle Umgebung eröffnet nun einmal sehr viele Möglichkeiten, sich zu verstecken. Niemand sieht, was die anderen gerade tun. Lassen Sie mich von meiner persönlichen Erfahrung erzählen. Ich liebe Sport und insbesondere Leichtathletik. Mit 40 habe ich begonnen, wieder an Wettbewerben teilzunehmen. Ich weiß nicht, ob das schon die Midlife-Crisis war oder ob es an einer meiner Töchter lag, die sagte: »Papa, du wirst älter.« Jedenfalls wurde ich prompt bulgarischer Meister im Speerwerfen und im Diskuswurf. Außerdem habe ich 2014 die Balkanmeisterschaft gewonnen, an der 18 Nationen teilnahmen. Ein Jahr später wurde ich bei den European Masters Games in Nizza Zweiter im Diskuswurf.

Ich schreibe das hier nicht, um damit anzugeben. Sondern damit Sie verstehen, wie stark leistungsorientiert ich bin. Mein wichtigster Motivator ist Leistung. Für meinen Persönlichkeitstyp spielt Leistung eine wesentlich wichtigere Rolle als beispielsweise Macht oder Geld. Können Sie sich vorstellen, wie frustriert ich war, als ich in Teams mein Bestes gab, und jemand anderes versteckte sich die ganze Zeit? Aus dieser Erfahrung habe ich viel für die Führung virtueller Teams gelernt. Seitdem teile ich als Leiter eines virtuellen Teams das Teamziel in so viele einzelne Ziele auf, dass innerhalb des Kernteams jeder die Verantwortung für eines der Ziele übernehmen kann. Wenn jeder sein Ziel hat und für dieses Ziel Ergebnisse abliefern muss, kann er sich nicht verstecken.

Sämtliche Mitarbeiter in virtuellen Teams brauchen klare Ziele

Wie ich bereits geschrieben habe, funktioniert Mikromanagement in virtuellen Teams überhaupt nicht. Schon bei örtlich präsenten Teams senkt es die Produktivität, wenn der Chef sich überall einmischt. In virtuellen Teams ist solch eine Einmischung vollkommen kontraproduktiv. Hier brauchen die Teammitglieder volle Freiheit und Eigenverantwortung, um ihre Ziele zu erreichen. Diese Freiheit und Selbstverantwortung ist mit »Empowerment« gemeint. Da die Mitglieder in virtuellen Teams durch Zeitzonen und kulturelle Unterschiede getrennt, aber durch Technologie verbunden sind, brauchen sie die Freiheit, ihre Leistung nach klar definierten Zielen auszurichten. Dabei ist Klarheit am Anfang das Wichtigste. Wie definieren Sie Ziele für einzelne Teammitglieder so, dass sie den persönlichen Stärken entsprechen? Als Chef können Sie das alleine nur schwer. Wo der Chef die Ziele zuweist, da fehlen Begeisterung und wirkliches Engagement. Die Teammitglieder sollten ihre Ziele also selbst wählen, und zwar in einem synchronen Prozess. Was meine ich mit »synchron«?

> Die Mitglieder des Kernteams sollten ihre Ziele in einem synchronen Prozess selbst definieren. So entsprechen sie wirklich den persönlichen Stärken.

In virtuellen Teams gibt es zwei Arten der Zusammenarbeit: synchrone und asynchrone. Das heißt, entweder arbeiten alle oder mehrere Teammitglieder zum selben Zeitpunkt miteinander, oder die Zusammenarbeit erfolgt zeitversetzt. Beispiele für synchrone Zusammenarbeit sind Präsenzmeetings und alle Arten von Video- oder Telefonkonferenzen, bei denen es eine Live-Interaktion innerhalb des Teams gibt. Asynchrone Zusammenarbeit findet zum Beispiel über E-Mails, Chat-Programme oder den Austausch von Dokumenten statt. Hier entscheidet jedes einzelne Teammitglied, wann es reagiert und zu welchem Zeitpunkt es eine Aufgabe erledigt. Zielsetzung funktioniert immer nur synchron.

Wenn sich die Teammitglieder auf gemeinsame Ziele einigen sollen, dann muss das live und interaktiv sein, weil es hier auf den ganzen Menschen, sein Potenzial und seine Ideen ankommt. Das beste Format für eine Zielsetzung ist nach meiner Erfahrung ein Workshop. Hier kann das Team brainstormen und diskutieren – und vor allem muss jeder seine Meinung vor den anderen Teammitgliedern verteidigen.

Zielsetzung »Bottom-up«: Mit Roadmaps funktioniert es

Bei der Zielsetzung für ein virtuelles Team in einem Konzern ist es selten eine gute Idee, ausschließlich auf vorhandene Ziele zurückzugreifen. Das scheint zwar naheliegend, doch sind diese hier meist kaskadenartig von oben nach unten definiert. Wenn der Teamleiter die Ziele festlegt oder sie gar »von ganz oben« kommen, dann ist typischerweise die Folge, dass sich die Teammitglieder zu wenig damit identifizieren. Selbstverständlich ist es wichtig, dass die Teamziele mit den Zielen des gesamten Unternehmens übereinstimmen. Dennoch muss jedes virtuelle Teams bei der Zielsetzung vieles berücksichtigen, was nicht für das gesamte Unternehmen gilt: Da ist die spezifische Mischung an Menschen, da sind die Sachzwänge im Tagesgeschäft, ausgesprochene oder unausgesprochene Probleme, Träume, individuelle Sorgen und so weiter.

Vorsicht Falle!

Mit Zielen, die »von oben« aus der Organisation kommen oder vom Teamchef vorgegeben werden, können sich die Teammitglieder zu wenig identifizieren.

In Kapitel 3 haben Sie bereits gesehen, dass Sie auch für die Definition von Zielen nach der SMART-Formel drei Dinge berücksichtigen müssen: Erstens individuelle Wünsche, Sorgen und Emotionen. Zweitens die Chancen und Probleme für das gesamte Team. Und drittens ein Bild vom größtmöglichen Erfolg des Teams. Dieser Ansatz »von unten nach oben«, kombiniert mit einer demokratischen Abstimmung im Team, sorgt für wesentlich größeres Engagement, wenn sich später jeder an die Arbeit macht.

Wenn Sie die drei wichtigsten Ziele für das virtuelle Team nach der SMART-Formel definiert haben, dann beschreiben diese drei Ziele zusammengenommen den Teamerfolg. Das bietet die Basis dafür, Roadmaps zu erarbeiten. Roadmaps sind nichts anderes als eine Reihung vieler Zwischenziele, die notwendig sind, um die drei großen Ziele zu erreichen. Genau wie es Paul dem Team von Bernd im Workshop gezeigt hat, gibt es vier Schritte, um effektive Roadmaps zu erstellen. Dabei arbeitet das Team idealerweise in drei Gruppen. Jede Gruppe nimmt sich eines der nach der SMART-Formel definierten wichtigsten Ziele vor.

> Vier große Schritte führen in einem Workshop zu einer Roadmap. Ich empfehle die »Timeline«-Technik, weil sie auch das Unterbewusstsein einbezieht und starkes Commitment erzeugt.

Ich empfehle die »Timeline«-Technik mit Bodenankern. Sie stammt ursprünglich aus dem NLP und ermöglicht es, auch das Unterbewusstsein mit einzubeziehen. Ein Workshop ist immer eine gute Gelegenheit, neben der bewussten Ebene auch die unterbewusste Ebene der Teammitglieder anzusprechen. In meiner Arbeit mit Teams hat die Timeline-Übung schon oft zu neuen und überraschenden Erkenntnissen geführt. Fast noch wichtiger ist das Commitment, das durch diese Technik gefördert wird.

Die vier Schritte zu einer Roadmap mit der Timeline-Technik

Eine Timeline ist ganz einfach eine Linie auf dem Boden, die eine Zeitachse symbolisiert. Wenn Sie virtuell arbeiten, dann malen Sie die Timeline zum Beispiel an ein digitales Whiteboard. Sind die Teilnehmer im selben Raum, dann können sie sich an unterschiedliche Punkte der Timeline stellen und Bodenanker in Form von Metaplankarten entlang der Zeitachse verteilen.

Schritt 1: Hier und Jetzt. Die Teammitglieder stellen sich zunächst an die Stelle der Timeline, die für den heutigen Tag steht. Aus dieser Perspektive beschreiben die Teilnehmer das Ziel. Sie nehmen dazu die Zieldefinition nach der SMART-Formel mit allen zugehörigen Kriterien, Maßnahmen, beteiligten Parteien und so weiter. Diese Übung funktioniert nicht abstrakt. Die Teilnehmer machen vielmehr in Gedanken eine Zeitreise und versetzen sich vollkommen in den Zustand, der herrschen wird, wenn das Ziel erreicht ist. Wenn alle ein Zielbild vor Augen haben, das von Emotionen begleitet ist, fragen Sie oder der Coach, der den Workshop leitet, die Teilnehmer, was die Zwischenschritte und Meilensteine sind, um diesen Zielzustand zu erreichen. Das wird aufgeschrieben.

Schritt 2: Erreichtes Ziel. Die Gruppe stellt sich nun auf der Timeline an den Endpunkt, also dorthin, wo das Ziel bereits erreicht ist. Alle stellen sich vor, woran man merkt, dass es geschafft ist: Welche Ereignisse sind eingetreten? Und wie fühlt es sich für die Beteiligten an? Fragen Sie die Teammitglieder auch: Was haben wir versäumt? Was hätte noch gefehlt? Das Team schaut hier aus der Perspektive des Erfolgs auf den Startpunkt zurück. Welchen Rat würde das erfolgreiche Team sich selbst geben an dem Punkt, an dem es mit dem Projekt erst gestartet ist? Alles das wird wieder aufgeschrieben.

Schritt 3: Verantwortung für Zwischenziele. Alle schauen sich jetzt die Zwischenziele und Meilensteine an, die bisher notiert wurden. Wer will die Verantwortung für welches Zwischenziel übernehmen? Die Teammitglieder melden sich selbst für bestimmte Ziele. Das Entscheidungskriterium sollte dabei nicht allein die funktionale Rolle im Projekt sein. Viel wichtiger sind die persönlichen Stärken der einzelnen Personen. Sie sollten den entscheidenden Ausschlag dafür geben, für welches Zwischenziel ein Teammitglied die Verantwortung übernimmt.

Schritt 4: Integration. Schließlich tauschen sich die drei Gruppen aus, die jeweils eines der drei nach der SMART-Formel definierten Ziele mithilfe der Timeline-Technik bearbeitet haben. Die Gruppen sollten sich vorher untereinander einig sein, welche Zwischenziele es gibt und wer für die jeweiligen Unterziele die Verantwortung übernehmen will. Dieses Ergebnis stellt jede Gruppe zunächst den anderen beiden Gruppen vor. Die Mitglieder der jeweils anderen Gruppen geben dazu Feedback. Das heißt, dass sie sowohl die Unterziele als auch die Verantwortlichkeiten, die in der Timeline-Übung verteilt wurden, kritisch hinterfragen. Bei diesem Schritt wird das Wissen des gesamten Teams mobilisiert.

Die gesamte Arbeit im Workshop liefert Antworten auf die Fragen, *was* zu tun ist, *wie* es getan wird und *wer* es macht. Die nach der SMART-Formel definierten Ziele sind das *Was*. Die Roadmap beschreibt das *Wie*. Die Verantwortung für Zwischenziele zu verteilen legt schließlich fest, *wer* welche Aufgaben übernimmt. Das zweifache Resultat: Erstens klar definierte Pläne auf einem hohen Niveau. Zweitens motivierte und verantwortungsbereite Teammitglieder, die nun jeweils bestimmte Ziele »besitzen«.

Empowerment und das Problem der kulturellen Unterschiede

Empowerment spielt in virtuellen Teams eine zentrale Rolle. Empowerment bedeutet, Menschen zu ermächtigen, selbstständig zu handeln, und ihnen Verantwortung zu übertragen. Es ist meine langjährige Erfahrung, dass virtuelle Teams dann am besten funktionieren, wenn sämtliche Teammitglieder ein möglichst hohes Maß an Autonomie besitzen. In der Praxis bedeutet das, Themen »von unten nach oben« zu entwickeln, die Teammitglieder mit dem Chef gleichzustellen sowie die Eigeninitiative auf allen Ebenen zu stärken. In vielen westlichen Ländern, wie zum Beispiel Deutschland, Großbritannien, Niederlande oder Skandinavien, entspricht das der Kultur und den heute vorherrschenden Werten. Dieser Ansatz steht jedoch im Widerspruch zu Kultur und Werten in vielen östlichen Ländern, wie zum Beispiel Russland, China oder Japan. Welche Folgen hat das für internationale und multikulturelle Teams? Oder anders gefragt: Wie reagieren Teammitglieder aus autoritär und hierarchisch geprägten Kulturen auf einen Führungsstil in virtuellen Teams, der auf Empowerment und demokratische Entscheidungen setzt?

Um dies zu erläutern, greife ich auf die Arbeit von Erin Meyer und ihr Buch *The Cultural Map*[1] zurück. Die Autorin unterscheidet die Kulturen der Welt nach insgesamt acht Schlüsseldimensionen. Für Empowerment ist *Führung* die entscheidende der acht Dimensionen. Im Extremfall kann ein Teammitglied aus einer Kultur stammen, in der ganz und gar autoritär geführt wird, und ein anderes aus einer Kultur mit einem egalitären Führungsstil. In einer rein autoritären Kultur, zum Beispiel in Russland, liegen Macht und Entscheidungskompetenz einzig und allein beim Chef. Das Team hat die Entscheidungen von oben vollständig zu akzeptieren. In einer sehr egalitären Kultur, beispielsweise in Schweden, sind dagegen alle Mitglieder eines Teams gleichgestellt und begegnen sich auf Augenhöhe. Jedes Teammitglied kann Initiativen starten und innerhalb von festgesetzten Grenzen eigene Entscheidungen treffen.

> **Führen Sie Teammitglieder aus autoritären Kulturen langsam an demokratische Führung heran. Mit Geduld und Empathie stehen die Chancen sehr gut.**

Nach meiner Erfahrung ist es wesentlich einfacher, Menschen aus einer autoritären Kultur an einen egalitären Führungsstil heranzuführen, als umgekehrt Menschen aus einer egalitären Kultur autoritär führen zu wollen. Diejenigen, die demokratische Strukturen noch nicht kennen, können sich relativ schnell daran gewöhnen. Umgekehrt werden Teammitglieder, die bereits einen demokratischen Umgang gewohnt sind, autoritäre Machtausübung niemals akzeptieren. Ich habe schon Teams geführt, die aus Europäern, Asiaten und Afrikanern bestanden, ohne dass ein bestimmtes Herkunftsland dominiert hätte. In allen diesen Teams war ich mit einem ausgeprägt egalitären Führungsstil erfolgreich. Wichtig ist, die Spielregeln früh genug bekanntzugeben. Das sollte in einem synchronen Team-Format, am besten in einem Workshop, geschehen. Nachdem Sie allen erklärt haben, wie Sie führen werden, wenden Sie Ihren Führungsstil in der Folgezeit konsequent und demonstrativ an. Sie kommunizieren also regelmäßig und auf Augenhöhe mit allen, holen Feedback ein, loben Eigeninitiative und ermächtigen Teammitglieder, innerhalb eines gesteckten Rahmens eigene Entscheidungen zu treffen. Sie werden dann bald beobachten: Die Teamkultur beginnt, den jeweiligen kulturellen Hintergrund der einzelnen Teammitglieder zu überlagern. Je länger das Team zusammenarbeitet, desto mehr treten die kulturellen Prägungen zurück, und desto selbstverständlicher wird die gemeinsame Kultur im Team.

Teammitglieder aus sehr autoritären Kulturen erfolgreich einbinden

Es kann sein, dass Teammitglieder aus sehr autoritären Kulturen zusätzliche Unterstützung benötigen, um sich an egalitäre und demokratische Spielregeln zu gewöhnen. Es braucht vielleicht hier und da mehr Ermutigung, eigene Entscheidungen zu treffen und Probleme selbstständig zu lösen, statt sie einfach nach oben zu eskalieren. Bei meinen Teams hat das stets funktioniert, wenn ich in meiner Haltung konsequent geblieben bin, mit einzelnen Teammitgliedern Geduld hatte und ihnen Mut gemacht habe. Insbesondere bei Russen und Chinesen müssen Sie allerdings damit rechnen, dass der Prozess länger dauert und die Lernkurve flacher ist.

In Workshops und anderen synchronen Formaten ist es wichtig, allen Kulturen mit Respekt zu begegnen. Insbesondere sollten Sie auch die Vorteile der autoritären Kulturen hervorheben. Seien Sie bei Bedarf flexibel und geben Sie – zumindest am Anfang – Teammitgliedern aus autoritären Kulturen ein wenig mehr Anweisungen, als Sie das üblicherweise tun würden. Mit Menschen aus autoritären Kulturen können Sie sehr disziplinierte und engagierte Teams bilden, die schnell handlungsfähig sind, ohne lange zu diskutieren. Das kann unter Umständen auch ein Vorteil sein. Dennoch empfehle ich für multikulturelle virtuelle Teams immer einen egalitären Führungsstil.

> **Methode:**
> Begegnen Sie allen Kulturen mit Respekt. Loben Sie ruhig auch einmal die Vorteile autoritärer Kulturen, zum Beispiel die Disziplin. Teammitgliedern aus autoritären Kulturen können Sie am Anfang etwas mehr Anweisungen geben. Gewöhnen Sie diese langsam an einen demokratischen Führungsstil.

Vor einiger Zeit habe ich für einen Kunden gearbeitet, der Konsumgüter des täglichen Bedarfs nach Russland exportiert und dort plötzlich mit neuen, sehr strengen Marktregulierungen konfrontiert war. Als Reaktion musste das Unternehmen seine Marketingstrategie im Vergleich zu den westlichen Märkten vollkommen verändern. Umsatzziele zu definieren, war in Russland sehr schwierig geworden, da der Staat es westlichen Firmen immer schwerer machte. Die russische Kultur ist sehr autoritär, deshalb machte das Unternehmen das erste Meeting alleine mit seinen russischen Topmanagern. Die Manager diskutierten das Problem und erarbeiteten einen ersten Entwurf für die neue Strategie auf dem russischen Markt.

Ich kam ins Spiel, um einen Team-Workshop mit dem mittleren Management zu leiten, also mit denjenigen zu arbeiten, die jeweils für einen einzelnen Geschäftsbereich verantwortlich waren. Als wir die Übung zur persönlichen Lifeline machten, waren die Teilnehmer erstaunt, wie wenig sie selbst über Kollegen wussten, mit denen sie bereits seit Jahren zusammenarbeiten. Die Mitarbeiter entdeckten ihre jeweiligen persönlichen Stärken, erarbeiteten die drei wichtigsten Themen, definierten Ziele nach der SMART-Formel und erstellten dazu schließlich die Roadmaps. Als die Topmanager die Ergebnisse sahen, waren sie positiv überrascht. Sie erkannten, dass hier noch einmal wertvoller Input für die neue Strategie entstanden war, der sich sehr eng am Markt orientierte. Sie staunten auch, wie viel Engagement für die neuen Pläne an einem einzigen Tag entstanden war. Ein Topmanager sprach von einem »Durchbruch«, den diese Übung für Unternehmen mit schwierigen Marktbedingungen ermöglicht.

> In autoritären Kulturen und unter schwierigen Marktbedingungen können Workshops, in denen Menschen erstmals ihre persönlichen Stärken entdecken, einen Durchbruch bedeuten.

Was verzahnte Ziele leisten können

Wenn Sie wie in diesem Buch vorgeschlagen vorgehen, also die drei wichtigsten Themen des Teams herausarbeiten, daraus nach der SMART-Formel Ziele definieren und aus diesen Zielen schließlich Roadmaps erstellen, bei denen sämtliche Teammitglieder die Verantwortung für Zwischenziele übernehmen, dann greifen alle Ziele am Schluss wie Zahnräder ineinander. Durch dieses System »verzahnter

Ziele« sorgen Sie für ein hohes Maß an Engagement sämtlicher Teammitglieder und verhindern, dass einzelne Teammitglieder sich verstecken können. Je mehr ein einzelnes Teammitglied für die Erreichung seines Zieles darauf angewiesen ist, dass auch andere Teammitglieder ihre Ziele erreichen, desto besser. Denn das bedeutet zusätzliche Zusammenarbeit, mehr Interaktion und stärkt die Anziehungskraft, die das virtuelle Team zusammenhält.

Verzahnte Ziele haben drei Haupteffekte:

1. **Empowerment.** Alle Teammitglieder haben ihre eigenen Ziele und können glänzen, wenn sie diese erfüllt haben. Eigeninitiative, mutige Entscheidungen und Handlungsorientierung werden von den anderen gesehen und wertgeschätzt. Die Teammitglieder haben die Freiheit, innerhalb definierter Grenzen auf ihre jeweilige Art für Ergebnisse zu sorgen. Das reduziert die Abhängigkeit vom Chef – und stimuliert die Zusammenarbeit mit anderen Teammitgliedern auf Augenhöhe.

2. **Leistungssteigerung.** In jedem Team gibt es drei Gruppen: Ungefähr 10 bis 15 Prozent sind High Performer. Das sind die Leistungsträger des Teams. Zwischen 70 und 80 Prozent sind zuverlässige Teamarbeiter. Sie erreichen ihre Ziele und sichern die Basis für den Erfolg. Etwa 10 bis 15 Prozent sind Minderleister. Sie müssen das Team nicht unbedingt verlassen, aber sie liefern weniger ab als das durchschnittliche, zuverlässige Teammitglied. Wenn die Minderleister keine eigenen strategischen Jahresziele haben, dann ist es sehr wahrscheinlich, dass sie sich verstecken. Das heißt beispielsweise, dass sie Anrufe oder E-Mails nicht zuverlässig beantworten. Wenn jedoch alle Ziele verzahnt sind, und wenn die Minderleister Ziele haben, auf deren Erreichung die Leistungsträger angewiesen sind, dann kann sich niemand mehr verstecken. Denn sonst würde es im gesamten Team nicht weitergehen. Sobald sämtliche Ziele miteinander verzahnt sind, entsteht eine Art gesunder Gruppendruck, der auch die Minderleister wenigstens auf das Niveau zuverlässiger Teamarbeiter zwingt. Einer der größten Vorteile verzahnter Ziele ist, dass der Chef keinen Druck auf Minderleister ausüben muss, sondern ein Gruppendruck entsteht, mit dem das Team sich selbst zur Leistungssteigerung pusht. Selbstverständlich muss der Chef

die Situation immer im Auge behalten. Er sollte Hilfe anbieten, wenn Hilfe benötigt wird. Ich werde darauf im Teil über Kommunikation noch näher eingehen.

3. **Gravitationskraft.** Der dritte Effekt verzahnter Ziele ist schließlich eine wesentliche Steigerung der »Gravitationskraft« im Team. Verzahnte Ziele sorgen dafür, dass die einzelnen Teammitglieder stärker miteinander kommunizieren und intensiver zusammenarbeiten müssen. Da jeder auf fast jeden angewiesen ist, um die eigenen Ziele zu erreichen, steigt der Teamzusammenhalt enorm.

Sie haben in diesem Kapitel gesehen, wie Sie in Workshops mit Ihrem virtuellen Team gemeinsam verzahnte Ziele entwickeln und was diese verzahnten Ziele für das Team bewirken. Ich war bei den Teams, die ich geführt habe, immer wieder überrascht, wie gut diese Methode funktioniert. Im Idealfall wird es einzelnen Teammitgliedern unmöglich, sich zu verstecken. Die Leistung des gesamten Teams steigt schon deshalb, weil Minderleister durch einen gesunden Gruppendruck gezwungen werden, ihr Leistungsniveau zumindest auf einen mittleren Level zu steigern.

KAPITEL 5
Wenn Rollen den wahren Stärken entsprechen, macht Arbeit immer Spaß

Bernd spürte, wie ihm der Schweiß in den Nacken lief. Da rannte er noch schneller. Sein Körper fühlte sich gut an, war gefordert und perfekt im Takt. Seine Atmung floss gleichmäßig. Die Muskeln, die Gelenke, alles harmonierte. Er ging gerne ins Fitnessstudio und mochte besonders die Phase am Ende des Ausdauertrainings, wenn sich der Körper immer leichter anfühlt und die gleichmäßige Bewegung auch den Geist ausbalanciert. An diesem Abend war es besonders intensiv. Das müssen die Endorphine sein, dachte Bernd. Aber egal, es tut gut. Da tauchte plötzlich in seinen Gedanken das Finanzierungsproblem wieder auf. Sie mussten effizienter und am Ende billiger bauen. Bernd erinnerte sich an die Diskussion am Schluss des Workshops mit Paul. Sie waren sich einig gewesen, dass sie jemanden finden mussten, der schon einmal extrem billig gebaut hatte. Bernd selbst war in einem gewissen Sinn verwöhnt. Er schaute auf eine Reihe erfolgreicher Bauprojekte in Deutschland zurück, bei denen das Budget nie ein Thema gewesen war. Gewiss hatte er sich stets als maximal effizient präsentieren müssen, um die Ausschreibung zu gewinnen und den Job zu bekommen. Doch die Budgets hatten sich noch jedes Mal als vollkommen ausreichend erwiesen. Noch nie hatte er mitten im Projekt umplanen müssen. Ich schätze, dass Claude in Kanada ebenso verwöhnt ist wie ich, dachte Bernd. Also müssen wir jemand anderen finden. Und wir werden jemanden finden! Bernd war wild entschlossen.

So fit und voller Tatendrang, wie er sich gerade fühlte, war Bernd versucht, sich gleich an die Arbeit zu machen. Ein wenig recherchieren, ein bisschen telefonieren, dachte er, dann habe ich jemanden, der billig bauen kann. Doch dann verscheuchte er den Gedanken. Nein, so nicht! Ich habe ein Team aus Stars, die glänzen wollen. Warum soll ich denn schon wieder alles Wichtige selbst machen? Vor allem habe ich Claude, der ist ein geborener Netzwerker. Er kennt Leute auf der ganzen Welt, und es scheint ihm richtig Spaß zu machen, sich bei denen immer wieder zu melden.

Bernd beendete sein Training auf dem Laufband. Er reinigte die Haltegriffe mit dem bereitstehenden Desinfektionsmittel und machte sich auf den Weg unter die Dusche. Zum Glück hatte er den Duschraum für sich allein. Er drehte den Wasserstrahl voll auf und spürte, wie dieser seinen Kopf und seinen Körper angenehm massierte. Mehrmals wechselte er zwischen heiß und kalt. Anschließend fühlte er sich wie neugeboren. Er zog sich an und ging zur Rezeption. Dort blieb er kurz an der Theke stehen, um auf seinem iPhone eine Mail an Claude zu schreiben:

> Das Team muss dringend effizienter bauen und Kosten sparen. Bernd widersteht der Versuchung, selbst nach einer Lösung zu suchen. Er vertraut dem »Netzwerker« Claude. Er wird jemanden finden, der helfen kann.

Claude, hast du Lust, dein fantastisches Netzwerk zu aktivieren? Suche für uns doch bitte nach jemandem, der schon einmal brauchbare Wohnhäuser mit einem extrem kleinen Budget gebaut hat. Viel Glück!

Pünktlich um 20:00 Uhr erreichte Bernd das großzügige, schlicht-moderne Haus im Norden Hamburgs, das er mit seiner Frau Wiebke und seiner Tochter Lena bewohnte. Zu seinem üblichen Erfolgshunger gesellte sich gerade ein Riesenappetit auf etwas Gutes zu essen. Er folgte dem leckeren Duft in Richtung Esszimmer. Wiebke begrüßte ihn mit einem Kuss. Sie hatte bereits den Tisch gedeckt und sogar eine Kerze angezündet.

Eine Woche später saß Bernd um kurz vor ein Uhr mittags in seinem Büro und war bereit für die Telefonkonferenz mit dem Team. Wie immer hatte er vorher eine Agenda gemacht und an alle verschickt. WebEx, das neue Tool für Konferenzen über das Internet, lief viel stabiler als Skype. Bernd öffnete das Programm fünf Minuten bevor das Meeting beginnen sollte. Zuerst meldete sich die helle und klare Stimme von Anne.

»Guten Tag, Bernd. Wie geht es dir?«

»Oh, vielen Dank, Anne. Mir geht es richtig gut. Es ist schön, dass du dich immer so pünktlich meldest. Wie geht es dir denn?«

»Mir geht es sehr gut. Meine kleine Tochter hat sich von der Grippe erholt. Ich habe in der Zwischenzeit auch einige Gespräche mit der Regierung geführt. Sie erwarten jetzt unsere Stellungnahme zur Anpassung des Budgets. Ich habe bereits gehört, dass heute eine weitere Expertin an unserer Konferenz teilnehmen soll.«

»Hi Leute, schönen guten Tag!« Das war die selbstbewusste Stimme von Linda aus Afrika.

Bernd schaute auf die Uhr. Es war 12.58 Uhr. Sie würden pünktlich anfangen können.

»Ein herzliches *Bonjour* aus dem sonnigen Montreal!« Damit war auch Claude mit dabei.

»Hallo und willkommen alle miteinander«, begann Bernd gut gelaunt die Konferenz. »Wie ihr bereits auf der Agenda sehen konntet, ist unser Hauptpunkt heute das effizientere Bauen. Dank Claude konnten wir zu einer international preisgekrönten brasilianischen Architektin Kontakt aufnehmen. Sie hat für die Menschen in den Favelas von São Paulo Häuser aus Recyclingmaterialien gebaut. Ihr Name ist Pilar Ruiz und sie scheint interessiert, zu uns ins Team zu kommen. Ich bin gespannt, ob sich ihr Know-how auf unser Projekt übertragen lässt. Das werden wir gleich mit ihr gemeinsam besprechen. Claude, ist Pilar bereit, in die Konferenz zu kommen?«

»Ja, sie ist auf Stand-by und wir können sie jederzeit dazuholen«, antwortete Claude.

»Okay, dann hol sie bitte zu uns.«

Nach einem Piepton war Pilar dabei.

»Guten Morgen, guten Abend, wo auch immer Sie sind, meine Damen und Herren«, meldete sich Pilar.

»Darf ich Pilar sagen?«, fragte Bernd. »Wir freuen uns, dass du an Bord bist, Pilar. Kannst du dich bitte kurz vorstellen?«

»Gerne. Mein Name ist Pilar Ruiz. Ich bin Architektin, Stadtplanerin und Expertin für Wohnungsbau. Meine Heimat ist Brasilien. Ich habe in den USA studiert und einige Jahre in Lissabon gearbeitet. Seit ich zurück in São Paulo bin, habe ich freiberuflich mehrere innovative Projekte betreut. Ich war sofort fasziniert von eurem Projekt, als Claude es mir am Telefon erklärt hat. Sehr gerne würde ich mitmachen. Es ist mir ein Herzensanliegen,

> Pilar, eine preisgekrönte brasilianische Architektin kommt ins Team. Sie hat in den Favelas Häuser aus Recyclingmaterialien gebaut. Bestimmt hat sie eine Idee für das Projekt.

den Menschen in Transmontanien nach dieser schrecklichen Katastrophe zu helfen.«

»Danke, Pilar. Eine Frage: Was war dein bisher wichtigstes Projekt?«

»Da muss ich nicht lange überlegen. Das war das Favela-Projekt, für das wir auch in Davos den Nachhaltigkeitspreis überreicht bekommen haben. Wir haben ein komplettes Armenviertel in São Paulo mit kleinen Häusern aus recycelten Materialien neu aufgebaut. Und das zu minimalen Kosten. Auf diese Weise hatten die Kinder dort zum ersten Mal ein richtiges Dach über dem Kopf. Die Häuser bieten alles, was eine Familie zum Leben braucht. Nicht mehr, aber auch nicht weniger.«

»Wow, großartig!«, rief Linda in die Runde. »Wir freuen uns, dass du mit dabei bist.«

»Nun, du kennst unser Problem«, sagte Bernd nüchtern. »Was schlägst du vor?«

»Ich habe mir die MOOC-Pläne angeschaut und sehe Potenzial, vieles mit anderen Materialien einfacher zu lösen, ohne den Entwurf zu verwässern. Wir sollten das mit den Professoren besprechen, die den MOOC organisiert haben. Außerdem sollten wir die örtlichen Bauleute einbeziehen, damit die Lösung zu deren Traditionen passt. Können wir dazu ein kleines, virtuelles Team bilden, bei dem ich dann meine Kenntnisse und Erfahrungen einbringe?«

»Das klingt gut. Claude, kannst du da bitte die Führung übernehmen? Du hast ohnehin den Kontakt zu der Uni in New York. Und Anne, kannst du die örtlichen Baumeister einbinden?«

»Ich bespreche das direkt mit dem Professor«, sagte Claude. »Das könnte für mich mehr Zeitaufwand bedeuten, als ich dir ursprünglich zugestanden habe, Bernd. Aber das ist nicht so schlimm. Wir segeln jetzt in unbekannten Gewässern. Ich bin gespannt auf die Lösung, die wir gemeinsam mit Pilar in unserem erweiterten Team finden werden.«

»Danke, Claude«, sagte Bernd.

»Es ist allerdings wirklich schade«, fügte Claude hinzu, »dass wir jetzt doch nicht nach unseren ursprünglichen Plänen bauen können. Denn die waren genial! Ich bin mir sicher, unsere Häuser hätten auf der Weltausstellung für Architektur in der Kategorie ›Smarte Designs‹ den ersten Preis abgestaubt. Aber – *c'est la vie*.«

> Der Lösungsvorschlag von Pilar lässt das Team sofort aktiv werden. Linda erinnert Claude an den sozialen Anspruch des Projekts und bietet von sich aus an, Pilar einzuführen und ihr alles Nötige zu erklären.

»Wir arbeiten hier für Menschen, die in großer Not sind, Claude!« Das war Linda. »Alle diese Ausstellungen und glitzernden Awards sind nett, klar. Aber wir sollten unser Ziel im Auge behalten. Unser Ziel ist es, Tausenden obdachlosen Menschen zu einem Dach über dem Kopf zu verhelfen, bevor der Winter kommt.«

»Ja, da hast du absolut recht«, sagte Bernd. »Wir werden unser eigentliches Ziel im Auge behalten. Darauf kannst du dich verlassen.«

»Entschuldigt bitte«, unterbrach Claude. »Ich habe mir erlaubt, dem Professor schnell eine Message zu schreiben. Er ist einverstanden.«

»Du kennst meine Einstellung zu Multitasking während Teambesprechungen, Claude«, sagte Bernd in einem leicht vorwurfsvollen Ton. »Aber ich freue mich, dass der Professor im Boot ist. Danke.«

»Sorry, darf ich etwas vorschlagen?«, fragte Linda. »Da Pilar jetzt neu zu uns ins Team kommt: Wie wäre es, wenn ich erst einmal mit ihr alleine spreche? Ich würde ihr die einzelnen Teammitglieder vorstellen, ihr erklären, wer was macht, und ihr berichten, wie viel wir bisher erreicht haben. Ich könnte ihr auch zeigen, wo sie online die einzelnen Dokumente findet.«

»Das ist sehr gut, Linda«, sagte Bernd. »Vielen Dank, dass du dich dafür freiwillig meldest.«

»Darüber würde ich mich sehr freuen, Linda«, sagte Pilar mit ihrer vollen Stimme und ihrem lateinamerikanischen Akzent.

»Lass uns irgendwann diese Woche eine Zeit ausmachen. Und wenn du vorher Fragen hast, ruf mich einfach an, oder schreib mir eine Textnachricht.«

»Und ich mache einen Termin für die neue Arbeitsgruppe«, sagte Claude. »Pilar, der Professor und die Baumeister aus Transmontanien sollten möglichst schon nächste Woche miteinander sprechen.«

»Sieht so aus, als hätten wir einen Plan«, sagte Bernd und strahlte über das ganze Gesicht.

Das war die erste Konferenz, bei der Bernd nur wenig reden musste. Trotzdem rollte der Ball. Das Projekt machte große Fortschritte. Alle Teammitglieder waren hellwach und jederzeit bereit, die Initiative zu ergreifen. Im selben Moment musste Bernd noch einmal daran denken, warum er das Projekt

> Bernd fällt auf, dass er sich um immer weniger selbst kümmern muss. Die Teammitglieder sind aktiv und jederzeit bereit, Initiativen zu ergreifen. Er fühlt sich zugleich innerlich erfüllter als früher.

überhaupt angefangen hatte: Es sollte der internationale Durchbruch für ihn werden. Außerdem wäre er gerne der Retter in der Not für traumatisierte und obdachlose Asiaten gewesen. Jetzt machte das Team die meiste Arbeit ohne ihn. Trotzdem fühlte sich Bernd innerlich erfüllt wie lange nicht mehr. Und er wusste, dass dies erst der Anfang war. Zum ersten Mal kam in ihm ein Gefühl auf, Teil von etwas Größerem zu sein. Er konnte nicht genau sagen, was es war, aber was er gerade tat, war größer als seine bisherigen Erfolge. Es war sogar mehr als bloße Katastrophenhilfe. Da entstand etwas Neues, und er und sein Team waren mittendrin.

Arbeiten mit Leichtigkeit und Freude im »Flow-Korridor«

In virtuellen Teams arbeiten Menschen meistens alleine. Sie sehen die anderen Teammitglieder selten oder nie. Die Fähigkeit, sich selbst zu motivieren, wird so zum entscheidenden Erfolgsfaktor. Was motiviert Menschen auf der ganzen Welt gleichermaßen? Keine Frage: Spaß! Freude bei der Arbeit! Denn das beglückende Gefühl von Leichtigkeit und ein positiver Energiefluss sind universell und an keine Kultur gebunden. Und wann spüren wir Freude, Leichtigkeit und positive Energie? Normalerweise dann, wenn wir unsere persönlichen Stärken einsetzen, das heißt, wenn wir auf einem Gebiet arbeiten, auf dem wir natürliche Talente und Fähigkeiten haben. Der Zustand, in dem uns alles mit Leichtigkeit und Freude gelingt, wird auch »Flow« genannt. Flow bedeutet, dass unsere Aufgaben und unsere Fähigkeiten optimal zueinander passen.

Die Flow-Theorie kennen Sie vielleicht. Sie geht auf den ungarisch-amerikanischen Psychologen Mihály Csíkszentmihályi[2] zurück. Den Namen kann außerhalb Ungarns kein Mensch richtig aussprechen, aber das ist auch nicht so wichtig. Der entscheidende Punkt in der Theorie des Psychologen und Glücksforschers ist der sogenannte »Flow-Korridor«. Gemeint ist ein idealer Zustand in der Mitte zwischen Unterforderung und Überforderung. In diesem Zustand sind wir ganz bei uns selbst und ganz bei der Aufgabe, die wir gerade erfüllen. Wir sind fokussiert, energiegeladen und engagiert. Wir genießen unsere Aktivität. Flow bedeutet, ganz in dem aufzugehen, was wir gerade tun.

Ist eine Anforderung zu schwierig, oder gibt es zu viel Druck, dann ist ein Teammitglied überfordert, ängstlich, frustriert und nicht in der Lage, die Aufgabe zu erfüllen. Ist die Aufgabe umgekehrt zu anspruchslos, dann ist das Teammitglied gelangweilt, unfokussiert und abgelenkt. Der optimale Fluss, also der »Flow«, ist der Bereich, in dem die Anforderungen zu den Fähigkeiten passen.

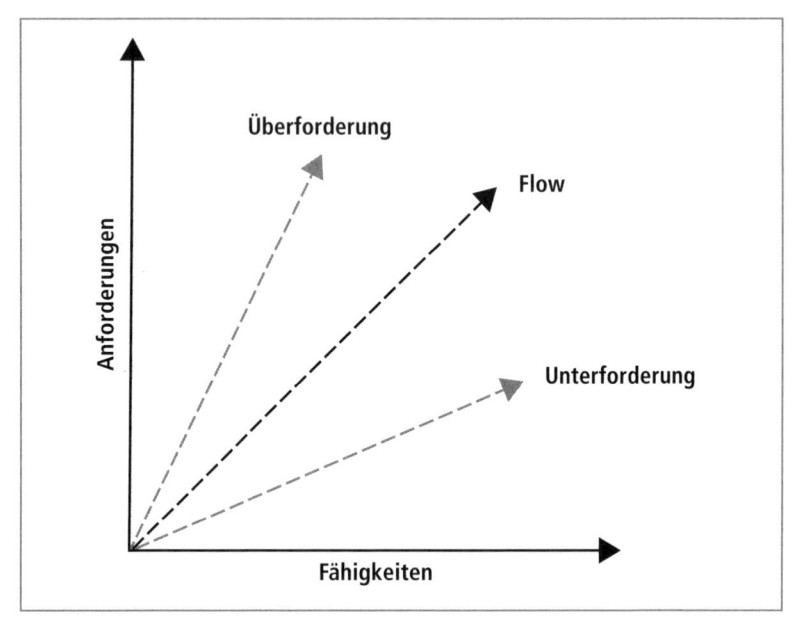

Abb. 3: Der Flow-Korridor nach dem Psychologen Mihály Csíkszentmihályi ist die Mitte zwischen Unterforderung und Überforderung, in der jemand ganz in seiner Arbeit aufgeht. (Quelle: Wikipedia)

Wenn Sie die wahren Stärken Ihrer Teammitglieder kennen und Aufgaben so verteilen, dass Menschen bei der Arbeit Leichtigkeit und Freude empfinden und in den Flow kommen, dann schaut niemand auf die Uhr und ist bereit, sich weit über das Normalmaß hinaus zu engagieren.

Methoden, um die Stärken der Teammitglieder zu entdecken

Wie ich in Kapitel 2 bereits erwähnt habe, gibt es einzigartige digitale Tools, um die Stärken von Mitarbeitern zu entdecken, zum Beispiel den StrengthsFinder 2.0 von Gallup. Mit solchen professionellen Werkzeugen können Sie die fünf größten Stärken jedes Teammitglieds entdecken und danach gleich einen Aktionsplan entwickeln, um diese Stärken im Arbeitsprozess besser einzusetzen. Das ist ein sehr umfassender Ansatz. Es gibt jedoch auch einfachere Techniken, um Stärken zu entdecken. Einige davon sind ebenfalls erstaunlich präzise und können für die Teammitglieder einen Motivationsschub auslösen.

In meiner Zeit als Manager habe ich manchmal jedes Teammitglied gebeten, in einem schlichten Word-Dokument seine größten Stärken aufzuschreiben. Für diejenigen, die Schwierigkeiten haben, ihre eigenen Stärken zu erkennen und zu beschreiben, gibt es recht einfache Coaching-Fragen, um ihnen auf die Sprünge zu helfen. Sie können Ihr Team auch bitten, in Zweiergruppen zu arbeiten, entweder live oder online. Die zwei Teammitglieder stellen sich dann wechselseitig Fragen wie diese:

- Was fällt dir in deinen Job leicht?
- Was gibt dir Energie und macht dir Spaß?
- Was hast du in der Vergangenheit als deinen größten Erfolg erlebt?
- Wann kommen Menschen zu dir und bitten dich um Hilfe?
- Mit wem arbeitest du oft und gerne zusammen?
- Wenn du Kollegen nach deinen größten Stärken fragen würdest, was würden diese sagen?
- Was hältst du selbst für deine größte Stärke?

Am Schluss einer Fragerunde kann der jeweilige Fragesteller auch gern seine Meinung äußern: »Nach allem, was du geantwortet hast, glaube ich, deine größte Stärke ist …« Eine solche geführte Selbstreflexion bringt immer neue Einsichten und ist für die Teammitglieder oft schon ein direkter Energieschub. Die Energie entsteht durch mehr Bewusstheit und dadurch, dass die Stärken von anderen gesehen werden.

Am Ende dieser Coaching-Übung kennen Sie die größten Stärken einmal aus der Innensicht, so wie die Befragten sie selbst darstellen, und dann noch einmal aus der Außensicht, nämlich als Einschätzungen der Fragesteller. Daraus entsteht eine »Landkarte der Ressourcen«, die allen Teammitgliedern zugänglich gemacht werden sollte, damit jeder die Stärken seiner Teamkollegen kennt. Es wächst auf diese Weise auch die Bewusstheit, dass alle einmalig und unverwechselbar sind. Die Landkarte der Stärken sollte die Grundlage für jede Entscheidung sein, wer über einen längeren Zeitraum mit zusätzlichen Aufgaben beauftragt wird. Ein zusätzlicher Vorteil dieser Vorgehensweise ist Transparenz. Niemand muss rätseln, warum einem anderen Teammitglied der Vorzug gegeben wurde. Das lässt sich anhand der Stärkenprofile nachvollziehen.

Methode:
Erarbeiten Sie die individuellen Stärken im Team. Erstellen Sie dann eine »Landkarte der Ressourcen« und machen Sie diese allen Teammitgliedern zugänglich, damit jeder die Stärken seiner Teamkollegen kennt.

Wie Sie natürliche Stärken einsetzen, um zusätzliche Rollen zu verteilen

In jedem Team lassen sich die Teammitglieder in drei große Gruppen einteilen. Da sind zunächst diejenigen, die über ein breites Spektrum von Fähigkeiten verfügen. Sie sehen das große Ganze und verstehen, wie Dinge miteinander zusammenhängen und zu beeinflussen sind. Wenn Sie Ihre Kundenbasis nach geografischen Regionen eingeteilt haben, dann sind diese **Generalisten** ideal, um die Verbindung zu Schlüsselfiguren in den jeweiligen Regionen zu halten. Generalisten haben ein offenes Ohr für neue Bedürfnisse nach Produkten und Services und melden diese in das Team zurück. Generalisten werden in allen Teams gebraucht, die direkten Kontakt zum Endkunden haben oder als interner Dienstleister für Mitarbeiter im Unternehmen fungieren, also beispielsweise IT-Abteilungen. Natürlich gibt es auch ganze

Abteilungen in Unternehmen, deren Aufgabe es ist, im Kundenkontakt zu stehen, etwa Vertrieb und Marketing. Trotzdem können Sie in jedem Team die internen und externen Kunden in Gruppen aufteilen und den Generalisten zuteilen. Somit fördern Sie die Gravitationskraft innerhalb des Teams und mit Kunden.

Die zweite Gruppe bilden die Experten oder **Spezialisten**, die viel Fachwissen auf einem speziellen Gebiet besitzen. Diese Leute bezeichne ich im Team als die Champions auf ihrem Spielfeld. Bevor ein neues Produkt an den Kunden geht oder eine Leistung erbracht wird, sollten die Spezialisten Feedback geben und eventuell Verbesserungsvorschläge machen. Diese Qualitätssicherung ist oft nicht ihre eigentliche Rolle im Unternehmen, sondern eine zusätzliche Aufgabe. Die zusätzliche Rolle ergibt sich aus ihren Stärken und Fähigkeiten auf ihrem jeweiligen Spezialgebiet. Wenn Spezialisten Feedback geben, dann entsteht zusätzliche Interaktion in einem virtuellen Team. Das stärkt wiederum die Gravitationskraft und hilft, Distanzen zu überwinden.

> **In jedem Team gibt es Generalisten, Spezialisten und Teamplayer. Wenn Sie wissen, wer zu welcher Gruppe gehört, können Sie zusätzliche Rollen entsprechend verteilen.**

Die dritte große Gruppe besteht aus Leuten, die ein sehr gutes Gespür für die Bedürfnisse anderer Menschen haben und viel zur positiven Atmosphäre im Team beitragen. Das sind die **Teamplayer**. Als zusätzliche Aufgabe übernehmen Teamplayer es beispielsweise gerne, neue Teammitglieder zu integrieren. So wie Linda es mit Pilar macht. Auch Ausflüge oder Partys zu organisieren, die den Zusammenhalt des Teams stärken, ist bei ihnen in den besten Händen.

Wenn ich in meinen Seminaren erkläre, dass Teammitglieder zusätzliche Rollen und damit weitere Aufgaben übernehmen sollen, dann ist die erste Reaktion immer dieselbe: »Wir sind alle bereits zu 150 Prozent ausgelastet! Wie sollen wir noch mehr arbeiten?« In der Praxis sieht es dann aber ganz anders aus. Wenn die Teammitglieder ihre wahren Stärken entdeckt haben, dann haben sie Spaß daran, entsprechende neue Tätigkeiten zu übernehmen. Wer Spaß hat, der schaut nicht auf die Uhr. Bei einigen sorgt der Flow dafür, dass sie die zusätzliche Arbeit gar nicht als Arbeit empfinden.

Was zusätzliche Rollen auf der Basis von Stärken bewirken

Wenn Teammitglieder auf der Basis ihrer Stärken zusätzliche Rollen übernehmen, dann hat das vor allem drei positive Effekte: Erstens haben alle mehr Spaß, denn was uns liegt, fällt uns auch leicht. Zweitens werden alle mehr Anerkennung vom restlichen Team bekommen. Jedes Teammitglied wird von den anderen mit seinen individuellen Stärken gesehen, was einen Motivationsschub bedeutet. Diese Motivation ist besonders wichtig, wenn Menschen alleine arbeiten. Drittens entstehen zusätzliche Interaktionen zwischen den Teammitgliedern, was für ein virtuelles Team stets von Vorteil ist. Generalisten, Spezialisten und Teamplayer tragen alle auf ihre Weise zum Zusammenhalt des Teams bei, wenn sie zusätzliche Rollen übernehmen.

> Zusätzliche Rollen haben drei Haupteffekte: mehr Spaß bei der Arbeit, mehr Anerkennung für jeden Einzelnen und mehr Interaktion. Der Zusammenhalt im Team nimmt weiter zu.

Einer meiner Kunden ist ein global agierender Konsumgüterhersteller. Vor einiger Zeit hat das Unternehmen eine Abteilung neu geschaffen. Es ist ein interner IT-Dienstleister für alle Projekte in Europa. Diese Abteilung besteht im Wesentlichen aus einem Pool von 30 Projektmanagern. Jeder ist an einem anderen Ort in Europa zu Hause, daher ist es eine virtuelle Abteilung. Nachdem wir gemeinsam eine Stärkenanalyse gemacht hatten, fanden wir heraus, wer die Generalisten, wer die Spezialisten und wer die Teamplayer sind. Obwohl alle gleichermaßen als Projektmanager arbeiten und täglich im Projektgeschäft eingespannt sind, übernahm jeder freiwillig zusätzliche Rollen entsprechend seinen Stärken. Die Aussicht auf Anerkennung machte es leicht, weitere Rollen zu übernehmen und sich mit ihnen zu identifizieren.

Wir gaben vier Generalisten die Zuständigkeit für vier große geografische Regionen, entsprechend der Management-Units aus Konzernsicht. Die Generalisten bauten intensive Beziehungen zu den Repräsentanten vor Ort auf, erkannten Bedarf für neue Projekte, kommunizierten diesen an die gesamte Abteilung und entwickelten Problemlösungen. Die Spezialisten waren »Champions« entweder in ERP (Enterprise Resource Planning) oder in CRM (Customer Relationship Management) oder in IT-Infrastruktur. Sie gaben regelmäßig Feedback zu einzelnen Projektplänen, Business Cases und so weiter. Sie trugen damit viel dazu bei, die Qualität der Arbeit zu verbessern. Die Teamplayer schließlich bauten ein Buddy-System auf und kümmerten sich um alle Neuzugänge in der Abteilung sowie um die Freelancer, die sich dem Team auf Zeit anschlossen.

Nach einiger Zeit hatte die Abteilung exzellente Kennzahlen (Key Performance Indicators) in allen Bereichen, die von der Unternehmenszentrale gemessen wurden. Die Finanzdaten stimmten, das Kundenfeedback war überragend, und bei Mitarbeiterbefragungen waren die Fragebögen voll des Lobes. Als die Performance der Abteilung mit der von Schwesterabteilungen für Nordamerika, Asien, Afrika und andere Regionen verglichen wurde, waren die Europäer mit Abstand die Nummer 1. Doch das Beste war: Alle fühlten sich jetzt als ein Team, obwohl sie von unterschiedlichen Orten aus an verschiedenen Projekten arbeiteten. Es gab intensive Kommunikation und einen starken Zusammenhalt. Dieser Effekt war wesentlich durch die Übernahme zusätzlicher Rollen gemäß den eigenen Stärken entstanden.

Persönlichkeitsprofile helfen, Stärken zu nutzen und Probleme zu lösen

Als Executive Coach arbeite ich oft mit einem noch relativ neuen Persönlichkeitstest, dem **Visual Questionnaire**, abgekürzt **VIQ**. Der VIQ funktioniert für Menschen auf der ganzen Welt gleich gut und lässt sich nicht manipulieren, weil er ausschließlich mit Bildern arbeitet. Der Test läuft so ab, dass die Teilnehmer stets zwei Bilder zur Auswahl haben und auf das klicken sollen, was ihnen besser gefällt. Klingt simpel – und ist doch hoch effektiv. Warum? Bei den meisten Persönlichkeitstests sind die Ergebnisse stark von der Qualität der Übersetzung der Fragen abhängig. Außerdem überlegen die meisten Kandidaten bei herkömmlichen Tests, welches Ergebnis sie gerne hätten und wie sie gerne dastehen würden. Viele Testfragen sind nämlich bis zu einem gewissen Grad durchschaubar und man kann sie ungefähr so beantworten, wie man selbst gerne gesehen werden würde. Das funktioniert beim VIQ nicht, denn der Zusammenhang zwischen den Bildern und der Persönlichkeitsstruktur erschließt sich nicht intuitiv.

> Der Visual Questionnaire ist ein Persönlichkeitstest, der für Menschen auf der ganzen Welt gleich gut funktioniert, weil er mit Bildern arbeitet. Ideal für globale, virtuelle Teams.

Der VIQ basiert auf der Typenlehre der Psychologen C. G. Jung und Julius Kuhl. Das Grundgerüst besteht aus vier Dimensionen. Ich füge die englischen Begriffe in Klammern an:

1. Introvertiert oder extrovertiert *(introvert / extrovert)*
2. Rational oder emotional *(thinking / feeling)*
3. Empfindend oder intuitiv *(sensing / intuitive)*
4. Urteilend oder wahrnehmend *(judgemental / perceiving)*

In der ersten Dimension (introvertiert oder extrovertiert) geht es darum, wie Menschen die Welt wahrnehmen. Extrovertierte Menschen zum Beispiel sind spielerischer und mehr an neuen Erfahrungen interessiert. Die zweite Dimension (rational oder emotional) zeigt, ob Menschen eher logisch und objektiv oder gefühlsgesteuert und subjektiv entscheiden. In der dritten Dimension (empfindend oder intuitiv) unterscheiden sich Menschen vor allem darin, ob sie eher detailorientiert und gründlich sind oder intuitiv das große Ganze erfassen. Die vierte Dimension (urteilend oder wahrnehmend) zeigt schließlich, ob jemand eher langfristige und eindeutige Ziele verfolgt oder grundsätzlich offen und flexibel ist und sich schnell auf veränderte Situationen einstellt.

Für ein virtuelles Team ergeben sich aus diesem Persönlichkeitstest viele mögliche Erkenntnisse: Wo hat jemand besondere Begabungen?

Wo könnte er sich verbessern? Wie verhält er sich in Konfliktsituationen? Ist er mehr eine Führungspersönlichkeit oder ein loyaler Mitspieler? Im Internet finden Sie viele weitere Informationen zum VIQ. Sie können den Test online selbst ausprobieren und Kontakt zu einem Coach aufnehmen, der für den VIQ zertifiziert ist. (Ich zähle übrigens auch dazu.) Hier möchte ich mich auf die praktischen Konsequenzen dieses Persönlichkeitstests beschränken. Wenn Sie die Persönlichkeitsstruktur Ihrer Teammitglieder besser kennen, dann hilft Ihnen das dabei, Probleme schneller zu lösen und insgesamt die Effizienz und Effektivität der Zusammenarbeit im Team zu steigern.

Methode:
Setzen Sie Persönlichkeitstests ein, um die Stärken Ihrer Teammitglieder besser einzuschätzen, Entwicklungspotenziale zu erkennen und zu wissen, wie eine Person sich in Konflikten wahrscheinlich verhält.

Nach den Ergebnissen des VIQ lässt sich jedes Team in vier Gruppen einteilen, je nach ihrer Art zu denken und zu handeln: **Visionäre, Planer, Macher** und **Kritiker**. Sie bilden also ganz bewusst Gruppen aus Menschen mit ähnlichen Eigenschaften. Diese sollen immer zunächst untereinander Ideen und Lösungen entwickeln. In meinen Seminaren bin ich selbst immer wieder überrascht, wie geschmeidig und produktiv Menschen mit ähnlichen Persönlichkeitsmerkmalen zusammenarbeiten. Wenn jetzt ein Problem auftaucht oder Sie kreative Ideen brauchen, dann holen Sie dazu Vorschläge von allen vier Gruppen ein. Die vier Gruppen betrachten ein und dasselbe Problem jeweils aus einer unterschiedlichen Perspektive: Die Visionäre blicken in die Zukunft und definieren neue Ziele, um das Team zu motivieren. Die Planer entwickeln einen sauberen Stufenplan, um das Problem zu lösen. Die Macher haben ganz schnell entschieden, wer sich um was kümmern soll, und sind sofort bereit loszulegen. Die Kritiker wiederum haben alle

> Je nachdem, wie Menschen denken und handeln, gibt es Visionäre, Planer, Macher und Kritiker. Identifizieren Sie die Gruppen und nutzen Sie deren unterschiedliche Perspektiven.

Risiken und Fallstricke erkannt und machen sich Gedanken, wie diese zu vermeiden sind.

Im nächsten Schritt führen Sie die vier Gruppen wieder zusammen. Sie lassen jede Gruppe vor den anderen ihre Erkenntnisse und Vorschläge präsentieren. Es ist immer wieder erstaunlich, wie stark sich die Herangehensweisen der vier Gruppen unterscheiden. In der gemeinsamen Runde wird jetzt jedes Teammitglied mit drei vollkommen anderen Sichtweisen konfrontiert – denjenigen der Gruppen, denen er nicht angehört. Das ist eine ungeheure Bereicherung für alle. Im letzten Schritt diskutiert das ganze Team über alle von den einzelnen Gruppen vorgestellten Ansätze. Das Ziel ist es nun, die Vorschläge in einen Gesamtplan zu integrieren, der sämtliche Aspekte berücksichtigt.

Der Trick bei dieser Methode ist, dass die Diskussion erst zum Schluss kommt. Wenn Sie die Teammitglieder willkürlich in Gruppen einteilen, wo dann unterschiedliche Charaktere aufeinandertreffen, dann wird sofort wild diskutiert und wichtige Aspekte fallen unter den Tisch. Bei der hier vorgeschlagenen Methode mit Gruppen aus ähnlich strukturierten Menschen läuft die Gruppenarbeit zunächst einmal sehr harmonisch ab. Am Ende sind alle in der jeweiligen Gruppe zufrieden mit ihrem Ergebnis. Erst anschließend, in der großen Runde, werden die Ergebnisse kontrovers diskutiert. So gibt es qualifizierten Input aus vier unterschiedlichen Perspektiven und anschließend die Synthese. Sie stellen nicht nur ein gutes Ergebnis sicher, sondern sorgen auch dafür, dass die Teammitglieder sich nicht die ganze Zeit streiten. Wenn Menschen innerhalb des Teams immer wieder auf Gleichgesinnte treffen, erhöht dies außerdem den Teamzusammenhalt deutlich.

Der Treibstoff für ein stärkenbasiertes Management

Es gibt ganz unterschiedliche Methoden, um individuelle Stärken und Denkstile zu erkennen. Der Schlüssel, um die Stärken einzelner Menschen produktiv zu machen, ist jedoch immer derselbe. Es ist die *Anerkennung*. Wenn Teammitglieder für ihre Stärken anerkannt werden, dann setzen sie diese auch ein. In den meisten Unternehmen wird mit

Anerkennung leider gegeizt. Fragen Sie sich doch einmal selbst: Haben Sie in Ihrem Leben schon so viel Anerkennung bekommen, dass Sie gar kein Lob mehr hören können? Wahrscheinlich ist das nicht so. Und vielleicht können Sie sich sogar an Situationen erinnern, in denen Sie etwas Besonderes geleistet haben und dafür überhaupt keine Anerkennung bekommen haben.

Der häufigste Kündigungsgrund ist nicht mangelnde Identifikation mit der Vision eines Unternehmens. Es ist auch nicht zu wenig Geld. Der Kündigungsgrund Nummer 1 ist, dass Mitarbeiter mit ihrem unmittelbaren Vorgesetzten nicht mehr klarkommen. Und welchen Hauptkritikpunkt nennen Mitarbeiter, die kündigen? Sie sagen, ihr Chef hätte ihre Arbeit nie anerkannt. Einige geben sogar an, über Jahre von ihrem Vorgesetzten nicht ein einziges Mal gelobt worden zu sein. Deshalb kommen unterschiedliche Studien zum selben Schluss: Mitarbeiter verlassen nicht das Unternehmen, sondern ihren Vorgesetzten.

Lob kann es nie genug geben
»Nicht gemeckert ist genug gelobt«, lautet ein deutsches Sprichwort. Das Gegenteil ist richtig: Lob kann es nie genug geben! In virtuellen Teams ist Lob sogar noch viel wichtiger als in örtlich präsenten Teams, weil der tägliche soziale Kontakt als Motivationsfaktor wegfällt. Wo jemand nie ein Lächeln oder ein aufmunterndes Nicken von seinen Teamkollegen bekommt, muss Lob ritualisiert und fest eingeplant werden.

In großen virtuellen Teams, die auf der ganzen Welt verstreut sein können, verschärft sich die Situation noch. Die Teammitglieder arbeiten für sich allein und haben nur selten Kontakt zu ihren Vorgesetzten. Immer wieder höre ich von virtuellen Teams, in denen Lob und Anerkennung vollkommen unter den Tisch gefallen sind. Die Menschen haben sich als Menschen noch weniger im Blick als ohnehin in einem großen Unternehmen. Ich habe es in meinen Teams immer bewusst anders gemacht. Dazu sollten Sie wissen: Ich bin Vater von fünf Mädchen. Eine Frau, eine Ehe, fünf Mädchen. Und sowohl als Vater als auch als international tätiger Manager hatte und habe ich dasselbe Geheimrezept: Erstens Lob. Zweitens Lob. Und drittens Lob.

Was verstehe ich überhaupt unter Lob? Die Voraussetzung für Lob ist zunächst einmal Aufmerksamkeit. Seien Sie aufmerksam, und beobachten Sie jeden kleinen Fortschritt, den Ihr Team macht. Loben Sie jeden positiven Beitrag eines einzelnen Teammitglieds. Selbst dann, wenn es das Projekt nicht entscheidend weitergebracht hat. Loben Sie daneben aber auch jede Form von guter Zusammenarbeit. Geben Sie Anerkennung für alles, was zur Teamkultur beiträgt.

> In virtuellen Teams sehen sich die Mitglieder kaum und bekommen fast nie Lob in informellen Gesprächen. Deshalb sollte Anerkennung ein fester Programmpunkt in den regelmäßigen Teamkonferenzen sein.

Weil sich Mitglieder virtueller Teams kaum persönlich sehen und es nur wenige Gelegenheiten für informelle Gespräche gibt, sollten Sie Lob zu einem festen Programmpunkt machen. Ich werde im zweiten Teil des Buchs noch auf die Details eingehen. Wichtig ist, dass Sie alle Teammitglieder auch für kleine Beiträge loben.

In jedem Team gibt es »heimliche Helden«. Als heimliche Helden bezeichne ich Mitarbeiter, die in der Unternehmenshierarchie ziemlich weit unten stehen und dennoch entscheidende Beiträge für das Gelingen eines Projekts leisten. Die Leistung dieser heimlichen Helden wird von den anderen Teammitgliedern oft kaum wahrgenommen. Als ich zum Beispiel ein IT-Team geleitet habe, das innerhalb eines Konzerns für Osteuropa, den Nahen Osten und Afrika zuständig war, installierten IT-Administratoren in Usbekistan bei 40 Grad im Schatten Funkantennen auf einem Dach, während Mitarbeiter in Moskau bei minus 20 Grad Außentemperatur im gefrorenen Boden gruben, um Probleme mit Fiberglaskabeln zu lösen. Solche Leistungen finden in vielen virtuellen Teams überhaupt keine Beachtung. Die Mitglieder eines IT-Teams sind zum Beispiel oft viel zu sehr auf die Software konzentriert und nehmen diese Problemlösungen an der Basis gar nicht wahr. Eine zweizeilige Mail mit einem schlichten »Gut gemacht!« vom obersten Manager kann bei den heimlichen Helden wahre Wunder wirken und Leistung und Motivation erheblich steigern.

Wie lobt man in virtuellen Teams am besten? Wichtig ist zunächst einmal Ehrlichkeit. Loben Sie nur das, was Ihrer Meinung nach tatsächlich anerkennenswert ist. Dann sollten Sie auf Ihren Sprachgebrauch achten, damit Sie unterschiedliche Grade von Anerkennung ausdrücken können – je nachdem, wie viel jemand erreicht hat und wie stark er sich engagiert hat. Sonst wird sich das Lob schnell abnutzen.

Teil II
Kommunikation

KAPITEL 6
Wie die Technik überbrückt, wenn Kontinente und Zeitzonen uns trennen

Bernd war zunehmend verärgert. Es war ein regnerischer Tag in Hamburg, und er saß in seinem Büro. Obwohl es schon fast Mittag war, hatte er die Schreibtischlampe eingeschaltet. Missmutig starrte er auf den Computerbildschirm. Er wollte sich die neuesten Pläne und Statusberichte anschauen und schaffte es einfach nicht. Seit einer Viertelstunde suchte er nun schon nach der aktuellen Version des Bauplans für die örtlichen Bauleute in Transmontanien. Die Suchfunktion hatte nach Eingabe des Begriffs »Bauplan« eine ganze Menge an Treffern geliefert. Er hatte nun schon alle möglichen Dateien angeklickt, doch bis jetzt war die richtige nicht dabei. Immer waren es ältere Versionen oder Dateien mit ähnlichen Namen gewesen. Es war heute nicht das erste Mal, dass so etwas passierte. Die aktuelle Version des MOOC-Designs und den neusten Statusreport zu der Crowdfunding-Kampagne hatte er auch erst nach langem Suchen gefunden.

> Nach drei Monaten Projektdauer ärgert sich Bernd über das Chaos bei der Ablage der Dokumente. Es muss dringend ein besseres Dokumentenmanagement her. Und er will eine persönliche Assistenz.

Das Team hatte sich für Google Drive for Work als Cloud-Speicher und Basis für das Dokumentenmanagement entschieden. Am Anfang sah das wie eine ideale Lösung aus. Google Drive funktionierte auf sämtlichen PCs, Macs und mobilen Geräten gleich gut. Es ermöglichte einfache Uploads und hatte komfortable Funktionen, um mit mehreren Personen an einem

Dokument zu arbeiten. Doch nach drei Monaten sah es schlimm aus. Auf dem virtuellen Laufwerk lagen alle möglichen Dateien – Präsentationen, Excel-Tabellen, Fotos und Videos, das volle Programm. Ursprünglich hatte es eine logische Ablagestruktur gegeben, doch inzwischen waren so viele neue Ordner hinzugekommen, dass die Teammitglieder ihre Dateien an allen möglichen Orten ablegten.

Ich weiß nicht, wie die Leute sich in diesem Chaos zurechtfinden, murmelte Bernd wütend vor sich hin. Ich bin es jedenfalls leid. Ich werde jetzt Anne fragen, wo der Bauplan ist. Sie soll mir den Link schicken.

Sollte er sie anrufen? Bei Anne war es jetzt früher Abend. Nein, ich schreibe ihr eine E-Mail und setze alle anderen auf CC, entschied Bernd. Wir müssen dieses Problem jetzt ein für alle Mal lösen! Bernd schrieb eine E-Mail mit zwei Punkten: Er bat Anne um den Link zur neuesten Version des Bauplans. Und er stellte die Frage an alle, wie das Problem mit den Dateiordnern zu lösen wäre. Einen Augenblick lang überlegte er, ob er nicht einfach jemanden beauftragen sollte, die Ablagestruktur zu optimieren und zukünftig die Pflege des Cloud-Speichers zu übernehmen. Doch dann beschloss er, zunächst die Meinungen der anderen zu hören.

Einige Tage später hatte Bernd schon wieder dasselbe Problem. Er fand die Datei, nach der er suchte, einfach nicht. Was ihn noch mehr ärgerte: Niemand hatte auf seine Frage geantwortet, wie das Problem zu lösen wäre. Ich brauche dringend eine Assistenz, dachte Bernd. Ich will meine Arbeitszeit nicht mit der Suche nach Dateien verschwenden! Bernd hatte bereits eine Assistentin, die Teilzeit beschäftigt war und ihn bei seinen Projekten in Deutschland unterstützte. Es war eine Frau Mitte 40, kompetent, freundlich und sehr gut organisiert. Doch leider waren ihre Englischkenntnisse nicht gut genug für ein internationales Projekt. Ich werde Claude fragen, beschloss Bernd. Er kennt ja alle möglichen Leute. Bernd tippte schnell eine Skype-Nachricht:

Hi Claude! Ich brauche DRINGEND eine Assistenz. Kennst du jemanden?

Während des Mittagessens machte Bernds Mobiltelefon pling und er sah die Antwort von Claude:

Assistenz ist das richtige Stichwort. Aber nicht du brauchst eine Assistenz, sondern wir alle. Und nicht in Hamburg, sondern virtuell für das gesamte Team. Am besten wäre ein Computer-Crack, der Ordnung in unsere Ablagestruktur bringt und sich um unsere digitalen Tools kümmert.

Bei der nächsten WebEx-Konferenz mit dem Team stand das Thema virtuelle Assistenz ganz oben auf Bernds Agenda. Bernd arbeitete an diesem Tag von zu Hause aus und war sehr lässig gekleidet. Er startete WebEx fünf Minuten vor dem Termin. Pilar und Anne wählten sich sofort ein.

»Hallo Anne, hallo Pilar! Wie ist das Wetter in Transmontanien, Anne?«

»Es ist Sommer geworden. Wir haben jetzt oft 25 bis 30 °C. Ideale Bedingungen also, um mit dem Bau der erdbebensicheren Häuser zu beginnen.«

»Wie ist es in Rio, Pilar?«

»Hallo Bernd! Wir haben heute zur Abwechslung einmal etwas Regen.«

In diesem Moment wählten sich Claude und Linda in die Konferenz ein. Alle waren bereit, pünktlich anzufangen.

Bernd bat Claude und Pilar, über die Änderungen bei den Bauplänen zu berichten. Wie war Pilars Know-how aus ihrem Projekt in den Favelas eingeflossen?

»Ladies first«, sagte Claude.

»Erst einmal vielen Dank, Claude, dass du den Professor und sein Team so kurzfristig noch einmal ins Boot holen konntest. Wir hatten einen sehr produktiven Workshop. Darin konnten wir schnell klären, was geändert werden muss, um meine Ideen für mehr Kosteneffizienz umzusetzen. Der Professor war extrem flexibel. Er hat sich sofort an die Arbeit gemacht und versprochen, dass er und ein Kollege von ihm innerhalb von drei Wochen die überarbeiteten Baupläne liefern werden.«

> Pilar hat sich schnell eingearbeitet und besitzt klare Vorstellungen, was an den Bauplänen geändert werden muss. Claude hat den Professor aus New York und sein Team ins Boot geholt. Alle ziehen an einem Strang.

»Pilar hatte sehr klare Vorstellungen, was geändert werden muss«, ergänzte Claude. »Ich denke, wir werden da ganz schnell ans Ziel kommen.«

»Danke, Pilar, dass du dich so schnell eingearbeitet hast«, lobte Bernd.

»Den Dank reiche ich an Linda weiter, die mich mit Anne und Claude bekannt gemacht hat. Die beiden haben sich dann viel Zeit genommen, mir alles zu erklären, was ich wissen muss.«

»Gerne«, sagte Linda. »Es war mir ein Vergnügen.«

»Ihr habt alle einen super Job gemacht«, resümierte Bernd. »Ich freue mich, dass ihr euch selbst so gut organisieren könnt«, fügte er hinzu und schmunzelte bedeutungsvoll.

»Nun, ich habe noch einen wichtigen Punkt«, fuhr Bernd fort. »Erinnert ihr euch an meine E-Mail von letzter Woche? Ich kämpfe immer noch damit, Dokumente aufzufinden, und ich muss euch dann oft um die entsprechenden Links bitten. Letzte Woche habe ich euch gefragt, ob jemand weiß, wie wir das Problem lösen können. Aber ich habe keine Antwort bekommen. Noch etwas: Wir haben diese wunderbare Kommentarfunktion für Dokumente. Trotzdem bekomme ich eure Kommentare per E-Mail, via Skype und auf allen möglichen Wegen und so sind am Ende dann in der finalen Version auf Google Drive die Kommentare nie vollständig.«

Bernd machte eine kurze Pause. Im Moment schien niemand etwas dazu sagen zu wollen.

»Ich habe mich mit Claude schon einmal kurz zu dem Problem ausgetauscht«, fuhr Bernd fort. »Ich glaube, wir brauchen eine virtuelle Assistenz. Es sollte eine Person sein, die nicht nur gut organisieren kann, sondern sich auch mit IT auskennt. Wir brauchen jemanden, der unsere Systeme und unsere Ablage pflegt.«

Da meldete sich Linda zu Wort: »Bei einem meiner Projekte habe ich mit einer jungen Frau aus Osteuropa zusammengearbeitet. Sie heißt Stella und stammt aus Bulgarien. Stella studiert noch Wirtschaftswissenschaft, hat aber schon viel Erfahrung in der Unterstützung von virtuellen Teams gesammelt. In unserem Projekt war sie mehr als bloß eine virtuelle Assistentin. Sie hat sich um die effiziente Dateiverwaltung und um das Wissensmanagement gekümmert. Das hat unsere Produktivität enorm gesteigert. Außerdem sind ihre Honorarsätze extrem günstig. Soll ich den Kontakt mit ihr herstellen?«

Linda bringt die junge Bulgarin Stella als virtuelle Assistentin für Bernd und das Team ins Spiel. Ihr Spezialgebiet ist effiziente Dateiverwaltung. Und das zu günstigen Honorarsätzen.

»Das klingt nach einem guten Deal«, sagte Claude. »Ich habe noch nie mit jemandem aus Bulgarien zusammengearbeitet.«

»Schicke mir doch bitte ihren Lebenslauf und ihre Honorarvorstellungen«, sagte Bernd. »Ich werde dann ein Vorstellungsgespräch mit Stella arrangieren.«

Zwei Tage später saß Bernd in der Lufthansa Business Lounge am Flughafen München. Er hatte sich in einen der abgetrennten Arbeitsbereiche gesetzt und begann mit Skype auf seinem iPad das Gespräch mit Stella. Kaum dass er den grünen Knopf gedrückt hatte, meldete sie sich bereits.
»Guten Morgen, Herr Schmidt. Ich freue mich, dass Sie sich für meine Leistungen interessieren.« Stella war Anfang 20, sprach etwas langsam und hatte einen leichten osteuropäischen Akzent. Dennoch wirkte sie sehr selbstbewusst.
»Guten Morgen! Wir duzen uns alle in unserem Projekt. Wäre das für dich auch in Ordnung? Ich bin Bernd.«
»Klar, gerne. Ich bin Stella.«
Die junge Frau lächelte in die Kamera, doch Bernd kam es so vor, als lächelte sie ihn direkt an. Er spürte, wie er Stella sofort vertraute. Den Drei-Sekunden-Test hatte sie schon einmal bestanden. Bernd war überzeugt, dass sich in den ersten drei Sekunden einer Begegnung entscheidet, ob wir mit jemandem zusammenarbeiten möchten oder nicht. So ähnlich, wie wir bei einem YouTube-Video nach drei Sekunden entscheiden, ob wir es zu Ende schauen wollen.

> Stella überzeugt Bernd bereits am Telefon mit ihrem Fachwissen, ihrem strukturierten Vorgehen und ihrer Eigeninitiative. Die selbstbewusste junge Frau ist ab sofort dabei.

»Also, Stella, wir wenden uns an dich, weil wir ein Problem haben«, erklärte Bernd in einem sachlichen Ton. »Wir haben im Projekt immer mehr Dateien und verlieren den Überblick. Außerdem haben wir wenig Zeit. Wir müssen innovativ und kreativ sein und unsere neuartigen Häuser so schnell und effizient wie möglich bauen. Potenziell gibt es sehr viele Leute, die zu unserem Wissen beitragen können – MOOC-Studenten, ein Professor und sein Team, die Bauleute vor Ort und so weiter. Während der vergangenen drei Monate haben wir sehr viele Dateien generiert, und in der letzten Zeit fällt es mir immer schwerer, irgendetwas wiederzufinden. Außerdem nutzen die Leute im Team alle möglichen Kanäle – WhatsApp, Skype, Viber und so weiter –, um Nachrichten zu versenden. Ich glaube, dass wir das alles jetzt einmal ordnen und vereinheitlichen müssen. Sonst hat bald jeder seine eigene Vorstellung von dem Projekt.«
»Bernd, Linda hat erwähnt, dass ihr Google Drive for Work als Cloud-Speicher und Ablage benutzt. Wie geht ihr mit statischen Dokumenten um, die mehrere Leute gleichzeitig bearbeiten? Gibt es da immer eine letz-

te, abgestimmte Version? Und wie arbeitet ihr mit dynamischen Inhalten – neuen Ideen, nützlichen Links, persönlichen Updates?«

»Also, ganz ehrlich, wir unterscheiden das bisher gar nicht. Alles ist durcheinander in der Cloud.«

»Und wer ist für die einzelnen Bereiche zuständig? Wer für das Design, wer für das Bauen und wer für die Tests?«

»Das sind die jeweils Verantwortlichen im Projekt. Aber wir haben keine übergeordnete Struktur und keinen Organisator für das Ganze.«

»Okay, ich verstehe. Ich kenne solche Herausforderungen aus anderen virtuellen Teams. Tatsächlich sind eure Probleme ziemlich weit verbreitet. Ich denke, ihr könnt für die statischen Dokumente bei Google Drive bleiben, aber mit etwas mehr Prozess und Disziplin. Für eure Online-Diskussionen und persönlichen Updates braucht ihr etwas anderes, zum Beispiel eine geschlossene Facebook-Gruppe. Ich kann dazu gerne einmal Vorschläge machen. Bei einem solchen Projekt kommt es auf das Wissensmanagement entscheidend an.«

»Das klingt gut. Kannst du bis zu unserer nächsten Telefonkonferenz kommende Woche so weit sein?«

»Klar, Bernd. Das ist zu schaffen, vorausgesetzt, dass mich jemand mit eurem Projekt vertraut macht. Kann mir da jemand helfen?«

Bernd gefiel Stellas strukturiertes Vorgehen. Innerhalb sehr kurzer Zeit hatte Stella für ihn ihre Kompetenz unter Beweis gestellt.

»Ich werde Linda bitten. Ihr kennt euch ja bereits. Und sie macht so etwas liebend gerne!«

Die Verbindung von Technologie und menschlicher Leidenschaft

Wir werden mehr und mehr abhängig von digitalen Technologien. Können Sie sich überhaupt noch vorstellen, mit dem Auto zu verreisen, ohne vorher das Navigationssystem zu programmieren oder die Route auf Google Maps anzusehen? Jede Art von Information ist via Internet stets abrufbar. Gleichzeitig gibt es immer mehr digitale Helfer, die uns das Leben erleichtern. Es ist nur noch ein kleiner Schritt bis zur totalen Vernetzung. Das »Internet der Dinge« steht vor der Tür. Was bereits für jeden Bereich unseres Alltagslebens gilt, das gilt erst recht im globalen Business. Digitale Technologien sind nicht mehr wegzudenken. Ein internationales Projekt ist ohne den Einsatz von E-Mail, Web- und Videokonferenzen längst unvorstellbar. Digitale Tools für die Zusammenarbeit in Echtzeit werden immer ausgefeilter. Doch jede Technologie ist immer nur so gut wie die Menschen, die mit ihr umgehen. Wie kann Technologie die Zusammenarbeit wirklich entscheidend verbessern? Aus meiner Sicht gibt es auf diese Frage nur eine einzige Antwort: Wer wirklich herausragende Ergebnisse erzielen will, der muss neueste Technologie und menschliche Leidenschaft miteinander kombinieren.

> Im Privatleben nutzen wir digitale Technologien begeistert, um mit Menschen in Kontakt zu sein. Auch im Business sollten wir neueste Technologien und menschliche Leidenschaft miteinander kombinieren.

Im Privatleben nutzen wir digitale Technologien heute am liebsten, um mit Freunden und Verwandten in Kontakt zu bleiben oder um die neuesten Nachrichten zu unseren Interessengebieten zu lesen. Viele Menschen nutzen zum Beispiel Skype, um mit Freunden auf der ganzen Welt zu kommunizieren und von ihnen zu erfahren, was in deren Leben gerade passiert. Ähnlich ist es mit Facebook und anderen sozialen Medien, die es uns erlauben, noch mit viel mehr Menschen den Kontakt zu halten. Wir nutzen digitale Technologien privat also durchaus mit Begeisterung und Leidenschaft. Was heißt es aber in einem Business-Kontext, Technologie und Leidenschaft miteinander zu verbinden? Wie können Sie Menschen ermutigen, über digitale Technologien ihr Wissen mit anderen zu teilen und auf diese Weise eine lebendige und produktive Gemeinschaft zu schaffen?

Worum es hier im Kern geht, ist Wissensmanagement in seinen unterschiedlichen Ausprägungen. Nach meiner Erfahrung ist Wissensmanagement über digitale Technologien nur dann erfolgreich, wenn die einzelnen Beteiligten voller Leidenschaft ihre persönlichen Stärken einbringen. Wissensmanagement funktioniert am besten, wenn Sie Top-Experten im Team haben, die auf ihrem jeweiligen Fachgebiet sehr viel wissen und sich leidenschaftlich für ihr Spezialgebiet engagieren. Diese Experten sehen ihr Wissen als eine persönliche Stärke und haben den ganz natürlichen Drang, es mit anderen zu teilen. Sie lieben es, fachliche Diskussionen zu führen und anderen mit ihren Kenntnissen zu helfen. Der Leiter eines virtuellen Teams sollte hier mit gutem Beispiel vorangehen. Indem er sein Wissen jederzeit über digitale Medien mit anderen teilt, motiviert er die Experten, es ihm gleichzutun. Wenn Sie also die richtigen Top-Experten im Team haben, diese fördern und in ihrer Bereitschaft, Wissen zu teilen, ermutigen, dann können Sie anschließend die passende technische Umgebung schaffen, um dieses Wissen für Ihr Business produktiv zu machen.

Welche Technologien sind für Kommunikation und Zusammenarbeit unabdingbar?

Sobald nicht alle Ihre Teammitglieder im selben Büro sitzen, benötigen Sie digitale Technologien für die Zusammenarbeit. Das gilt sogar dann, wenn Ihr Kernteam zwar im selben Büro sitzt, einige jedoch (gelegentlich oder ständig) vom Homeoffice aus arbeiten oder als Freelancer Ihr Team punktuell unterstützen. Welche Technik benötigen Sie, um über geografische Distanz die Gravitationskraft des Teams zu erhalten? Da sind zunächst E-Mail und Instant Messenger. Beide sind heute selbstverständlicher Teil unseres Berufs- und Privatlebens. Es lohnt sich, ein wenig Aufwand zu betreiben, um E-Mail und Instant Messages besser zu organisieren, als es die meisten Menschen gewohnt sind. Auf diese Weise können Sie die Produktivität Ihres Teams stark erhöhen. Das E-Mail-Aufkommen steigt und steigt, einschließlich enormer Mengen von Spam-Mails. Trotz aller Nachteile bleibt die E-Mail ein unverzichtbares Tool fürs Business. Wie ich in Kapitel 4 bereits beschrieben habe, ist es sehr nützlich, wenn ein virtuelles Team sich auf einen Zeitrahmen einigt, in dem jede E-Mail beantwortet sein muss. Ein Richtwert sind 24 Stunden.

Methode:

Fassen Sie sich in E-Mails stets kurz, formulieren Sie eine aussagekräftige Betreffzeile, die den Kern der Nachricht bereits enthält, und schreiben Sie ausdrücklich, welche Aktion Sie vom Adressaten erwarten.

Ebenso unverzichtbar wie E-Mail ist heute ein Chat oder eine der zahlreichen Formen von Instant Messaging, wie zum Beispiel WhatsApp oder Facebook Messenger. Wenn Teammitglieder ihr E-Mail-Programm (einschließlich der E-Mail-Benachrichtigungen) abschalten, um konzentriert und kreativ arbeiten zu können, bleiben sie meistens über Chat oder Instant Message erreichbar. Ein virtuelles Team kann sich darauf einigen, dass Instant Messaging nur für dringende Nachrichten verwendet wird. Oder um Informationen zu geben, die eine schnelle und kurze Reaktion erfordern. Einigen Sie sich für das gesamte Team am besten auf ein einziges Instant-Messaging-Tool, also zum Beispiel iMessage (sofern alle Apple-Geräte verwenden), WhatsApp, Facebook Messenger, Skype, Telegram und so weiter. Auch beim Instant Messaging sollte eine feste Reaktionszeit vereinbart werden. In diesem Fall bieten sich 2 bis 3 Stunden an. Nach dieser Zeit macht man normalerweise bei jeder konzentrierten Arbeit und in jedem Meeting eine Pause. Einige Unternehmen legen mittlerweile auch fest, dass Mitarbeiter zu bestimmten Uhrzeiten keine Instant Messages erhalten sollen, also beispielsweise nach 20:00 Uhr und vor 6:00 Uhr Ortszeit. Damit soll ausreichende Erholung sichergestellt werden, da ständige Erreichbarkeit auch Stress bedeuten kann.

Zwei weitere Technologien, die im Business immer mehr Bedeutung bekommen, sind Whiteboards und kollaborative Workflow-Tools (Groupware). Ein digitales Whiteboard dient dazu, dass die Teilnehmer einer Web- oder Videokonferenz in Echtzeit an einem Dokument arbeiten können, das von jedem Konferenzteilnehmer gesehen wird. Für ein interaktives Brainstorming, für Break-out-Gruppen oder zur Ideenfindung sind solche virtuellen Whiteboards ideal. Es gibt hier unterschiedliche Angebote, sie reichen von sehr spezialisierten Tools, wie dem Ricoh Whiteboard, bis hin zu einfachen und kostenlosen, wie zum Beispiel Google Apps for Work. Google Apps lässt sich mit Google Drive verknüpfen, um Dokumente zu teilen und in Echtzeit zusammenzuarbeiten. Mit Tools für Workflows meine ich nicht die schwergewichtigen ERP-Systeme (Enterprise Resource

> E-Mails und Instant Messenger sind heute nicht mehr wegzudenken. Auch Whiteboard und Workflow-Tools gewinnen an Bedeutung. Gemeinsame Regeln für den Umgang mit Technik machen sie erst richtig effektiv.

Planning), wie beispielsweise SAP, die natürlich Workflows abbilden. Sondern ich meine intelligente digitale To-do-Apps, die es ermöglichen, bestimmte Aufgaben an andere Teammitglieder zu delegieren. In diesen Apps lässt sich der gesamte Arbeitsfortschritt (vor und nach dem Delegieren) speichern und später jederzeit nachvollziehen. Trello ist ein Beispiel für eine solche App.

In meinen Seminaren werde ich auch oft gefragt, welches System sich am besten eignet, um Urlaubszeiten zu verwalten. Wenn Sie für Ihr Team nicht bereits über ein ausgewachsenes HR-Management-System verfügen, empfehle ich hier einen einfachen gemeinsamen Google-Kalender. Er ist ausreichend im Funktionsumfang und in der Flexibilität, um die Urlaubszeiten sämtlicher Teammitglieder einzutragen und im Überblick zu behalten.

Wie Sie die richtige digitale Technologie für Ihr Team auswählen

Es gibt zwei grundverschiedene Ansätze zur Auswahl digitaler Tools: »Best of breed« oder »One stop shop«. »Best of breed« bedeutet, dass Sie sich für alle Ihre einzelnen Anforderungen das jeweils beste Produkt heraussuchen. »One stop shop« heißt, dass Sie sich für einen der ganz großen IT-Anbieter entscheiden, beispielsweise Microsoft, und von diesem Anbieter alle oder fast alle Lösungen beziehen. Es hat hier in den letzten Jahren und Jahrzehnten mehrere Evolutionszyklen gegeben. In den Anfangstagen der Software gab es häufig wirklich nur einen Anbieter, der für eine bestimmte Anforderung die beste Lösung hatte. Wenn Sie sich diese oft sehr teure Lösung leisten konnten, waren Sie damit am besten bedient. Dann kam die große Zeit der Komplettanbieter, wie zum Beispiel SAP. Sie konnten alles aus einer Hand bekommen, was die Integration der IT erheblich erleichterte. Wenn Sie es sich leisten konnten, war das wiederum die beste Lösung.

Heute hat sich die Welt wiederum stark verändert. Wir leben in einer Zeit, in der es Millionen von Apps und Cloud-Lösungen gibt, bei denen die Integration kein Problem mehr ist. Das heißt, Sie können sich nahezu jede App bzw. jedes Programm aussuchen, das Ihnen gefällt, und es in Ihre IT-Landschaft integrieren.

Heute ist ein pragmatischer Ansatz gefragt. Suchen Sie sich jeweils diejenige App aus, die für Sie am besten passt, aber halten Sie die Anzahl der Apps für bestimmte Aufgabenbereiche so gering wie möglich. Es genügt zum Beispiel, einen Instant Messenger und ein Videokonferenz-System zu besitzen. Je weniger Apps Sie verwenden, desto geschmeidiger läuft Ihre Kommunikation und desto weniger IT-Support brauchen Sie. In großen Konzernen kommt es natürlich immer darauf an, welche Digitalstrategie die Organisation insgesamt verfolgt. Doch meistens gibt es auch hier für einzelne Teams eine gewisse Auswahl an freigegebenen Apps. Ich rate dazu, sich erst einmal für diejenigen Apps zu entscheiden, die von der Mehrheit gewünscht werden, aber dann in regelmäßigen Abständen, beispielsweise jährlich, zu überprüfen, ob es mittlerweile bessere Lösungen gibt.

> Sie haben heute geradezu unbegrenzte Möglichkeiten, Apps zu nutzen und in Ihre IT-Landschaft zu integrieren. Um effektiv zu arbeiten, sollten Sie die Anzahl der Apps für einzelne Aufgaben jedoch möglichst gering halten.

Die Grenzen der Möglichkeiten digitaler Technologien

Digitale Technologien ermöglichen es, Kontinente und Zeitzonen zu überbrücken. Doch verbinden sie Menschen wirklich immer effektiv? Ist über digitale Technologien alles möglich? Oder ist der persönliche Kontakt manchmal durch nichts zu ersetzen? Wie ich in Kapitel 1 bereits geschrieben habe, setzt eine effektive Zusammenarbeit in virtuellen Teams voraus, dass sich sämtliche Teammitglieder zumindest einmal persönlich kennengelernt haben. Die von mir empfohlenen Workshop-Methoden, beispielsweise die »persönliche Lifeline«, sorgen dafür, dass Menschen einander wirklich begegnen und die Grundlage für zwischenmenschliche Beziehungen legen. Technologie kommt ins Spiel, um zwischenmenschliche Beziehungen aufrechtzuerhalten, nicht, um sie zu schaffen! Um die Beziehung zu erhalten, ist es nötig, auch über digitale Kanäle regelmäßig über Persönliches zu sprechen. Das persönliche Update ist ebenso wichtig wie Projekt-Informationen, Fachdiskussionen und Problemlösungen. Ich weise an anderer Stelle in diesem Buch auch darauf hin, dass kritisches Feedback in virtuellen Teams niemals öffentlich erfolgen sollte. Kritisieren Sie ein Teammitglied also immer nur im 1:1-Gespräch. Das Problem öffentlicher Kritik verschärft sich, wenn Web- oder Videokonferenzen aufgezeichnet und archiviert werden. Stellen Sie sich vor, Sie lassen sich dazu hinreißen, ein Teammitglied während einer solchen Konferenz scharf zu attackieren. Anschließend bereuen Sie das. Jetzt können Sie es aber nicht mehr rückgängig machen. Ihre Kritik kommt bei allen späteren Wiederholungen der Konferenz wieder ans Licht.

> Digitale Technologien machen vieles möglich, aber nicht alles. Persönliche Begegnungen und Gespräche bleiben wichtig. Außerdem hat digitale Kommunikation ihre eigenen Fallstricke, die einen achtsamen Umgang erfordern.

Generell empfehle ich, regelmäßige 1:1-Gespräche mit sämtlichen Teammitgliedern zu führen – nicht nur, wenn es etwas zu kritisieren gibt. Wenn ein Problem auftaucht und Sie erst warten, bis Sie es während einer der nächsten regelmäßigen Konferenzen ansprechen können, kann es bereits zu spät sein. Kommunizieren Sie deshalb immer auch auf dem »kurzen Draht« mit einzelnen Teammitgliedern. Ich empfehle Managern in virtuellen Teams, dass sie mindestens einmal im Monat ein persönlicheres Gespräch mit allen Teammitgliedern einplanen, die direkt an sie berichten. Bei diesem Gespräch können Sie sich über die Leistung während der vergangenen vier Wochen austauschen. Wenn irgendetwas nicht rundläuft, können Sie früh darauf hinweisen. Sobald ein wirklich schweres Problem auftaucht, greifen Sie auch zwischendurch ein, aber wiederum nicht öffentlich, sondern immer 1:1. Das Ziel ist es immer, zunächst einmal die Perspektive des anderen Teammitglieds zu verstehen. Virtuelles Arbeiten ist einfach anders, das gilt es immer wieder zu berücksichtigen.

Ein weiterer Punkt ist mir wichtig: Auch die fortschrittlichste Technologie ändert nichts daran, dass Arbeit von zu Hause aus manchmal demotivierend sein kann. Selbst ich mit meiner langen Erfahrung in virtuellen Teams erlebe das so. Ich arbeite mittlerweile viel von zu

Hause aus und vermisse manchmal die persönliche Interaktion mit meinen Teammitgliedern. Da kann es ratsam sein, Anlässe für persönliche Begegnungen zu schaffen, um wieder in die Spur zu kommen. Versuchen Sie immer wieder zu verstehen, wie es einzelnen Teammitgliedern in der Situation der virtuellen Zusammenarbeit geht. Es kann zum Beispiel sein, dass sehr extrovertierte Menschen demotiviert sind, weil sie gerade viel von zu Hause arbeiten müssen. Suchen Sie das Gespräch mit Ihren Teammitgliedern und finden Sie heraus, was in ihnen vorgeht.

Fazit: Technologie ist ein unverzichtbarer Bestandteil der effektiven Zusammenarbeit in virtuellen Teams. Stellen Sie jedoch sicher, dass die Leidenschaft Ihrer Teammitglieder hinzukommt. Und seien Sie sich der Grenzen der Zusammenarbeit über digitale Technologien bewusst. Sie brauchen immer noch mindestens eine persönliche Begegnung aller Teammitglieder sowie regelmäßige 1:1-Gespräche am Telefon. Die gute Nachricht: Es gibt immer mehr Technik zur Auswahl und die Integration in die bestehende IT-Landschaft ist so einfach wie nie zuvor. Wenn Sie sich dann im Team noch auf klare Regeln verständigen, wie mit Technologien umgegangen werden soll, und sich alle diszipliniert daran halten, dann sind digitale Technologien wirklich ein Schlüssel für die Produktivität. Digitale Technologien heben räumliche Distanzen auf und ermöglichen es, die besten Experten aus allen Kulturen der Welt ins Team zu holen.

Interview mit Thorsten Jekel

Thorsten Jekel ist als IT-Unternehmer, Berater und Buchautor spezialisiert auf Unternehmenserfolg mit digitalen Technologien. Der Betriebswirt und MBA hat sich während seiner gesamten Karriere dem Thema intelligente Nutzung neuer Technologien gewidmet. Er besitzt die nötige Management-Erfahrung, um betriebswirtschaftliche und technische Fragen ganzheitlich zu verknüpfen. Seit dem Marktstart des iPads entwickelt Thorsten Jekel mit seinem Berliner Unternehmen jekel & team innovative Geschäftsmodelle rund um den Einsatz des iPads. Ganz praktisch begleitet er große Vertriebsorganisationen bei der Einführung von iPads im Außendienst. Sein Buch »Digital Working für

Manager. Mit neuen Technologien effizient arbeiten«[3] erschien im Jahr 2013 im GABAL Verlag. Ich habe Thorsten Jekel am Rande des »Stuttgarter Wissensforums« getroffen.

- **Wer sind Sie und was machen Sie? Beschreiben Sie sich doch einmal selbst!**

Ich zeige Unternehmen, wie sie mit Digital-Working-Technologien produktiver werden. Meine Karriere begann 1988 im Vertrieb bei Nixdorf Computer. Später war ich jahrelang Geschäftsführer verschiedener Unternehmen im Mittelstand. Im Jahr 2010 habe ich mein Unternehmen jekel & team gegründet. Es ist auf die Einführung von iPads in großen Vertriebsorganisationen, wie zum Beispiel Coca-Cola, spezialisiert. Es geht dabei um ähnliche Fragen, um die sich auch Ihr Buch dreht. Beispielsweise darum, wie reale und virtuelle Teams produktiv zusammenarbeiten. Oder wie Mitarbeiter, die über das ganze Land oder sogar in verschiedenen Ländern verstreut arbeiten, am besten miteinander kommunizieren.

- **Was sind die wichtigsten Technologien für die Zusammenarbeit in virtuellen Teams?**

Nach meiner Erfahrung braucht man zwei Arten von Technologien: Einmal Technologien, die jedes einzelne Teammitglied produktiv machen. Und dann Technologien oder auch Apps, um untereinander gut zu kommunizieren. Alle brauchen für sich selbst erst einmal eine Software für das persönliche Informationsmanagement, also für E-Mails, Termine oder Aufgaben. Wichtig ist es dabei, auf allen Geräten synchron zu sein. Das geht zum Beispiel mit Microsoft Exchange. Dann braucht das Team Software für die Zusammenarbeit, also beispielsweise für Terminplanung und für gemeinsame Dateien. Wichtig ist auch hier die Synchronisierung aller Daten. Es sollte in einer einheitlichen Struktur gemeinsam an denselben Dateien gearbeitet werden, um Dubletten auf jeden Fall zu vermeiden. Schließlich sollte es dann noch wirkliche kollaborative Plattformen geben, auf denen Mitarbeiter Ideen austauschen und mit Projektplänen arbeiten können. Hier sehe ich dann auch multimediale Tools für Telefonkonferenzen und Videokonferenzen, wobei das Schöne ist, dass diese Tools immer kostengünstiger werden. Zu Beginn meiner Karriere war eine Videokonferenz noch richtig teuer, heute ist so etwas sogar über das iPad oder das iPhone und eine schnelle Mobilfunkverbindung möglich. Die hat noch keine 100-prozentige Abdeckung, es wird aber gerade viel besser und ich glaube, mobil ist hier wirklich die Zukunft.

Ich arbeite gerade für eine Firma, die ihre regionalen Meetings früher in Büros abgehalten hat, und jetzt machen sie das mehr und mehr virtuell, da spielt die mobile Technik natürlich eine Schlüsselrolle. Tools, die ich mag, sind zum Beispiel Adobe Connect oder Cisco WebEx. Mit WebEx gehört Cisco zu den internationalen Marktführern. Diese Anwendung ist sogar als App für das iPad erhältlich. Es kommt für mich allerdings darauf an, dass diese Systeme im Alltag wirklich zuverlässig funktionieren. Probieren Sie also am besten verschiedene Systeme aus, sprechen Sie mit Nutzern und mit Unternehmen und fragen Sie diese nach ihren Erfahrungen.

> Virtuelle Teams brauchen sowohl Technologien, die jedes einzelne Teammitglied produktiv machen, als auch solche, die untereinander gute Kommunikation ermöglichen. Wichtig ist es, synchron zu sein.

- **Welche Technologien oder Apps empfehlen Sie, je nach Größe des Unternehmens?**

Ganz unterschiedliche. Für kleine und junge Unternehmen empfehle ich, erst einmal mit kostenlosen Lösungen wie Skype oder Google Hangouts anzufangen. Google Hangouts sind ja nicht immer öffentlich, wie einige meinen, sondern lassen sich auch in einem geschlossenen Modus verwenden. Für kleinere Projekte eignen sich auch erst einmal einfache Tools, wie Projectplace, Trello oder Wunderlist. Wunderlist zum Beispiel hat einmal als einfache digitale To-do-Liste angefangen. Dann wurde es von Microsoft gekauft und in die Outlook-Exchange-Umgebung integriert. Microsoft hat also die smarte Lösung eines Start-ups seiner ausgereiften Welt hinzugefügt, was ich ganz interessant finde. Wir haben hier ja oft die kleinteilige Welt der Apps von Start-ups und die großen, etablierten Anwendungen, wie beispielsweise von Microsoft, für die größeren Unternehmen. Skype wurde ja auch von Microsoft gekauft und Skype for Business wurde dann in Lync integriert.

Je nach Größe des Unternehmens sollten Sie sich fragen, inwieweit Ihre Systeme skalierbar sind. Auch spielt es eine Rolle, wo Ihre Daten liegen. Aus Gründen der Compliance kann es in einigen Branchen problematisch sein, wenn die Daten in den USA liegen. Dann müssen Sie darauf achten, dass die Server in der Europäischen Union oder sogar in Deutschland, Österreich oder der Schweiz stehen. Da ich viel für Banken und Versicherungen arbeite, habe ich mit diesem Thema oft zu tun.

- **Virtuelle persönliche Assistenten (VPA) werden gerade immer populärer. Welche Erfahrungen haben Sie mit diesem Trend?**

Ich liebe virtuelle persönliche Assistenten! Es ist um die zehn Jahre her, da habe ich das Buch *Die 4-Stunden-Woche* von Timothy Ferris[4] gelesen. Seine Credo lautet: delegieren, delegieren und nochmals delegieren. Wer knapp an Personal ist, der sollte auf jeden Fall virtuelle persönliche Assistenten nutzen. Ich habe die Erfahrung gemacht, dass sich virtuelle Assistenten selbst dann lohnen, wenn genug Personal da ist. Denn so können die eigenen Leute sich mehr auf ihre Kernaufgaben konzentrieren. Sie sollten sich allerdings sehr gut überlegen, für welche Aufgaben Sie virtuelle Assistenten einsetzen. Wenn Sie mit Ihrem virtuellen Team alles auf Englisch machen, dann haben Sie es am leichtesten. Ich brauche für meine Arbeit viele Dinge auch auf Deutsch. Virtuelle persönliche Assistenten zu finden, die sehr gut Deutsch sprechen, ist nicht so einfach.

Ich arbeite mit Strandschicht. Das ist ein Unternehmen aus Berlin, das Assistenten aus Osteuropa beschäftigt, was die Preise niedrig hält. Früher habe ich auch schon mit GetFriday und Brickworks gearbeitet, das sind zwei Anbieter aus Indien, die Timothy Ferris empfiehlt. GetFriday eignet sich für Standardaufgaben, während Brickworks durchaus auch so etwas wie Länderstudien oder Marktanalysen macht. Als ich einmal Geschäftsführer bei einem Fruchtsafthersteller war, haben wir eine erste Länderstudie selbst gemacht und die dann als Vorlage an

> Persönliche virtuelle Assistenten lohnen sich selbst dann, wenn genügend Personal da ist. So konzentrieren sich andere mehr auf ihre Kernaufgaben.

Brickworks gegeben. Die haben die gleiche Studie dann für zwölf weitere europäische Märkte ausgeführt. Das ist ein Beispiel dafür, wie Sie rechercheintensive Aufgaben von virtuellen persönlichen Assistenten erledigen lassen können. Ein anderes Beispiel: Ich mache einen Podcast, den ich aufspreche, und mein virtueller Assistent transkribiert das dann und macht Blogbeiträge daraus. Die Preisspanne liegt zwischen ungefähr 4,00 US-Dollar die Stunde für virtuelle persönliche Assistenten aus Südamerika und bis zu 25,00 bis 30,00 Euro die Stunde bei Anbietern aus Deutschland. Für Assistenten aus Indien oder Osteuropa müssen Sie mit 8,00 bis 10,00 Euro die Stunde rechnen.

- **Was lässt sich an virtuelle persönliche Assistenten delegieren?**

Kurz gesagt: so gut wie alles. Ich frage immer, wozu feste Mitarbeiter nötig sind und was auch virtuelle persönliche Assistenten erledigen können. Wenn Sie Mitarbeiter in Ihrem Büro sitzen haben, mit denen Sie Dinge persönlich besprechen können, dann macht das natürlich manches einfacher. Ich bin allerdings die meiste Zeit unterwegs und dann müsste ich auch feste Mitarbeiter für meine Abwesenheit möglichst genau briefen. Nach meiner Erfahrung kommt es am meisten auf die Qualität des Briefings an, ganz egal, ob Sie präsente oder virtuelle Mitarbeiter haben. Mit einem schlechten Briefing bekommen Sie schlechte Ergebnisse, mit einem guten Briefing gute Ergebnisse. Das ist der wesentliche Punkt, und nicht, ob die Mitarbeiter virtuell oder präsent sind.

Ich nutze meinen virtuellen Assistenten für alles, was sich über das Internet erledigen lässt. In so einer Situation ist die einzige größere Hürde, wenn es sich nicht um einen Muttersprachler handelt. Mein virtueller Assistent stammt aus Rumänien und hat in Deutschland studiert, deshalb ist er sehr gut in schriftlichem Deutsch. Allerdings hört man seinen Akzent, wenn er spricht, das kann bei Telefonaten ein Nachteil sein. Generell sind die VPA-Anbieter leider nicht besonders gut organisiert, wenn es um ausgehende Telefonate geht. Da kann es also schon einmal haken.

> Alles, was sich über das Internet erledigen lässt, funktioniert mit virtuellen Assistenten hervorragend. Bei Telefonaten kann es haken. Entscheidend ist immer die Qualität des Briefings.

Aber noch einmal: Alles, was sich über das Internet erledigen lässt, funktioniert großartig. Ich setze den virtuellen persönlichen Assistenten für die Recherche ein, für das Erstellen von Folien, für schriftliche Reservierungsanfragen an Hotels und Restaurants, für Flugbuchungen und einfach alles, was sich online schriftlich und mit Formularen erledigen lässt. Grundsätzlich macht es für mich betriebswirtschaftlich Sinn, alles zu delegieren, was eine Person mit einem niedrigeren Stundensatz erledigen kann, damit ich mich auf die wirklich wertschöpfenden Tätigkeiten konzentrieren kann.

- **Was muss ich tun, um einen virtuellen persönlichen Assistenten effektiv einzusetzen?**

Das Wichtigste ist Briefing, Briefing und nochmals Briefing. Das zweitwichtigste ist die richtige Wahl und Konfiguration der digitalen Technik für die Zusammenarbeit mit dem VPA. Der Assistent sollte beispielsweise in Ihrem Namen E-Mails senden und empfangen können. Sie brauchen außerdem eine Plattform für den Dateiaustausch und die gemeinsame Arbeit an Dokumenten. Die meisten VPA-Anbieter haben da fertige Lösungen, sodass ich für meinen Assistenten bereits eine Austauschplattform für Dateien vorgefunden habe. Wenn es nicht um sehr vertrauliche Dokumente geht, dann arbeite ich auch gerne mit Dropbox. Das ist einer der einfachsten Wege, um Dokumente auszutauschen. Für vertrauliche Informationen braucht man professionelle Lösungen, wie zum Beispiel von Fabasoft, das ist ein österreichischer Anbieter mit einem sehr hohen Sicherheitsstandard. Ganz wichtig ist auch hier, ständig auf allen Geräten synchron zu sein. Bei Briefings sollten Sie klaren Regeln folgen und auch die Reaktionszeiten sollten abgesprochen sein. Struktur erhöht die Effektivität von virtuellen persönlichen Assistenten. Das heißt vor allem: gut strukturierte Briefings und gut strukturierte digitale Systeme.

- **Welche Erfahrungen haben Sie mit virtuellen Teams gemacht?**

Viele unterschiedliche Erfahrungen. Wir haben aktuell gerade den Fall, dass wir eine Vertriebsorganisation beraten, die einerseits in städtischen Regionen wie Berlin, München oder Frankfurt vertreten ist, dann aber auch in ländlichen Gegenden, die sehr dünn besiedelt sind, was lange Fahrtstrecken für den Außendienst bedeutet. Da ist die

Herausforderung, dass die Fahrten in die ländlichen Regionen wenig produktiv sind. In den Großstädten setzen sich die Teams jeden Morgen für 5 bis 10 Minuten zusammen und besprechen alles, was ansteht. Das bedeutet jeden Tag allenfalls eine halbe Stunde Zeitverlust, denn die Außendienstler sind ja bereits draußen im Feld. Wir haben mit dem Kunden gemeinsam überlegt, wie wir das in den ländlichen Regionen ähnlich machen können. Wir setzen hier jetzt auf echte virtuelle Vertriebsteams, die über das ganze Land verstreut sind und zum Beispiel über Adobe Connect miteinander kommunizieren.

> Im Außendienst können virtuelle Vertriebsteams wesentlich effizienter arbeiten als herkömmliche Teams. Auch die virtuelle Zusammenarbeit mit Freiberuflern hat sich längst bewährt.

Ein anderes Beispiel sind die vielen Freiberufler, mit denen ich zusammenarbeite, etwa bei der App-Entwicklung. Oder nehmen wir ein Foodservice-Unternehmen, bei dem ich gerade eine iPad-Einführung begleite. Wir haben da ein externes App-Entwickler-Team, wir haben SAP, wir haben eine Muttergesellschaft, wir haben einen Mobile-Device-Management-Anbieter, wir haben die einzelnen Nutzer – und alle die müssen wir zusammenbringen. Das findet sich ja jetzt in Unternehmen immer häufiger, dass Sie diese Mischung aus internen und externen Teammitgliedern haben. In der Vergangenheit war das immer etwas schwierig, aber das Schöne ist, dass Sie mit den neuen digitalen Technologien externe Teammitglieder so integrieren können, als wären es interne Mitarbeiter. Das klappt wirklich gut! Ich glaube, das ist die Zukunft, dass Sie immer mehr externe Spezialisten zu Ihrem internen Team hinzuholen, was dann aus Ihrem bisherigen Team ganz automatisch ein virtuelles Team macht. Zum Glück wird es immer einfacher, immer billiger und immer schneller. Und die Unternehmen werden dadurch produktiver.

- **Auf welche Ihrer Leistungen als Führungskraft und Unternehmer sind Sie besonders stolz?**

Dazu möchte ich zunächst sagen, dass für mich meine Frau und meine Tochter das Wichtigste im Leben sind. Wenn ich mich frage, was auf diesem Planeten einmal von mir bleiben wird, dann ist meine Tochter die Nummer eins. Führung und Management hat für mich viel mit dem gemeinsam, was man Kindern fürs Leben auf den Weg geben möchte. Umgekehrt habe ich für den Umgang mit Menschen auch viel von meiner Tochter gelernt, das ich in Teams anwenden kann. Wenn ich es auf das rein Geschäftliche beschränke, dann war der größte Erfolg die Gründung meiner eigenen Firma, da ich bereits nach drei Jahren mehr verdient habe als in allen meinen früheren Positionen als Geschäftsführer. Und die Unternehmen haben mich wirklich nicht schlecht bezahlt! Interessant für Ihr Buch ist vielleicht, dass ich es nur durch virtuelle Powerteams geschafft habe, so schnell so erfolgreich zu sein. Ich habe als einzelner Entrepreneur angefangen und für andere Unternehmen gearbeitet.

Eines meiner ersten Projekte war itempus. Mein Geschäftspartner und Freund Professor Jörg Knoblauch von tempus hat früher einmal papierbasierte Kalendersysteme verkauft und wir haben das dann gemeinsam in die digitale Welt gebracht. Der Trend war längst da, dass die Leute zu digitalen Zeitplanern und Apps wechseln. Da habe ich gesagt, Jörg, du hast gute Ideen, und du hast eine Kundendatenbank mit 90 000 Adressen für dein papierbasiertes System, da lässt sich doch was machen. So haben wir dann mit einem Team von sehr guten App-Entwicklern das bewährte Zeitplansystem in eine App gepackt. Die wurde ein großer Erfolg und verkauft sich im App Store sehr, sehr gut. Alleine hätte ich das niemals geschafft, da brauchte ich wirklich ein virtuelles Team aus den besten Spezialisten.

Was ich gemacht habe, ist das, was Professor Günter Faltin, ein sehr spannender Mann übrigens, in seinen Buch *Kopf schlägt Kapital* als »Gründen mit Komponenten«[5] beschreibt. Sie können heute mit digitalen Technologien und virtuellen Teams sehr kostengünstig ein Unternehmen starten und trotzdem sofort die ganze Infrastruktur haben. Wenn Sie für jedes Projekt externe Partner einbeziehen und dann auch noch mit virtuellen persönlichen Assistenten arbeiten, um die Administration zu erledigen, dann sind Sie voll skalierbar nach oben und nach unten. Das ist auch etwas, was große Unternehmen von Entrepreneuren lernen können. Also, ich bin schon ein wenig stolz darauf, dass ich es mit diesen Methoden so schnell geschafft habe, erfolgreich zu sein.

- Leute haben oft Angst, dass ihre Mitarbeiter nicht arbeiten, wenn sie sie nicht sehen. So werden sie zu Mikromanagern oder Kontrollfreaks. Wie haben Sie Ihre Mitarbeiter kontrolliert? Wie haben Sie sichergestellt, dass alle ihr Bestes geben?

Tatsächlich kenne auch ich eine Menge Leute, die Probleme mit virtuellen Teams haben, weil sie glauben, die Leute machten ihre Arbeit nicht. Stimmt, dann werden sie Mikromanager oder Kontrollfreaks. Ganz ehrlich gesagt war das mein Problem weniger. Sondern am Anfang war mein Problem meine mangelnde Durchsetzungsfähigkeit. Ich gebe Ihnen ein Beispiel. Ich habe fünf Jahre lang für den Tchibo-Kaffeeservice gearbeitet und war davon zwei Jahre lang für den Kundendienst zuständig. Mein Team bestand aus 25 Frauen. Ich war Ende 20 und ich diskutierte viel mit den Frauen und war nett und wollte gemocht werden. Dann habe ich gelernt, dass es nicht darum geht, gemocht, sondern darum, respektiert zu werden. Und dass man als Manager eine klare Richtung vorgeben muss, um die besten Leute zu einem Team zusammenzuführen und seine Ziele zu erreichen.

Ich bin heute überzeugt vom Konzept des »situativen Führens« nach Ken Blanchard. Menschen sind unterschiedlich, sie haben unterschiedliche Bedürfnisse und erledigen in einem Team auch unterschiedliche Aufgaben. Dementsprechend muss ich meinen Führungsstil anpassen. Ein simples Beispiel: Wenn jemand lernen möchte, Fahrrad zu fahren, dann braucht er klare Anweisungen, was er machen soll, und keine langen Diskussionen. Aber wenn jemand bei der Tour de France in einem Team fährt und seinen Fahrstil für den nächsten Streckenabschnitt verfeinern möchte, dann braucht er ganz anderen Input, und da muss dann auch diskutiert werden. Man sollte das ganze Thema Führung also immer sehr differenziert betrachten.

> Der Führungsstil sollte stets der Situation angepasst werden. Technologie kann Führung nicht ersetzen, sondern nur unterstützen. Menschen allein per E-Mail zu führen, funktioniert nicht.

Was ich vor allem sage ist, dass Technologie Führung nicht ersetzen kann. Technologie kann mich bei der Führung unterstützen, aber Menschen beispielsweise allein per E-Mail zu führen, würde nicht funktionieren. Als ich einmal für Außendienstler verantwortlich war, die die ganze Woche lang allein unterwegs waren, da habe ich sie einmal pro Woche persönlich angerufen. Ich habe gefragt, wie es läuft, und war offen für Fragen. Trotzdem hat sich dann einer beschwert, warum ihn der Chef ständig anrufen würde. Wir haben dann alle diskutiert, und ich habe die Leute gefragt, ob sie sich mehr oder weniger Kontakt mit mir wünschen. Man kann so etwas mit Mitarbeitern und externen Partnern in virtuellen Teams besprechen und dann gemeinsam eine Lösung finden. Es ist gut, das gesamte Repertoire an Kommunikationsmöglichkeiten zu haben, also Telefon, E-Mail, Instant Messenger, Videokonferenzen und so weiter. Aber dann sollte man im Team besprechen, wie man tatsächlich kommunizieren will, und auf individuelle Vorlieben eingehen.

- **Wie haben Sie sichergestellt, dass Mitarbeiter sich in virtuellen Teams wirklich engagieren und das Team mehr ist als die Summe seiner Teile?**

Auf unterschiedliche Weise. Erst einmal habe ich die Grundhaltung gegenüber Menschen, dass jeder im Moment sein Bestes gibt, auch wenn das möglicherweise für die Teamziele noch nicht reicht. Um noch besser zu werden, braucht einer vielleicht Unterstützung von mir oder jemand anderem. Das ist also erst einmal eine wertschätzende Grundhaltung, die Menschen vertraut und ihnen nicht von vornherein unterstellt, dass sie viel zu wenig leisten. Vertrauen ist hier meiner Meinung nach der Schlüssel für alles. Vertrauen ist die absolute Nummer eins. Die Nummer zwei ist Vorbild sein. Teammitglieder schauen immer auf den Chef, und wenn der Chef sich wirklich engagiert, dann tun sie es auch. Ich habe stets darauf geachtet, dass ich mir selbst mindestens so viel abverlange, wie ich von meinen Mitarbeitern erwarte. Ich halte es für problematisch, wenn Führungskräfte zum Beispiel sagen, dass man Kosten senken muss, und dann bestellen sie sich selbst den neuesten 7er BMW. So etwas ist einfach nicht glaubwürdig und dann engagieren sich Mitarbeiter auch nicht mehr.

> Vertrauen ist der Schlüssel für alles. Ich darf Menschen nicht von vornherein unterstellen, dass sie zu wenig leisten. Und ich muss als Führungskraft Vorbild sein und widerspruchsfrei kommunizieren.

Glaubwürdig und widerspruchsfrei zu kommunizieren ist also wichtig. Und Mensch zu bleiben. Ich hatte zum Beispiel einmal einen Mitarbeiter, dessen Tochter an Krebs gestorben war, und ich war so froh, dass ich ihm in dieser Situation wirklich helfen konnte. Natürlich wünscht sich kein Chef dieser Welt, dass einem Mitarbeiter so etwas passiert, aber wenn so eine Situation eintritt, dann können Sie nur mit wirklicher Menschlichkeit und Empathie darauf reagieren. Auch wenn es schlechte Nachrichten gibt, ist es wichtig, diese klar und unmissverständlich zu kommunizieren. Als Geschäftsführer musste ich einmal Leute entlassen, und ich habe sehr klar kommuniziert, was die Situation war und was die Gründe dafür waren und warum wir radikal Kosten kürzen mussten. Ich bin dann selbst mit gutem Beispiel vorangegangen und habe den 7er BMW, den ich von meinem Vorgänger übernommen hatte, demonstrativ gegen einen Citroën Berlingo eingetauscht. Dann habe ich die anderen Manager gefragt, wie sie bei sich selbst sparen wollen, und da stieg einer zum Beispiel von einem großen Chrysler auf einen sparsamen Passat Diesel um. Unseren Außendienstlern, die bisher sehr billige Autos hatten, haben wir sogar etwas bessere bestellt, um sie zu mehr Engagement zu motivieren, damit es für die Firma bald aufwärtsging. Als nach zwei Jahren die Zahlen wieder stimmten und wir wieder profitabel waren, lief der Leasingvertrag für den Berlingo aus. Ich bin dann nicht zum größten BMW zurückgekehrt, sondern habe einen VW Multivan bestellt, also die goldene Mitte. Auch das war ein Signal an die Mitarbeiter.

- **Wie sehen Sie die Zukunft von virtuellen oder sogar grenzenlosen Teams?**

Ich sehe, dass virtuelle und grenzenlose Teams immer wichtiger werden. Die Welt ist flach. Mit modernen digitalen Technologien gibt es immer mehr Möglichkeiten, im internationalen Maßstab Teams zu bilden. Sicher spielen auch niedrigere Arbeitskosten in anderen Ländern, wie Südamerika oder Indien, eine Rolle, aber darum geht es nicht allein. Es geht zum Beispiel auch darum, unterschiedliche Zeitzonen zu nutzen, so wie es McKinsey schon lange macht. Sie können Leute anderswo auf der Welt Aufgaben über Nacht erledigen lassen, und am nächsten Tag arbeiten Sie dann mit den Ergebnissen weiter. Teammitglieder aus unterschiedlichen Ländern können sich auch wunderbar ergänzen. In Indien gibt es beispielsweise hervorragende

Software-Entwickler, aber denen fehlt oft so ein bisschen die Struktur, während wir Deutschen sehr gut im Projektmanagement sind. Da ist es also zum Beispiel eine gute Ergänzung, wenn das Projektmanagement ein deutscher Partner betreut. Ich glaube, immer wichtiger wird, dass Teams sowohl über geografische und kulturelle Grenzen als auch über Unternehmensgrenzen hinweg funktionieren. Überall gibt es externe Spezialisten und es wird in Zukunft überall eine Mischung aus Internen und Externen geben. Auch wird es eine Mischung aus virtuellen und präsenten Teams geben. Und das alles wird die Produktivität steigern. Die Mischung macht's.

KAPITEL 7
Strukturierte Kommunikation heißt: Nicht allein der Chef redet, sondern alle reden über alles

Claudes Rücken fühlte sich steif an und tat weh. Er hatte gerade einen Skype-Anruf beendet. 2 Stunden und 37 Minuten Dauer wurden ihm angezeigt. Halb saß er, halb lag er auf seinem Sofa im Wohnzimmer, das iPad auf dem Schoß. Er sah Marias Gesicht immer noch vor sich und lächelte sehnsüchtig. Die spanische Architektin hatte er vor drei Wochen auf einer Konferenz in Barcelona kennengelernt. Nach drei romantischen Tagen mit ihr blieb er nun ständig virtuell in Kontakt – lange Skype-Telefonate, Textnachrichten, Facebook-Posts, das volle Programm. Er checkte seine E-Mails und sah die Reservierungsbestätigung für seinen Flug nach Rom am nächsten Wochenende. Dort würde er Maria zum zweiten Mal treffen.

»Ich muss ein Projekt in Europa finden, sonst werden mich die Flüge über den Atlantik ruinieren«, dachte Claude. »An jedem zweiten Wochenende kann ich mir das nicht leisten.« Da sah er eine noch ungelesene Mail von dem MOOC-Professor, die schon zwei Tage alt war. Bei den neuen, effizienteren Bauplänen war es zu Verzögerungen gekommen. Deshalb verspäteten sich jetzt auch die Testbauten der örtlichen Bauleute. Claude hätte das sofort Bernd berichten müssen. »Jetzt rufe ich ihn besser mal an, statt die Mail weiterzuleiten«, sagte sich Claude. Bernd würde nicht glücklich sein über diese Verzögerung. Sie betraf den kritischen Pfad des Projekts.

Claude drückte den Skype-Knopf. Er hatte die sanfte Stimme von Maria noch im Ohr und merkte gar nicht, dass es schon zehnmal geklingelt hatte, als Bernd das Gespräch annahm.

»Claude, weißt du, wie viel Uhr es ist? In Deutschland, meine ich!«

Claude rechnete schnell nach, dass es in Hamburg 1:00 Uhr nachts war. »Oh shit, Bernd, tut mir leid!«

»Wo brennt es denn, dass du mich deswegen weckst?«

»Sorry, Bernd, ich habe nicht an die Zeitverschiebung gedacht. Wir haben eine Verzögerung bei den MOOC-Bauplänen. Dadurch werden auch die Testbauten sich verspäten. Das gesamte Projekt verschiebt sich also.«

»Hast du das jetzt gerade erfahren? Und was, glaubst du, kann ich mitten in der Nacht tun, um dir zu helfen?«

> Claude hat sich in eine spanische Architektin verliebt. Unter den langen Skype-Telefonaten leidet die Qualität seiner Arbeit. Bernd kann es sich nicht erklären.

»Okay, im Moment kannst du nichts tun. Ich schätze, ich mache eine Videokonferenz mit Pilar, den Bauleuten und dem Team des MOOC-Professors, und wir schauen, wie wir den Prozess beschleunigen können und was das Worst-Case-Szenario für das Timing unseres Projekts ist.«

»Dann mach das doch einfach, Claude. Und mach es so schnell wie möglich!« Bernd war immer noch leicht verärgert. »Brauchst du dazu irgendetwas von mir?«

»Nein, nein, Bernd. Danke, dass du fragst. Wir kommen zurecht. Ich melde mich spätestens morgen am Ende des Arbeitstages hier.«

»Okay, dann wünsche mir jetzt eine gute Nacht!«

»Schlaf gut, Bernd.«

Claude wusste, wie man ein Gefühl der Dringlichkeit erzeugt und Menschen aktiviert. Also begann er sofort, E-Mails zu schreiben und Besprechungsanfragen zu verschicken. Trotzdem war er enttäuscht von sich selbst. Die langen Telefonate mit Maria während seiner üblichen Arbeitszeit – als es in Europa später Abend war – lenkten ihn ab. Er hatte bereits Termine vergessen und wichtige E-Mails zu spät gelesen. »Ich muss mich wieder mehr konzentrieren und Beruf und Privates besser trennen«, dachte er. Leichter gesagt als getan. Es war so schön, verliebt zu sein.

Am Mittwoch der folgenden Woche bereitete sich Bernd auf die anstehende Teamkonferenz vor. Gerade hatte er ein Telefonat mit seinem Bauleiter in Frankfurt beendet. »Komisch«, dachte Bernd, »das Team in Frankfurt raubt mir mehr Energie als mein internationales virtuelles Team für Transmontanien.« Anscheinend näherten sie sich jetzt dem Ziel »Empowerment«, das sie gemeinsam mit Paul definiert hatten. Der Workshop begann sich auszuzahlen. Bernd war extrem zufrieden, wie viel Eigeninitiative die Leute an den Tag legten. Linda hatte die Crowdfunding-Kampagne erfolgreich zu Ende geführt. Das Geld war da. Jetzt half sie Pilar und Claude, die MOOC-Architekten und die Bauleute zu koordinieren. Pilar hatte dem Team mit ihren Ideen entscheidend weitergeholfen und schien deshalb von allen akzeptiert. Anne regelte Formalitäten mit der Regierung schnell und effizient und sorgte dafür, dass die örtlichen Bauleute auf dem Laufenden blieben. Stella, das neue Teammitglied aus Bulgarien, hatte ein effektives Dateimanagement eingeführt. Die Teammitglieder teilten jetzt viel mehr online und diskutierten darüber lebhaft in der neu gegründeten Facebook-Gruppe. Der Ball rollte – und dafür musste Bernd wenig, ja oft gar nichts tun. Er brauchte auch nichts zu kontrollieren. Das Team schien sich tatsächlich selbst zu organisieren. Bernds einzige Sorge war Claude. Er gab in letzter Zeit nur noch selten Feedback, was sehr ungewöhnlich für ihn war. Dafür rief Claude mitten in der Nacht an, um schlechte Nachrichten zu überbringen. »Das geht so nicht«, dachte Bernd. »Ich muss das heute in der Konferenz ansprechen.«

> Aus Bernds Sicht rollt der Ball. Alle im Team zeigen viel Eigeninitiative. Das Geld ist da. Pilar hat dem Team entscheidend weitergeholfen. Bernds einzige Sorge ist Claude.

Es war ein kristallklarer Tag. Die Elbe reflektierte das Sonnenlicht und warf bizarre Muster auf die Wände in Bernds Büro. Bernd blinzelte, ließ die Jalousien herunter und startete WebEx. Es war 12:55 Uhr. Wie üblich kamen Anne und Linda überpünktlich in die Konferenz.
»Hallo Ladys, wie geht's euch?«
»Großartig, Bernd. Ich sehe, dass wir wirklich weiterkommen!«
»Mir geht es gut, Bernd«, antwortete Anne ruhig. »Ich habe von den Bauleuten einige Neuigkeiten in Bezug auf die Testbauten.«
»Gut. Lasst uns erst auf die anderen warten.«

Um Punkt 13:00 Uhr waren alle außer Claude in der Konferenz.
»Ich schlage vor, dass wir jetzt anfangen«, sagte Bernd. »Es steht jede Menge auf der Agenda heute. Wir haben seit unserer letzten Wochenkonferenz große Fortschritte erzielt. Pilar, vielen Dank für deine fantastischen Ideen! Deine Vorschläge sind jetzt beim Architekturteam in New York. Ich bin sehr glücklich mit der Zusammenarbeit zwischen den Architekten und den Bauleuten. Allerdings gab es auch einen kräftigen Dämpfer. Claude

hat von einer Verspätung bei den neuen Entwürfen berichtet, was kritisch für unseren Zeitplan ist. Wie wir alle wissen, benötigen die Menschen bis zum Winter ihre Häuser. Claude meinte, mir diese schlechte Nachricht auch noch mitten in der Nacht überbringen zu müssen!«

Er machte eine kurze Pause. Doch niemand ging auf seine Bemerkung ein.

»Pilar, hat deine gemeinsame Konferenz mit den Architekten und den Bauleuten inzwischen stattgefunden?«

»Klar, Bernd. Claude und die anderen waren auch dabei, und wir arbeiten jetzt gemeinsam an den neuen Plänen. Claude sollte heute in der Lage sein, das Worst-Case-Szenario zu beschreiben, nachdem er mit dem Team des Professors über Details gesprochen hat.«

»Ich hoffe, dass Claude jetzt bald mal in die Konferenz kommt. Man hört ja wenig von ihm in letzter Zeit. Und seine wenigen Beiträge sind oft auch noch verspätet. Anne, wie ist der Stand mit der Regierung und mit den örtlichen Bauleuten? Und wann können wir mit den Testbauten ...«

»Sorry für die Verspätung, Leute!« Das war die Stimme von Claude. »Ich muss den Wecker überhört haben. Tut mir leid. Bernd, bitte gib mir ein Signal, wenn ich über den neuesten Stand bei den Bauplänen berichten soll.«

»Claude, ist alles in Ordnung bei dir? Das ist nicht deine erste Verspätung in letzter Zeit. Warte bitte, bis Anne fertig ist, dann kannst du berichten.«

Die neuen MOOC-Pläne lassen auf sich warten. Bernd macht indirekt Claude dafür verantwortlich und fordert Rechenschaft von ihm. Später bereut er diese Bloßstellung.

Als Claude an der Reihe war, konnte er noch nicht sagen, wie es mit den MOOC-Plänen weitergehen würde. Es arbeitete jetzt nur noch ein Team von Professoren an den Bauplänen, und sie nahmen Pilars Vorschläge als Grundlage. Aber sie konnten noch keinen Termin nennen, bis wann sie fertig sein würden. Die Professoren waren parallel in verschiedenen Kursen und Projekten und brauchten auch noch einen zusätzlichen Workshop, bis sie Prognosen abgeben konnten.

»Claude, du kennst mich, und du weißt, dass ich keine Ruhe finde, bis wir eine eindeutige Deadline haben«, sagte Bernd. »Vielleicht sollte ich mal mit denen in New York reden und den Druck etwas erhöhen.«

»Bernd, Druck ist das Letzte, was wir jetzt brauchen. Wir machen den

Workshop diese Woche, und anschließend berichte ich euch über das Ergebnis.«

»Das reicht mir nicht, Claude. Ich will alle zwei Tage einen Statusbericht haben, bis der Endtermin für das Projekt definitiv steht.«

Stella hakte ein: »Claude, kannst du dafür sorgen, dass der aktuelle Projektplan auf dem Laufwerk ist, damit Anne, Pilar und die anderen sich die aktuelle Version anschauen können?«

»Mache ich, Stella.«

»Leute, vielen Dank noch einmal für euer Engagement. Claude, wir sprechen uns morgen Abend.«

Bernd beendete die Konferenz mit einem unguten Gefühl wegen seiner Bemerkungen über Claude. Der Kanadier war eine Schlüsselfigur in diesem Projekt. Vielleicht hätte Bernd ihn nicht so offen kritisieren sollen?

Im selben Moment rief ihn Linda über Skype an.

»Hallo Linda, schön dich noch mal zu hören. Du rufst nicht oft an, was ist los?«

»Bernd, du hast Claude ganz schön hart angefasst. Das finde ich übertrieben. Von Maria hast du doch bestimmt gehört? Claude ist verliebt. Er skypt stundenlang mit ihr und fliegt am Wochenende nach Rom, um sie zu sehen. Hab doch einfach mal etwas Geduld mit ihm! Du weißt doch, dass die Liebe Flügel verleiht, aber auch blind macht ...«

> Linda findet, dass Bernd Claude zu hart angefasst hat. Sie klärt ihn über die persönlichen Hintergründe auf. Bernd ist erschrocken, dass er über seinen Freund Claude so wenig weiß.

»Oh, das wusste ich nicht ... Aber ich dachte, wir sind Freunde und Claude erzählt mir so etwas. Woher weißt du überhaupt davon?«

»Wir hatten in der letzten Zeit viele gemeinsame Telefonkonferenzen. Und wir starten immer mit einem persönlichen Austausch. Dann wissen wir, was bei den anderen los ist, und können besser aufeinander eingehen.«

»Wenn das eure Zusammenarbeit verbessert, dann ist es ja gut.«

»Du würdest das für unsere große Konferenz nicht übernehmen?«

»Ich kenne das so nicht und bin mir nicht sicher, ob es sinnvoll ist. Aber ich werde Paul um Rat fragen. Ich wollte mich sowieso bei ihm melden.«

Paul hatte Bernd angeboten, dass er jederzeit spontan anrufen könnte, wenn er Hilfe bräuchte. Bis jetzt hatte Bernd von dem Angebot keinen Gebrauch gemacht. Bernd freute sich, wie viel Eigeninitiative und Einsatzbereitschaft im Team herrschten. Der Workshop zahlte sich aus.

Bernd fragte sich, was er noch tun könnte, um die Leistung des Teams zu verbessern. Hatte Linda recht? Gab er zu wenig Raum für Persönliches? Er beschloss, Paul anzurufen.

»Hallo Bernd, wie geht es dir?«, fragte Paul am Telefon mit seiner ruhigen Stimme.

»Mir geht es gut, Paul. Ich hoffe, dir auch. Ich muss dir erst mal sagen, dass die Ergebnisse des Workshops meine Erwartungen weit übertroffen haben. Meine Leute ergreifen die Initiative, holen andere ins Boot und finden Lösungen. Großartig! Wir haben zwar gerade einen wichtigen Meilenstein nicht geschafft, aber ich glaube, das war mehr ein Kommunikationsproblem als schlechtes Projektmanagement oder Mangel an Fähigkeiten.«

> Bernd ruft seinen Mentor Paul an und holt sich Feedback zur Team-Kommunikation. Paul findet, es müsse mehr Austausch über Persönliches geben. Bernd sollte zu allen im Team eine Beziehung aufbauen.

»Sehr gut, Bernd. Deine Leute arbeiten als richtiges Team zusammen und du scheinst es zu genießen. Eine Frage habe ich: Wie oft sind eure Teamkonferenzen, und wie sieht eure Agenda aus?«

»Also, wir sprechen einmal im Monat. Für den Fall, dass Probleme auftauchen, machen wir eine zusätzliche Besprechung. Was die Agenda angeht: Die bereite ich normalerweise vor und verschicke sie im Voraus.«

»Okay. Und wie sieht es mit der Beteiligung an euren Diskussionen aus?«

»Naja, da gibt es die üblichen Verdächtigen. Claude dominiert da schon sehr. Die anderen haken ein, wenn es ihnen wichtig ist. Linda ist dabei so etwas wie unser Gefühlsbarometer. Sie spürt immer, wenn es jemanden nicht gut geht. Wenn jemand aus persönlichen Gründen nicht liefert, dann kennt sie den Grund. Sie hat anscheinend zu allen im Team eine Beziehung aufgebaut.«

»Und du?«, fragte Paul. »Hast du auch zu allen eine Beziehung aufgebaut?«

»Sagen wir es so: Ich komme mit allen gut klar. Ich sorge dafür, dass wir uns auf die richtigen Dinge konzentrieren. Und ich fordere Ergebnisse ein. So sehe ich meine Rolle. Neulich bin ich zugegebenermaßen mit Claude etwas zu hart ins Gericht gegangen. Er war ein bisschen passiv, hätte fast eine Deadline verschlafen und hat mich einmal versehentlich mitten in der Nacht geweckt. Linda meinte, er sei verliebt.«

»Bist du nicht mit Claude befreundet? Ich dachte, das hättest du erzählt.«

»Ja, bin ich eigentlich. Vielleicht interessiere ich mich manchmal zu wenig für die Leute. Linda meinte, wir sollten während der Konferenzen auch über Persönliches sprechen. Was sagst du dazu?«

»In virtuellen Teams ist es ganz besonders wichtig, dass die Teammitglieder sich regelmäßig über wichtige persönliche Dinge austauschen. Eine wöchentliche Teamkonferenz, bei der jedes Teammitglied sowohl zum Projekt als auch zu sich persönlich Redezeit hat, funktioniert nach meiner Erfahrung sehr gut.«

»Einmal die Woche?« Bernd klang überrascht und wenig begeistert. »Ist das nicht viel zu oft? Und ist es nicht langweilig, wenn jeder seine privaten Dinge ausbreitet?«

»Menschen sind nicht langweilig. Und Persönliches hat einen enormen Einfluss auf unsere Arbeit«, sagte Paul. »Es ist wichtig, Stimmungen im Team zu erkennen. Ich sage ja nicht, dass jeder endlos Geschichten aus seinem Leben erzählen soll. Gib jedem zwei Minuten Redezeit für Persönliches. Zwei Minuten sind vollkommen ausreichend. Aber jeder muss einen Slot bekommen, sonst behalten die eher introvertierten Teammitglieder zu vieles für sich. Die zwei Minuten machen den Unterschied, ob du weißt, wie sich deine Leute gerade fühlen, oder ob du es nicht weißt. Und nicht nur du, sondern alle im Team. Bei den Updates zum Projekt konzentriert ihr euch auf die heißen Themen. Nach der Konferenz können sich die Leute dann weiter per E-Mail austauschen oder sich zu kleineren Gruppen zusammenschließen, um Probleme zu lösen.«

»Das klingt so weit ganz gut. Aber ich befürchte, dass wir das große Ganze aus den Augen verlieren, wenn zu viel über persönliche Angelegenheiten und über Projektdetails gesprochen wird.«

»Diese Gefahr besteht natürlich. Deshalb habe ich Konferenzen einmal im Monat anders aufgezogen. Ich habe es dann förmlicher gehalten und das Persönliche weggelassen. Jeder musste vorher einen einseitigen Bericht einreichen, wie weit er glaubte, sein Jahresziel aus dem Workshop erreicht zu haben. Zu dieser Konferenz habe ich auch immer die wichtigsten externen Partner eingeladen. So waren anschlie-

> Auf Pauls Rat hin will Bernd eine neue Kommunikations-Struktur für das Projekt vorschlagen. Es soll eine wöchentliche, eher informelle Konferenz geben. Und eine monatliche formelle, auch mit den externen Partnern.

ßend alle auf demselben Stand. Wenn es mal etwas Vertrauliches zu besprechen gibt, kann man das am Schluss machen, sobald die Externen sich ausgeklinkt haben. Auf diese Weise hast du wöchentlich eine informelle Besprechung, in der es um die projektbezogenen und persönlichen Highlights und die wichtigsten Herausforderungen geht. Und einmal im Monat geht es dann ganz förmlich darum, wo ihr alle bei der Umsetzung eurer strategischen Pläne steht.«

»Das klingt vernünftig. Ich mache mir nur Sorgen, dass alles viel zu bürokratisch wird.«

»Ich kann es dir nur empfehlen, Bernd. Mit dieser Vorgehensweise bekommst du einen viel besseren Überblick, was gerade passiert und was mit deinen Leuten los ist. Und das ohne wirklich großen Zeitaufwand. Und weißt du, was noch ein Vorteil ist?«

»Was?«

»Du verpasst nie wieder, wenn sich jemand aus deinem Team verliebt hat.«

»Also gut«, sagte Bernd schmunzelnd. »Es entspricht zwar nicht meinem üblichen Arbeitsstil, aber ich vertraue dir und werde es versuchen.«

Strukturen für die Kommunikation möglichst früh verankern

Jedes Mal, wenn ich beauftragt werde, ein virtuelles Team zu leiten, trommle ich gleich in der ersten Woche das Kernteam zusammen. Mit diesen Leuten, die direkt an mich berichten, mache ich einen Präsenz-Workshop. Im ersten Kapitel haben Sie bereits gelesen, wie ein solcher Workshop typischerweise abläuft. In diesem Kapitel konzentriere ich mich darauf, wie es anschließend mit der Kommunikation optimal weitergeht. Am Ende des ersten Workshops frage ich mein Team: Wie oft wollen wir miteinander sprechen? Das heißt: In welchen Abständen soll unsere Teamkonferenz stattfinden? Meistens meinen die Leute: Einmal im Monat genügt. Ich provoziere dann etwas und sage: Lasst es uns mit einmal pro Woche probieren. Wenn sich das als zu oft herausstellt, können wir immer noch reduzieren. Am Anfang bekomme ich so circa 60 bis 70 Prozent der Teammitglieder für diese wöchentliche Konferenz zusammen. Nach einem Monat sind es dann meist 90 bis 100 Prozent – und bei dieser Quote bleibt es für die restliche Projektdauer. Was ist das Geheimnis der intensiven Beteiligung? Nun, ein gestochen scharfes Videobild ist es jedenfalls nicht! Das Geheimnis ist vielmehr der zwischenmenschliche Austausch.

Normalerweise beginne ich jede wöchentliche Teamkonferenz mit einem allgemeinen Update. Unter der Woche erhalte ich viele E-Mails. Diejenigen, die sofortiges Handeln erfordern, leite ich unmittelbar weiter. Aber diejenigen, die nur der Information dienen, hebe ich bewusst bis zur Wochenkonferenz auf. Als Manager nimmt man ja außerdem noch an den unterschiedlichsten Meetings auf anderen Entscheidungsebenen teil. Reservieren Sie in der Wochenkonferenz genügend Zeit, insbesondere die Ergebnisse Ihrer Gespräche mit anderen Entscheidern zusammenzufassen. Diskutieren Sie im Team darüber, was in diesen Meetings beschlossen wurde. Wenn Sie sich das sparen, dann heizen Sie nur die Gerüchteküche an. Und das wird sich irgendwann negativ auswirken.

> In wöchentlichen Konferenzen sollte nicht allein über den Arbeitsfortschritt gesprochen werden, sondern auch über Persönliches. Das stärkt den Zusammenhalt und hält die Beteiligung hoch.

Das allgemeine Update dreht sich letztlich um alle relevanten Ereignisse während der vergangenen Woche. Es gibt den Teammitgliedern die Möglichkeit, Fragen zu stellen und Beobachtungen loszuwerden. Nach dieser Runde hat jeder Einzelne im Team ein festes Zeitfenster, um zu berichten, was bei ihm sowohl persönlich als auch im Hinblick auf das Projekt gerade ansteht. Dank des ersten Workshops kennen alle voneinander sowohl die persönliche als auch die berufliche Lifeline. Während der Wochenkonferenzen kommen wir immer wieder auf die persönliche Ebene zurück. So entstehen echte zwischenmenschliche Beziehungen. Ein festes Zeitfenster ist besonders wichtig für die eher stillen und introvertierten Teammitglieder, die lieber schweigen und zuhören, wenn sie keine eigene Redezeit zugewiesen bekommen.

Die stärker formalisierte Monatskonferenz findet zumindest für das Kernteam meist als Videokonferenz statt. Es kommt hier darauf an, dass jeder seinen Fortschritt im Projekt präsentiert und dabei auch von den anderen gesehen wird. Ich halte es für eine wichtige vertrauenserhaltende Maßnahme, seine Kollegen zumindest einmal im Monat im Bild zu sehen. Zu diesen formellen Konferenzen wird auch das erweiterte Team eingeladen. Auf diese Weise bekommt der größere Kreis Informationen aus erster Hand und kann sich selbst ein Bild vom Projektfortschritt machen. Haben Mitglieder des erweiterten Teams Fragen, dann stellen sie diese am besten während der Konferenz per Chat. Die Fragen werden zunächst gesammelt und dann während der letzten zehn Minuten der Konferenz kumuliert beantwortet.

> Bei einer stärker formalisierten Monatskonferenz kommt es darauf an, einem größeren Kreis Informationen aus erster Hand zu geben und Fragen zu ermöglichen.

Stehen wichtige Entscheidungen an, etwa weil man sich von einem Teilziel verabschieden und die entsprechenden Ressourcen anderswo einsetzen will, dann sollten diese Entscheidungen während der Monatskonferenz fallen. Hier lässt sich der Sinn einer Entscheidung ausführlich darlegen, es ist eine Diskussion in der großen Runde möglich und am Ende sind idealerweise alle im Boot. Haben die Mitglieder des erweiterten Teams ihrerseits Mitarbeiter, dann sollten denen im Anschluss die Ergebnisse präsentiert werden. Nicht Top-down, sondern in einem interaktiven Format, also während eines Meetings oder in einer Telefonkonferenz. Alle, die mit dem Projekt zu tun haben, sollten die Möglichkeit haben, Fragen zu stellen und Feedback zu geben.

Methode:
Sorgen Sie in Ihren wöchentlichen Teamkonferenzen für eine gesunde Mischung aus persönlichen und projektbezogenen Updates sowie förmlichen und formlosen Berichten.

Ein weiterer Vorteil einer förmlichen Monatskonferenz ist ein gesundes Maß an Druck. Alle Teammitglieder haben ihre Ziele und den Ehrgeiz zu liefern. Wenn jemand spät dran ist oder überhaupt nicht liefert, wird das für das gesamte Team sichtbar. Sind Ziele verzahnt, was sie ja stets sein sollten, dann hängen die Ziele eines Teammitglieds immer von den Zielen mindestens eines anderen ab. Hat jemand Probleme, dann bieten Sie Unterstützung an. Wobei die Verantwortung stets bei dem Teammitglied bleibt. Natürlich kann es auch einmal zu Konflikten kommen. Und nicht jeder Konflikt kann während der Konferenz gleich gelöst werden. Trotzdem ist ein gewisser Druck wichtig, um die Leistung des Teams zu steigern.

Die Kunst der Zeiteinteilung bei Teamkonferenzen

Sowohl für die Wochenkonferenzen als auch für die Monatskonferenzen kommt es entscheidend auf gute Zeiteinteilung an. Da hilft zunächst einmal eine passgenaue Agenda. Außerdem ist es empfehlenswert, jemanden aus dem Team zum Timekeeper zu benennen. Der Timekeeper behält die Zeit im Auge und darf andere auch unterbrechen. Es sollte nicht der Teamchef und Leiter der Konferenz sein. Der Chef sollte besser Leistungen loben, Konfliktlösungen anstoßen und generell seine Autorität nicht damit verschwenden, ständig auf die Einhaltung des Zeitrahmens zu pochen. An einer Wochenkonferenz nehmen bis zu zwölf Teammitglieder teil. Da es stets ein allgemeines Update gibt und dann jedes Teammitglied zwei Minuten Zeit für die heißesten persönlichen und projektbezogenen Themen hat, sollten Sie anderthalb Stunden einplanen. Noch längere Konferenzen sind ineffektiv. Man braucht dann Pausen, und in den Pausen beginnen die Leute, ihre Mails abzurufen, und sind mit den Gedanken schon wieder woanders.

> Eine passgenaue Agenda ist ebenso wichtig wie der pünktliche Schluss. Am besten ernennen Sie einen Timekeeper, der die Zeit immer im Auge behält.

Pünktlich Schluss zu machen ist wichtig, damit die Beteiligung bei 90 bis 100 Prozent bleibt. In absoluten Ausnahmefällen kann man alle Teilnehmer fragen, ob sie für einen wichtigen Punkt zehn Minuten zusätzlich Zeit haben. Aber nach den zehn Minuten muss dann wirklich wie angekündigt Schluss sein! Bei einer Monatskonferenz können bei großen Projekten bis zu hundert Leute zusammenkommen. Ich empfehle dafür zwei Stunden Zeit. In virtuellen Teams sind Pünktlichkeit und Zeiteinteilung noch wesentlich wichtiger als in örtlich präsenten Teams. Wenn die Teammitglieder dann auch noch auf unterschiedliche Zeitzonen verteilt sind, würde sich schlechtes Zeitmanagement umso negativer auswirken.

Methode:

Es hat sich bewährt, zwischen Wochen- und Monatskonferenzen wie folgt zu unterscheiden:
- Wochenkonferenz – persönliche und projektbezogene Updates: 1,5 Stunden
- Monatskonferenz – formelle Updates und Teilnahme des erweiterten Teams: 2 Stunden

Zeiteinteilung und pünktlicher Schluss sind in beiden Fällen wichtig!

Eine typische weltweite Telefonkonferenz läuft nach meiner Erfahrung so ab: Sie beginnt in Europa um die Mittagszeit. Dann ist es in Australien bereits später Abend. Bei denjenigen, die dort zu Hause sind, hört man im Hintergrund vielleicht Hunde bellen, Kinder schreien oder Essgeschirr klappern. Ein Brasilianer ist möglicherweise gerade aufgestanden, noch im Bademantel und macht sich fertig für den Tag. Diese Unterschiede wahrzunehmen und anzusprechen, schmiedet das Team zusammen. Die Teammitglieder werden es zu schätzen wissen, wenn sich die Telefonzeiten auch einmal ändern und nicht immer dieselben die angenehmste Ortszeit haben. Dabei sollte jedoch niemand zu spät am Abend oder zu früh am Morgen teilnehmen müssen. Wenn Sie ganz wichtige Neuigkeiten für die Teammitglieder auf der ganzen Welt haben, ist es eine Option, zwei identische Konferenzen am selben Tag zu machen: eine vormittags für Europa, Australien, Asien und Afrika und eine nachmittags für Nord- und Südamerika. Dabei können sich die Europäer aussuchen, ob sie lieber vormittags oder nachmittags teilnehmen möchten.

Wenn Sie weltweite Konferenzen auf Englisch abhalten, werden Sie es mit vielen Menschen zu tun haben, die keine Muttersprachler sind und mit Akzent sprechen. Aber selbst Muttersprachler sprechen sehr unterschiedlich, je nachdem, ob sie zum Beispiel aus England, Schottland, Texas oder Australien stammen. Häufig beschweren sich die Teammitglieder, dass sie jemand anderen schlecht verstehen, wenn er Englisch spricht. Da versteht der Inder beispielsweise den Franzosen nicht, während die Inder untereinander ihren Akzent sehr gut verstehen. Als Teamleiter können Sie hier einiges tun, um die Verständlichkeit zu verbessern. Bitten Sie zum Beispiel die Muttersprachler, langsam zu sprechen und keine zu schwierigen Ausdrücke zu verwenden. Generell hilft eine einfache Sprache, um von allen verstanden zu werden. Diejenigen mit schwer verständlichen Akzenten können Sie bitten, ihre Fragen oder Anmerkungen parallel im Chat zu übermitteln. Das schafft Klarheit und trägt zur Entspannung der Gesprächsatmosphäre vorbei. Wichtig ist, dass jeder nicht nur an sich, sondern auch an die anderen denkt und sich bemüht, verstanden zu werden.

> Bei Konferenzen auf Englisch sollte der Teamleiter auf Verständlichkeit pochen. Muttersprachler werden gebeten, langsam und deutlich zu sprechen. Teilnehmer mit starkem Akzent schreiben parallel im Chat.

Vereinfachung der Kommunikation ist wichtig. Machen Sie Teamkonferenzen möglichst immer am selben Tag der Woche zur selben Zeit und über denselben Kommunikationskanal. Ausnahmen sind weltweite Konferenzen, bei denen Sie bestimmte Zeitzonen nicht dauerhaft durch einen sehr frühen oder sehr späten Beginn der Konferenz benachteiligen sollten.

Die Standpunkte der anderen im Team erkunden

In virtuellen Teams werden normalerweise sehr viele E-Mails ausgetauscht. Meistens wird darin nach etwas gefragt oder umgekehrt etwas geliefert. Doch die E-Mail ist kein besonders interaktives Medium. Die Teamkonferenzen hingegen bedeuten synchrone Kommunikation und sind deshalb der ideale Ort für Diskussionen. Eine Diskussion bedeutet, nicht nur um etwas zu bitten oder etwas zu liefern, sondern auch, die anderen zu verstehen. Bei Konferenzen sollte auch offen über Konflikte gesprochen werden. Es finden sich dann Lösungen, und das Team entscheidet gemeinsam. Peter M. Senge hat in seinem Buch *Die fünfte Disziplin*[6] zwischen »plädieren« und »erkunden« unterschieden. Im Management ist das typische Verhalten, einen Standpunkt einzunehmen und dafür zu plädieren. Das Ziel ist es, seine Meinung kraftvoll zu vertreten und andere zu beeinflussen. Standpunkte anderer zu erkunden und zu verstehen, bleibt dabei oft auf der Strecke. Es ist jedoch die bessere Variante, den anderen erst einmal zu verstehen, bevor man seine eigene Meinung kundtut. In einer Teamkultur, wo Meinungsvielfalt herrscht und Konflikte gemeinsam gelöst werden, gibt es eine gesunde Balance zwischen »plädieren« und »erkunden«. Jeder hat das Recht auf seinen Standpunkt, versucht aber auch, andere Standpunkte zu verstehen. Der Teamchef erfüllt hier eine wichtige Vorbildfunktion, indem er Fragen stellt und die anderen Teammitglieder zu verstehen versucht. Er sollte lebhafte Diskussionen fördern und seine Autorität nicht dazu missbrauchen, andere zu überstimmen.

> Eine »erkundende« Grundhaltung ist der Schlüssel für gute Team-Kommunikation, besonders im Konflikt: erst andere verstehen, dann für eigene Standpunkte plädieren.

In meinen Seminaren beklagen sich Teilnehmer häufig dass ihr Teamchef nur dann ein Meeting einberuft, wenn es Probleme gibt. Manche Chefs verbringen dann noch die meiste Zeit damit, sich zu rechtfertigen, anderen die Schuld zuzuweisen und die Lösung für das Problem zu verkünden. In einigen Kulturen wird dieser autoritäre Ansatz erwartet. Dort soll der Chef alle Antworten haben, wenn es Probleme gibt. In den meisten virtuellen Teams richtet so ein Vorgehen allerdings viel Schaden an. Es ist ohnehin wenig Zeit, sich auszutauschen, und wenn es dann auf diese Weise geschieht, ist es kontraproduktiv. Virtuelle Teams haben einen noch viel größeren Bedarf an Diskussion und Dialog als präsente Teams. Deshalb braucht es Kommunikationsstrukturen, in denen jeder Redezeit hat und seine Position ausführlich darlegen kann. Bei Unstimmigkeiten und kontroversen Diskussionen sollte der Teamchef dafür sorgen, dass die Balance zwischen »plädieren« und »erkunden« stimmt.

So funktioniert regelmäßiges, individuelles Feedback

Strukturierte Kommunikation in virtuellen Teams bedeutet im Wesentlichen dreierlei: Erstens regelmäßige Teamkonferenzen, mit der richtigen Balance aus persönlichen und projektbezogenen Informationen, jeweils abwechselnd im informellen wie im formellen Rahmen. Zweitens die Gelegenheit zu echtem Dialog und Austausch, jenseits des bloßen Plädierens für eigene Positionen. Drittens regelmäßiges 1:1-Feedback, sowohl zu Leistung im Projekt als auch zur persönlichen Weiterentwicklung, etwa im Hinblick auf Teamfähigkeit oder Soft Skills. Nicht allein Teamkonferenzen, sondern auch Feedback an einzelne Teammitglieder sollte regelmäßig und strukturiert stattfinden. Auf keinen Fall sollte der Teamchef nur dann Feedback geben, wenn es Probleme gibt.

In meinen virtuellen Teams habe ich jedes Teammitglied, das direkt an mich berichtet hat, einmal im Monat angerufen. Mir war zunächst wichtig, den Fortschritt bei der Zielerreichung zu besprechen. Wenn es nötig ist, kritisches Feedback zu geben, dann würde ich dies stets in einem solchen 1:1-Gespräch tun. Ich empfehle, kritisches Feedback niemals per E-Mail zu geben und erst recht nicht während einer Konferenz vor anderen Teammitgliedern. Bei den 1:1-Gesprächen geht es aber bei Weitem nicht nur um Kritik. Die Gespräche sind eine besondere Gelegenheit für jedes Teammitglied, sich mit dem Chef auszutauschen. Der Chef gibt zwar Feedback, doch das ist keine Einbahnstraße. Das Teammitglied sollte die Gelegenheit nutzen, sich Rat und Unterstützung zu holen, wo es nötig ist. Idealerweise beinhaltet ein solches Gespräch 50 Prozent Berichte vom Teammitglied zu den eigenen Fortschritten und 50 Prozent Feedback und Unterstützung durch den Teamchef. Am besten fragt der Chef ausdrücklich: Wie kann ich Sie jetzt unterstützen? Oder: Kann ich irgendetwas tun, damit Sie Ihre Arbeit noch besser machen? Bei diesen monatlichen 1:1-Gesprächen haben es der Teamchef und das jeweilige Teammitglied selbst in der Hand,

> Teammitglieder brauchen regelmäßiges 1:1-Feedback sowohl zur Leistung als auch zur persönlichen Entwicklung. Ein monatlicher Anruf ist dazu ein geeignetes Format.

wie sehr sie davon profitieren. Solche 1:1-Gespräche sind auch ein großer Ausdruck von Wertschätzung gegenüber dem einzelnen Teammitglied. Deshalb sollten sie auch niemals kurzfristig abgesagt werden, ohne alternative Termine anzubieten.

Zweimal im Jahr halte ich für einen guten Rhythmus für eine förmliche Leistungsbeurteilung. Auch das lässt sich in 1:1-Telefonaten erledigen, noch besser ist jedoch ein persönliches Treffen. In einem solchen Gespräch geht es um die objektiv messbare Zielerreichung anhand klarer Indikatoren. Diese Gespräche sollten auf einem nachvollziehbaren Prozess beruhen und der Führungskraft die Möglichkeit eröffnen, korrigierend einzugreifen. Ich empfehle, neben der Leistungsbeurteilung auch über die Entwicklungsziele des jeweiligen Teammitglieds zu sprechen. Welche weiteren Fachkompetenzen oder Führungsqualitäten möchte das Teammitglied in der nächsten Zeit entwickeln? Dazu sollte es einen konkreten Plan geben. Je nachdem, wie dieser Plan aussieht, lässt sich dann Mentoring oder Training organisieren, oder es können bestimmte Aufgaben im Projekt an diese Person neu vergeben werden.

> **Gruppen-Feedbacks sollten ein- bis zweimal im Jahr stattfinden, gut vorbereitet sein und eine klare Struktur haben. Kritik darf sich nur auf das Verhalten eines Anwesenden beziehen und nie persönlich werden.**

Alle diese monatlichen und halbjährlichen Besprechungen sind ohne Frage zeitaufwendig. Doch es ist eine Investition des Teamchefs in sein Team. Das Team zahlt diese Investitionen zurück, indem es aktiver und vorausschauender agiert. Gute Kommunikation ist der Schlüssel zu mehr Engagement, auch über große Distanzen hinweg.

Feedbacks in der Gruppe – Chance bei persönlichen Treffen

Eine weitere Form des Feedbacks in virtuellen Teams ist das Gruppen-Feedback. Ich empfehle es ein- bis zweimal im Jahr und insbesondere dann, wenn die Gelegenheit zu einem persönlichen Treffen besteht. Für das Gruppen-Feedback setzen sich die Teammitglieder am besten in einen Stuhlkreis. Beginnend mit dem Teamchef erhält jedes Teammitglied Feedback zu den folgenden drei Punkten:

1. Womit weitermachen? Was war richtig, und wo hat jemand das Team besonders gut unterstützt? Oft ist es erfrischend und motivierend, gesagt zu bekommen, womit man viel bewirkt hat. Gerade in virtuellen Teams sehen viele nicht, was aus ihren Beiträgen geworden ist. Hier ist die Gelegenheit, es zurückzumelden.

2. Womit aufhören? Wo gibt es Verbesserungsbedarf? Hier geht es zum Beispiel um »blinde Flecken«, das heißt, jemand ist sich nicht bewusst, wie er mit seinem Verhalten anderen schadet, sie nervt oder aufhält. Bei diesen kritischen Feedbacks ist es wichtig, eine empathische Sprache zu verwenden und keinesfalls persönlich zu werden. Es geht bei Kritik immer um das Verhalten, nie um die Person!

3. Womit anfangen? Welche Potenziale hat jemand noch? Bei diesem Feedback geht es darum, auf Fähigkeiten hinzuweisen, die ein Teammitglied besitzt, aber noch zu wenig nutzt. Die Gruppe lädt das Teammitglied ein, diese Fähigkeiten zu entwickeln und öfter einzusetzen.

Wichtig für die Feedbackrunde ist eine Vorbereitungsphase, in der alle sich für jedes andere Teammitglied zu diesen drei Punkten Notizen zu machen. Die schriftliche Vorbereitung trägt auch dazu bei, dass die Teammitglieder bei ihrer Meinung bleiben und sich nicht im Verlauf der Runde zunehmend von anderen beeinflussen lassen.

Nach dem Ende der Runde fasst jeder für sich schriftlich zusammen, womit er weitermachen, womit er aufhören und womit er anfangen will. Dieses Dokument schickt er dann an den Teamchef, damit dieser es für den nächsten persönlichen Entwicklungsplan berücksichtigen kann.

Der Nutzen einer Team-Charta

Sie kennen jetzt eine Reihe von Prinzipien für die strukturierte Kommunikation in virtuellen Teams. Doch jedes Team ist einzigartig im Hinblick auf seine Zusammensetzung, seine Ziele und sein soziales und wirtschaftliches Umfeld. Um dem Rechnung zu tragen, können jeweils individuelle Vereinbarungen für eine optimale Kommunikationskultur getroffen werden. Dazu entwickeln viele Teams heute eine sogenannte Team-Charta. Diese legt fest, worauf sich die Teammitglieder im Umgang miteinander geeinigt haben. Eine Team-Charta sollte stets gemeinsam, am besten im Rahmen eines Präsenz-Workshops, entwickelt werden.

Die folgenden Fragen können Ihrem Team helfen, in einer Team-Charta sinnvolle Vereinbarungen für die regelmäßige Kommunikation zu treffen:

- Welche Arten von Teamkonferenzen gibt es bei uns?
- Auf welcher technischen Plattform und zu welchen Zeiten finden unsere Konferenzen statt?
- Wie oft sprechen wir, und wer nimmt teil?
- Wie sieht die Agenda aus, und was ist der Zeitrahmen?
- Welche 1:1- Gespräche gibt es mit dem Teamchef, und wann finden diese statt?
- Welche Kommunikationskanäle nutzen wir im Team? (Zum Beispiel E-Mail, Telefon, Voicemail, Textnachricht und Videokonferenz)
- Wie viel Reaktionszeit auf eine E-Mail ist maximal erlaubt?
- Welchen Kommunikationskanal nutzen wir in dringenden Fällen? (Zum Beispiel Voicemail auf dem Mobiltelefon)
- Wie viel Reaktionszeit ist auf dem Kommunikationskanal für dringende Fälle maximal erlaubt?

Je größer das Team ist und je mehr Kulturen und unterschiedliche Zeitzonen betroffen sind, desto wichtiger ist eine Team-Charta. Wir haben alle unseren persönlichen Kommunikationsstil. Der eine telefoniert lieber, der andere schreibt lieber E-Mails. Ein Dritter ist besonders aktiv auf Social Media und liebt WhatsApp. Und so weiter. Damit es im Team nicht nach den Vorlieben Einzelner geht, muss man sich einigen. Hinzu kommen kulturelle Besonderheiten. In Deutschland ist es beispielsweise nicht üblich, ein Teammitglied abends oder am Wochenende anzurufen. Es sei denn, es ist ausdrücklich so vereinbart. In Mexiko ist es ein alltäglicher Kommunikationskanal, jemandem eine Voicemail auf dem Mobiltelefon zu hinterlassen. In Europa macht man das normalerweise eher in dringenden Fällen. Über all diese unterschiedlichen Gewohnheiten und kulturellen Prägungen sollte man in einem virtuellen Team sprechen und sich dann gemeinsam auf bestimmte Vorgehensweisen einigen. So entstehen Standards und Normen, welche die Zusammenarbeit in einem virtuellen Team erheblich erleichtern.

> **Eine Team-Charta legt fest,** worüber sich alle Teammitglieder im Umgang miteinander einig sind. Sie sollte stets gemeinsam erarbeitet werden. Je mehr Kulturen betroffen sind, desto wichtiger ist sie.

KAPITEL 8
Strukturen und Prozesse schaffen die Basis – Vertrauen setzt Kraft frei

Bernd sah sich den aktuellen Statusreport an. Seit drei Monaten waren sie jetzt in der Bauphase. Die Fundamente und die einzigartigen, widerstandsfähigen Tragwerke standen bereits. Erfreut beobachtete er, wie es stetig weiterging, ohne dass er viel eingreifen musste. Claude war wieder in der Spur und sorgte für die reibungslose Kommunikation unter den verschiedenen Parteien. Anne hatte die Verantwortung für den Baufortschritt, unterstützt von Pilar und Linda. Stella wachte streng über die Regeln des Dokumentenmanagements. Auf Lindas Initiative hatte sich ein erweitertes Führungsteam gebildet. Dazu zählten alle Schlüsselpersonen, die direkt an das Kernteam berichteten, also zum Beispiel die Manager der örtlichen Baufirmen und Ingenieurbüros. Der Professor in New York hatte unterdessen die drei besten Beiträge von Studenten prämiert, nachdem sowohl die Professoren als auch die anderen Studenten darüber abgestimmt hatten. Die drei ausgezeichneten Studenten waren nun ebenfalls Teil des erweiterten Führungsteams. Sie nahmen an der monatlichen Videokonferenz teil, stellten dabei Fragen per Chat und brachten ihre Ideen ein.

»Wow«, dachte Bernd, »wir sind inzwischen ganz schön viele und die Ideen fließen nur so!« Tatsächlich hatte es aus dem erweiterten Team nochmals etliche Ideen zur Verfeinerung der Baupläne gegeben. Ein asiatischer Professor, der bereits an dem ursprünglichen MOOC beteiligt gewesen war, hatte ein weiteres Team gegründet, das nun dabei war, die Best Practice zu dokumentieren.

Was machte Bernd eigentlich noch? Er hatte immer wieder eigene Ideen für Verbesserungen und gab dem Team regelmäßig Feedback. In der übrigen Zeit widmete er sich wichtigen Stakeholdern, wie zum Beispiel Regierungsvertretern in Transmontanien. Zweimal war er bereits in die Hauptstadt geflogen, um wichtige Kontakte zu pflegen. Das wäre früher aus Zeitgründen undenkbar gewesen. Morgen hatte er eine Telefonkonferenz mit dem Manager einer der wichtigsten Baufirmen vor Ort, einem chinesischen Unternehmen. Anne und der Minister für Entwicklung von Transmontanien würden mit dabei sein. Die Chancen für weitere Aufträge in Asien standen gut.

Bernd schaute aus dem Fenster – auf die Hafencity, die Elbe und den Horizont. Vor seinem geistigen Auge sah er die Skyline einer asiatischen Metropole, errichtet von seiner Firma und noch größeren virtuellen Teams. Bernd war fast ein wenig euphorisch gestimmt. Nicht allein wegen der geschäftlichen Chancen, sondern auch wegen der Aussicht auf viele neue und interessante Menschen, die er kennenlernen und inspirieren könnte. Er würde die meisten davon zwar nur virtuell kennenlernen, wäre aber inzwischen dennoch in der Lage, starke Beziehungen aufzubauen und sehr persönlich mit ihnen zusammenzuarbeiten.

> Bernd ist zufrieden. Es geht stetig weiter. Claude ist wieder in der Spur. Linda hat ein erweitertes Team ins Leben gerufen. Bernd pflegt Kontakte und träumt von Großaufträgen in Asien.

Bernd beschloss, an diesem Tag früher Schluss zu machen, um einfach einmal zu feiern, wie viel er erreicht hatte. Er bat seine Assistentin, im Hamburger Lieblingsrestaurant seiner Frau einen Tisch für zwei Personen zu reservieren. Wiebke war begeistert, als sie per SMS davon erfuhr. Seit Monaten war Bernd mit seiner Frau nicht mehr stilvoll essen gegangen.

Als Bernd schon in der Nähe des Restaurants geparkt hatte, rief er im Auto ein letztes Mal seine E-Mails ab. Sofort sah er im Posteingang des iPhones eine Mail von Anne, deren Betreffzeile mit Großbuchstaben begann. Sie lautete:

DRINGEND: Bauarbeiten werden länger dauern

Bernd hielt unwillkürlich die Luft an. Er umschloss das Telefon so fest mit der Hand, als wollte er die schlechte Nachricht herausquetschen.

»Ruhig bleiben«, befahl Bernd sich selbst. Nachdem er die E-Mail hektisch überflogen hatte, las er sie nun noch einmal in Ruhe. Es hatte sich gezeigt, dass Pilars neue Ideen zwar die Materialkosten reduzierten, dafür aber jetzt alles länger dauerte. Dadurch waren zwei Probleme entstanden: Erstens rückte das Datum der schlüsselfertigen Übergabe bedrohlich nah an den Wintereinbruch. Zweitens kostete der zusätzliche Arbeitsaufwand nun wiederum Geld, das man durch die geänderten Baupläne eigentlich einsparen wollte. Am Budget war jedoch nicht zu rütteln. Das stand fest. Bernds Hochstimmung war wie weggeblasen. Er war nicht mehr in Feierlaune. Im Gegenteil.

»Ständige Änderungen, ein nahender Winter, ein super knappes Budget – warum tue ich mir das eigentlich an?«, fragte sich Bernd. »In Deutschland ist es so viel einfacher, etwas zu planen und zu bauen.« Bernd schlug mit der Faust gegen das Lenkrad.

Doch eine halbe Minute später stellte er sich schon wieder die Frage: »Wer kann uns diesmal helfen?« Er musste an all die Probleme denken, die er mit seinem virtuellen Team bereits gelöst hatte. Er dachte an den Workshop mit Paul, das doch noch erfolgreiche Crowdfunding und das neue Design.

Werden wir es diesmal wieder schaffen? Und was erzähle ich morgen dem Minister?

Plötzlich hatte Bernd eine Idee: »Warum setze ich dem Team nicht einfach eine knallharte Deadline? Warum sage ich nicht: Zu dem Zeitpunkt und zu maximal diesen Mehrkosten muss alles fertig sein? Dann werden die sich schon was überlegen.«

In Deutschland war Bernd noch nie so vorgegangen. Seine Zeitpläne waren stets realistisch gewesen und alle Budgets hatten locker ausgereicht. Doch das war jetzt eine komplett andere Situation.

Und der Minister? »Dem sage ich einfach die Wahrheit!«, schoss es Bernd durch den Kopf. »Dass wir noch nicht wissen, ob wir pünktlich fertig werden, da wir gerade noch neue Sachen ausprobieren. Ich werde sagen, dass ich meinem Team zu hundert Prozent vertraue.« In diesem Moment sah er die Gesichter von Claude, Anne, Linda, Pilar und Stella vor sich. Er sah auch die Gesichter der jungen Leute aus dem MOOC, die er nur vom Bildschirm kannte. Heute Nachmittag hatte er nur an neue Häuser und eine beeindruckende Skyline gedacht. Jetzt dachte er an seine Leute. Und er wusste intuitiv: »Ja, es stimmt tatsächlich – ich vertraue ihnen. Ich vertraue ihnen vollständig.«

»Okay, ich gehe das Risiko ein«, sagte Bernd laut zu sich selbst. Er stieg

> Als Bernd gerade die Erfolge feiern will, erfährt er von einer kritischen Verzögerung bei den Bauarbeiten. Erst hadert er mit der Situation. Dann beschließt er, alles auf eine Karte zu setzen.

aus und verriegelte den BMW. »Und wenn ich dabei meinen guten Ruf aufs Spiel setze!«

Als Bernd das Restaurant betrat, sah er Wiebke bereits an dem Tisch vor dem Panoramafenster sitzen, den er reserviert hatte. Der Ausblick auf den abendlichen Hafen war spektakulär. Da drehte Wiebke ihm auch schon den Kopf zu und lächelte ihn an.

Am nächsten Morgen zog Bernd einen eleganten dunklen Anzug an und band sich eine Krawatte um. Die Videokonferenz mit dem Minister und dem chinesischen Manager stand heute für ihn und Anne im Kalender. Es fühlte sich komisch an, als Einziger nicht vor Ort präsent zu sein. Die anderen drei würden sich im Büro des Ministers einfinden.

Um 11:00 Uhr saß Bernd in seinem Büro, trank einen Schluck stilles Wasser, räusperte sich und startete dann WebEx. Die Konferenz begann in einem sehr förmlichen und kühlen Ton. Auf typisch reservierte asiatische Art lobte der Minister zunächst die guten Fortschritte des Projekts und den bewussten Einsatz örtlicher Arbeitskräfte und Materialien. Er machte dann aber auch deutlich, dass er Verzögerungen beim Baufortschritt nicht akzeptieren könnte. Seine Glaubwürdigkeit und die Beliebtheit seiner Partei stünden auf dem Spiel. Man habe dem Volk schließlich viel versprochen. Zum Schluss seiner Ausführungen fragte er ganz direkt: »Bis wann spätestens werden die Bauten komplett fertig sein?«

Bernd legte sich fest. Maximal einen Monat später als ursprünglich geplant würde sein Team mit allem fertig sein.

Da schlug Anne einen Plan B vor: Warum nicht erst die Schulen fertigstellen und diese dann zur Not als Unterkünfte für die Familien nutzen, deren Häuser bei Wintereinbruch noch nicht fertig sein würden? Alle einigten sich, innerhalb von zwei Wochen über den Plan B zu entscheiden.

In einer Videokonferenz mit einem Minister und einem chinesischen Manager verspricht Bernd, dass die Arbeiten maximal vier Wochen länger dauern. Dabei hat er noch gar keine Lösung für das Problem.

Als die Konferenz beendet war, lockerte Bernd seine Krawatte und lehnte sich auf seinem Drehsessel zurück. Er legte sogar seine Beine auf den Schreibtisch, was er nur ganz selten tat. Jetzt war es also passiert! Er hatte sein Wort gegeben und seinen guten Ruf aufs Spiel gesetzt, ohne einen wasserdichten Plan zu haben. Da half nur noch Vertrauen. Garantien gab es keine mehr.

Am späten Nachmittag rief Bernd Paul an, um die aktuelle Entwicklung mit ihm zu diskutieren. Er hatte das Gespräch per Mail angekündigt, und sie hatten sich auf Punkt 17:00 Uhr verständigt.

»Wie geht es dir, Bernd?«, fragte Paul gut gelaunt. »Ich habe euren neuesten Statusreport gelesen. Scheint, dass ihr wirklich gut vorankommt.«

»Paul, das habe ich bis gestern Abend auch geglaubt. Aus heiterem Himmel heißt es dann plötzlich, dass wir mehr Zeit und mehr Budget brauchen. Nach den neuen Bauplänen haben wir zwar niedrigere Materialkosten, brauchen aber länger beim Bauen und treiben damit die Lohnkosten in die Höhe. Und weißt du, was ich heute gemacht habe? Ich habe dem zuständigen Minister versprochen, dass wir maximal einen Monat länger brauchen. Mein Gott! Ich weiß nicht, wie wir das schaffen sollen. Geschweige denn, wo wir das zusätzliche Geld herbekommen. Wahrscheinlich hältst du mich jetzt für verrückt. Aber ich hatte ein gutes Gefühl dabei, trotz des Risikos.«

»Ich halte dich überhaupt nicht für verrückt«, antwortete Paul. »Du hast einfach Vertrauen in dein Team und glaubst fest daran, dass ihr gemeinsam eine Lösung finden werdet.«

»Tja, im Moment haben wir nicht einmal das erweiterte Team eingeweiht. Aber ich bin zuversichtlich, wenn die alle ihre Köpfe zusammenstecken, dann werden sie auch eine Lösung finden.«

»Bernd, ich kenne ein Tool und einen Prozess genau dafür. Warum probierst du das nicht aus?«

»Beratertools gibt es viele«, antwortete Bernd, ohne zu überlegen, was er da sagte.

»Bernd, ich sehe ja, dass das Team wirkliche Fortschritte macht«, fuhr Paul fort. »Mein nächster Vorschlag wäre ohnehin eine Feedbackrunde gewesen, bei der alle allen Feedback zu drei Punkten geben: Womit weitermachen, womit aufhören, womit anfangen? In dieser Runde kannst du auch das Tool einsetzen und damit das neu aufgetauchte Problem lösen.«

»Soll ich das erweiterte Team einladen?«, fragte Bernd.

»Für die Feedbackrunde: Nein. Dazu brauchst du nur dein Kernteam. Ihr kennt euch untereinander inzwischen sehr gut. Damit so eine Feedbackrunde funktioniert, müssen die Teilnehmer eine Beziehung zueinander aufgebaut und schon einiges gemein-

Paul rät Bernd, an sein Team zu glauben und darauf zu vertrauen, dass es eine Lösung finden wird. Er schlägt außerdem einen speziellen Workshop für die Problemlösung vor.

sam erlebt haben. Für die Problemlösungsrunde: Ja. Die machst du mit dem erweiterten Team. Da wirst du von weiterem Expertenwissen profitieren.«
»Okay, Paul. Du hast mich wieder einmal überzeugt.«

Der kombinierte Workshop für Gruppenfeedback und Problemlösung wurde kurzfristig für Montag in einer Woche angesetzt. Zum Glück hatte Linda ohnehin in London zu tun und konnte über Hamburg fliegen, um persönlich dabei zu sein. Claude verlegte das nächste romantische Wochenende mit Maria, seiner neuen Freundin aus Barcelona, kurzerhand nach Hamburg. Er konnte dann einfach am Montag noch in der Stadt bleiben, um beim Workshop dabei zu sein. Anne und die Manager aus den Baufirmen sollten in Asien bleiben und per Videokonferenz teilnehmen. Aus New York würden der Professor und ein junger asiatischer Kollege zugeschaltet. Pilar, Stella und Paul würden jeweils zu Hause bleiben und sich über ihre Rechner in WebEx einloggen. Das Budget war schließlich knapp. Deshalb tat das Team alles, um auch die Reisekosten niedrig zu halten.

> Der Workshop findet in Hamburg und per Videokonferenz an fünf weiteren Orten statt. Bernd hält ein leidenschaftliches Plädoyer. Alle sind bereit, die Extrameile zu gehen.

Als der Tag des Workshops gekommen war, versammelte sich die Hamburger Gruppe aus Bernd, Claude und Linda in Bernds Konferenzraum in der Hafencity. Es war ein sonniger Tag, und durch die großen Fenster sah man, wie das Sonnenlicht die Elbe zum Glitzern brachte. Das bizarre Lichtspiel wiederholte sich an der Decke des Raums. Alle drei saßen am Konferenztisch, hatten ihre Laptops vor sich aufgeklappt und waren bereit für die Videokonferenz. Bernd ging noch einmal die Agenda durch, während Claude und Linda bereits lebhaft diskutierten.

Um Punkt 13:00 Uhr startete Bernd die Konferenz.

»Hallo und guten Tag in die Runde! Ich freue mich, dass alle pünktlich sind. Wir sind heute an sechs Orten: in Hamburg, in Rio, in Transmontanien, in Sofia, in George Town auf den Cayman Islands und in New York City. Und wir sind insgesamt zwölf Teilnehmer. Was für eine wirklich globale Konferenz! Wie alle wissen, machen wir beim Bau der erdbebensicheren Häuser große Fortschritte. Doch die Anpassung der Baupläne hat zu einigen Verzögerungen geführt. Jetzt müssen wir einerseits den Bauprozess wieder beschleunigen und andererseits Geld einsparen für zusätzliche Arbeitszeit, die unvermeidbar ist.«

Bernd holte tief Luft.

»In dieser Situation habe ich etwas getan, was ich während meiner gesamten Karriere als Unternehmer noch nie zuvor gewagt habe. Ich habe im Namen des gesamten Teams einen Fertigstellungstermin zugesagt, ohne bereits einen detaillierten Plan zu besitzen. Konkret bedeutet das: Wir haben einen zusätzlichen Monat, um fertig zu werden. Das ist jetzt schon beschlossene Sache. Die Regierung wird den Bauarbeitern einen Monat länger ihre Gehälter zahlen. Für alle anderen zusätzlichen Kosten müssen wir aufkommen. Wir brauchen heute also einen ganz neuen Ansatz. Wir brauchen einen Durchbruch! Wir müssen einen Weg finden, die Verspätung aufzuholen und gleichzeitig Geld zu sparen. Wir müssen einen Kampf gewinnen. Es ist der Kampf gegen den einsetzenden Winter. Wenn der Winter kommt, dann müssen alle Familien ein Dach über dem Kopf haben. Wir haben bereits die Prioritäten neu gesetzt und stellen zunächst die Schulen fertig. Dort könnten wir Familien unterbringen, deren Häuser noch nicht fertig sein werden, wenn es kalt wird und die Zelte nicht mehr genügen. Ich bin davon überzeugt, dass wir als Team diesen Kampf gewinnen werden. Ich habe dafür meinen guten Ruf aufs Spiel gesetzt. Weil ich weiß, dass wir gemeinsam eine Lösung finden werden. Kann ich mich auf euch alle verlassen? Seid ihr bereit, gegen den Winter und alle technischen Hürden zu kämpfen?«

> Paul leitet das Brainstorming zur Problemlösung an. Das Team arbeitet in vier Gruppen, die nach Persönlichkeitsprofilen gebildet sind. Am Ende gibt es bahnbrechende Ideen und neue Szenarien.

Bernd hörte, wie einige laut »Ja« sagten. Andere sah er zustimmend nicken, sowohl im Raum als auch über den Videobildschirm. Er sah seine Leute nicken und er wusste: Das bedeutet nicht einfach nur ja, ja. Es bedeutet: Ja, wir sind bereit, die Extrameile zu gehen, damit das Projekt ein Erfolg wird. Wir wollen es wirklich! Bernd spürte, wie das Gefühl der Leichtigkeit und der Dankbarkeit zurückkam. Sie waren im Team auf einer neuen Stufe des Vertrauens und des Engagements angekommen. Und das fühlte sich richtig gut an.

Jetzt war Paul an der Reihe. Er erklärte seine spezielle Methode zum Brainstormen.

»Jeder von euch hat inzwischen das Visual Questionnaire ausgefüllt. Auf der Basis eurer Profile habe ich euch in vier Gruppen eingeteilt. Ich nenne sie die virtuellen Brainstorming-Gruppen und habe sie in unserem

Online-Tool bereits angelegt. Schaut jetzt bitte alle einmal, zu welcher Gruppe ihr gehört. Jede der vier Gruppen wird jetzt zu folgender Frage brainstormen: Wie können wir den Bauprozess beschleunigen und dabei im ursprünglichen Budget bleiben? Ihr habt 45 Minuten für die Diskussion und euren Lösungsvorschlag. Dann werden alle Gruppen ihre Ergebnisse präsentieren. Habt ihr Fragen dazu?«

Das Team war sichtbar angezündet. Die regelmäßigen Konferenzen des erweiterten Führungsteams zahlten sich jetzt aus. Alle hatten die wesentlichen Konstruktionsprinzipien im Kopf und kannten den aktuellen Baufortschritt.

Bernd, Stella und der Professor waren Teil der Strategiegruppe. Sie waren Visionäre, sahen das große Ganze, dachten in unterschiedlichen Szenarien und waren mit großer Leidenschaft beim Thema. Bernd sah die anderen beiden auf seinem Laptop. Trotz der Distanz ergab sich schnell eine lebhafte Diskussion. Die Gruppe hielt ihre Ideen auf einem virtuellen Whiteboard fest. Bernd war mittlerweile sehr gut darin, anderen in ihrer Kreativität Raum zu geben und jede Idee ernst zu nehmen. Auch wenn er ganz anderer Meinung war, widersprach er nicht sofort, sondern stellte Fragen, um die Absicht hinter jedem Vorschlag zu verstehen. Nach 45 Minuten hatte die Gruppe einen Aktionsplan. Sie wusste, welche zusätzliche Recherche notwendig sein würde, und konnte außerdem den Effizienzgewinn beziffern.

Es war Zeit für die Präsentationsrunde. Die Kreativgruppe, bestehend aus Claude, Pilar und Edwin, dem Juniorprofessor aus Asien, schlug vor zu testen, ob sich bestimmte Bauteile im 3-D-Drucker herstellen ließen. Das würde Zeit und Geld sparen. Eine Gruppe aus Studenten unter der Leitung von Professor Tan forschte bereits auf diesem Gebiet. Die Studenten hatten den neuen Trend selbst entdeckt. In China gab es bereits große Erfolge mit dem 3-D-Druck ähnlicher Teile, was im Westen noch weitgehend unbemerkt geblieben war.

Für Bernd war es das Licht am Ende des Tunnels.

Das Beste war, dass alle vier Gruppen ihre Ergebnisse aus unterschiedlichen Blickwinkeln präsentierten. Es gab diese bahnbrechende neue Idee für den Materialeinsatz, es gab neue Szenarien für das Risikomanagement und es gab eine Kommunikationsstrategie, um die volle Unterstützung der Bevölkerung, der Regierung und der Nichtregierungsorganisationen zu gewinnen.

Bernd fiel ein Stein vom Herzen. Sein Team war fantastisch! Die Leute hatten seine Erwartungen wieder einmal übertroffen.

Immer noch innerlich ergriffen, beendete Bernd die Konferenz mit Worten, die er früher niemals gebraucht hätte: »Ich bin stolz darauf, dieses Team zu leiten. Und ich bin fest davon überzeugt, dass dieses Team sich selbst übertreffen wird. Wir werden Geschichte schreiben.«

Prozesse sind gut, Vertrauen ist besser

Was haben ein virtuelles Team und das Universum gemeinsam? Nun, das Universum besteht nur zu 10 Prozent aus Materie. Das sind die Planeten und Sterne. 20 Prozent ist Nichts – schwarze Löcher und weitere Phänomene, die von der Wissenschaft noch nicht erklärt werden können. Und 70 Prozent des Universums ist unsichtbare Energie. Dazu zählt beispielsweise die Gravitationskraft. Sie hält das Universum zusammen. Ein virtuelles Team ist ziemlich ähnlich. Es besteht nur zu 10 Prozent aus den Teammitgliedern und der Infrastruktur. Das ist sozusagen die Materie. 20 Prozent sind unentwickelte Potenziale. Und 70 Prozent sind die Beziehungen, das Vertrauen, also gewissermaßen die Gravitationskraft, die das virtuelle Team zusammenhält. Die Kunst, ein virtuelles Team zu führen, besteht darin, sich auf diese 70 Prozent zu konzentrieren. Sorgen Sie dafür, dass die Gravitationskraft stark ist. Sie werden verblüfft sein, wie sehr Sie Ihre Ergebnisse verbessern können, wenn Sie sich ganz auf die Beziehungen und das Vertrauen konzentrieren.

> Ein virtuelles Team besteht zum größten Teil aus den vertrauensvollen Beziehungen, die es zusammenhalten. Wer bessere Ergebnisse will, sollte sich darauf konzentrieren.

Jetzt können Sie einwenden: Ein Team braucht doch erst einmal effiziente Strukturen, Prozesse, Regeln und Abläufe. Das ist nicht falsch. Es gibt die unterschiedlichsten Methoden zur Prozessoptimierung, zum Beispiel Lean Management, agiles Management, Scrum oder Kanban. Doch das Entscheidende ist: Auch dort geht es immer um das Individuum und seine Beziehung zu anderen, um Eigenverantwortung und Selbstorganisation in Teams. Es gibt einen gemeinsamen Nenner. Es ist das Vertrauen.

Strukturen und Prozesse sind fraglos wichtig. Je virtueller das Team, desto mehr muss die Interaktion zwischen den Teammitgliedern institutionalisiert werden. Ein Prozess, eine Agenda oder eine bestimmte Rollenverteilung sorgt jeweils für Effizienz. In Kapitel 7 habe ich Ihnen verschiedene Formen regelmäßiger Team-Interaktionen vorgestellt, die sowohl eine klare Struktur vorgeben als auch inhaltliche Flexibilität erlauben. Dazu zählt die informelle Wochenkonferenz mit ihren persönlichen und projektbezogenen Updates genauso wie die formelle Monatskonferenz, bei der es primär um den Stand der Zielerreichung geht. Bei der Monatskonferenz ist das erweiterte Führungsteam dabei, also alle, die direkt an das Kernteam berichten. Auf diese Weise ist sichergestellt, dass strategische Vorgaben alle hierarchischen Ebenen durchdringen und überall ankommen, wo am Projekt gearbeitet wird. In Bernds Team war das die Voraussetzung für einen Durchbruch, als dringend eine Lösung für schnelleren Baufortschritt gesucht wurde.

> Je virtueller ein Team, desto mehr muss die Interaktion festgeschrieben werden. Eingespielte Prozesse sind wichtig. Inhaltliche Flexibilität und Eigenverantwortung dürfen jedoch nicht leiden.

Ohne eingespielte Prozesse geht es in virtuellen Teams also nicht. Entscheidend sind dennoch Menschenorientierung und Eigenverantwortung. Mehr noch, es ist wichtiger, klare Ziele im Blick zu haben und Selbstverantwortung zu fördern, als vordefinierte Prozesse einzuhalten. Prozesse sind heute immer öfter iterativ. Das heißt, sie bauen auf den Ergebnissen des vorherigen Schritts auf und berücksichtigen das Feedback von Kunden und anderen Stakeholdern beim nächsten Schritt. Zentral ist hierbei, dass jeder ein klares Jahresziel hat und selbst entscheiden kann, wie er es am besten erreicht. Gleichzeitig muss es Prozesse geben, die einen ständigen Austausch mit den wichtigsten Stakeholdern sicherstellen. Die Kundenperspektive ist enorm wichtig und sollte ständig berücksichtigt werden, um in die jeweils nächste Entwicklungsstufe einfließen zu können. Scrum definiert hierzu Rollen, beispielsweise den »Product Owner«. Er ist so etwas wie der Anwalt des Kunden, nimmt dessen Perspektive ein und erläutert gegenüber dem Team dessen Bedürfnisse. Der »Scrum Master« wiederum organisiert die Kommunikation und sorgt für die

Einhaltung von abgestimmten Regeln in den einzelnen Phasen des Projekts.

Der Prozess-Master als zentraler Koordinator im Team

Damit Prozesse problemlos laufen, sollte es einen »Prozess-Master« oder Koordinator geben, der dafür sorgt, dass sich alle an die vereinbarten Regeln halten. Diese Person kann bei Meetings gleichzeitig für die Agenda und die Einhaltung des Zeitrahmens zuständig sein. Ich habe diese Rolle in meinen Teams oft an die Person vergeben, die auch für das Dokumentenmanagement und die elektronischen Verzeichnisse zuständig war. Der Koordinator definiert dann Konventionen, beispielsweise bei der Benennung von Dokumenten oder der Ablage, und wacht darüber, dass diese von allen eingehalten werden. Ein Koordinator ist auch für funktionierende Konferenzen verantwortlich und sorgt dafür, dass die jeweils größten Experten an der richtigen Stelle zu Wort kommen. In Bernds Team hat Stella die Rolle des Koordinators übernommen. Sie besitzt sehr gute IT-Kenntnisse und strahlt genügend Autorität aus, um durchzusetzen, dass Regeln eingehalten werden.

> Die in virtuellen Teams für das Dokumentenmanagement zuständige Person eignet sich oft auch gut als Koordinator.

Hilfreiche regelmäßige Fragen für eine Wochenkonferenz:
- Wie habe ich in der vergangenen Woche dazu beigetragen, dass unser Team seine Ziele erreicht?
- Was möchte ich diese Woche tun, damit das Team die Ziele noch besser erreicht?
- Welche Hürden sehe ich, die es mir oder dem Team erschweren, die Ziele zu erreichen?

Rollen zu vergeben, ist in virtuellen Teams noch wichtiger als in örtlich präsenten Teams. Es schafft Klarheit und sorgt für reibungslose Prozesse. Die Rollen dürfen allerdings nicht davon ablenken, dass alle sich an Zielen orientieren und selbst dafür verantwortlich sind, diese zu erreichen. Eigenverantwortung auf der Basis von Vertrauen ist immer wichtiger, als sich sklavisch an bestimmte Prozesse zu halten.

Ein Beispiel aus der Geschichte ist der Sieg von Admiral Nelson gegen die spanische Armada. Zu dieser Zeit Anfang des 19. Jahrhunderts liefen Seeschlachten immer gleich ab. Die Schiffe standen sich in zwei parallelen Linien gegenüber und schossen mit den seitlich angebrachten Kanonen aufeinander. Der »Prozess« einer Schlacht war genau definiert und es gab ganze Bibliotheken darüber. Die Aufstellung der Flotte und die Befehlsketten waren ebenso festgelegt wie die Frage, wann geschossen und worauf gezielt wurde. Admiral Nelson machte es anders. Er erlaubte seinen Kommandanten, eigene Entscheidungen zu treffen. Die englischen Schiffe stellten sich nicht, wie gewohnt, parallel zum Gegner auf, sondern fuhren direkt auf die gegnerische Linie zu, durchbrachen sie und sorgten so beim Gegner für Chaos. Jeder Kommandant eines Schiffs konnte eigene Entscheidungen treffen, wie er den Gegner am besten angriff. Die Basis dafür war eine neue Führungskultur, die auf Vertrauen statt allein auf Befehle setzte. Virtuelle Teams sind weiter verstreut als Schiffe in einer Seeschlacht. Deshalb spielen Vertrauen und Eigenverantwortung eine noch viel größere Rolle für die Motivation und die Umsetzung einer Strategie.

Die Kunst, Vertrauen aufzubauen

Wie Sie bereits in einem früheren Kapitel gelesen haben, hat Vertrauen zwei Seiten: Erstens Vertrauen in die Persönlichkeit eines Teammitglieds und zweitens Vertrauen in dessen Können und seine Erfahrung. Beim Vertrauen in die Persönlichkeit spielt der Sympathiefaktor eine große Rolle. Wir neigen dazu, Menschen zu vertrauen, die ähnliche Werte besitzen. Dann scheint die Chemie zu stimmen und intuitiv mögen wir die Person. Es ist deshalb sehr wichtig, dass Menschen in virtuellen Teams ihre Persönlichkeit zeigen können. Es sollte genügend Zeit und Gelegenheiten geben, mit Teamkollegen über Persönliches zu sprechen. Doch das allein genügt selten. Damit aus professioneller Zusammenarbeit echtes Vertrauen wird, ist es oft nötig, gemeinsam eine Konfliktsituation durchzustehen. In seinem Buch *Die fünf Dysfunktionen eines Teams* beschreibt der amerikanische Management-Experte Patrick Lencioni fünf »Killerfaktoren« für eine Teamleistung.[7] Positiv gewendet, werden sie automatisch zu den Erfolgsfaktoren für jedes Team.

Fehlende Ergebnisorientierung

Scheu vor Verantwortlichkeit

Fehlendes Engagement

Konfliktscheue

Fehlendes Vertrauen

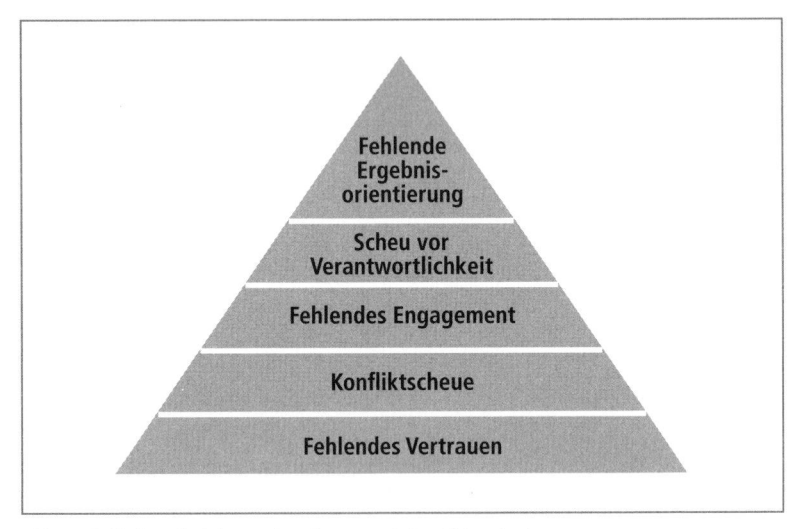

Abb. 4: Die fünf Dysfunktionen eines Teams nach Patrick Lencioni

Lencioni stellt die fünf Dysfunktionen oder »Killerfaktoren« eines Teams in Form einer Pyramide dar. Den Sockel bildet das Vertrauen – oder die Abwesenheit von Vertrauen – als Basis für alles. Damit Vertrauen wächst und belastbar wird, muss das Team Konflikte aushalten. Zum Glück vergrößert sich das Vertrauen nach jedem erfolgreich bewältigten Konflikt. Sie haben in diesem Buch bereits gelesen, wie es Führungskräften gelingen kann, eine fehlertolerante Kultur zu schaffen. Es geht darum, Menschen zu kalkulierten Risiken zu ermutigen, sie bei Problemen zu unterstützen und im Fall von Rückschlägen keinem die Schuld zuzuweisen, sondern zu fragen, was sich aus der Erfahrung lernen lässt. In virtuellen Teams bedeutet das beispielsweise ganz praktisch, wechselseitige Beschuldigungen per E-Mail zügig zu beenden und die wichtigsten Beteiligten stattdessen zu einem Gespräch zusammenzubringen.

Um Konflikte dauerhaft zu lösen, ist kluge Führung nötig. Wichtig für die Führungskraft ist ein »erkundender« Kommunikationsstil im Sinne von Peter M. Senge[8], wie in Kapitel 7 beschrieben. Machen Sie sich keine Illusionen: Zu Konflikten kommt es immer. Sie lassen sich so gut wie überhaupt nicht vermeiden. Schon alleine unterschiedliche Arbeitsstile und Prioritäten bergen Konfliktpotenzial. Da gibt einer beispielsweise alles, um einen Termin einzuhalten, während dem anderen zwischenmenschliche Beziehungen wichtiger sind und er dafür bei der Termintreue Kompromisse eingeht. In internationalen virtuellen Teams spielen kulturelle Prägungen ebenfalls eine große Rolle. In einigen Kulturen zählt die Aufgabe mehr als die Beziehung – in anderen ist es umgekehrt. Das ist nur ein Beispiel von vielen möglichen interkulturellen Konflikten. Ich empfehle Ihnen das bereits erwähnte Buch *The Culture Map* von Erin Meyer[9], um interkulturelle Konflikte besser zu verstehen. Es ist sehr hilfreich für Teamchefs und das gesamte Team, die von der Autorin beschriebenen acht Dimensionen von Kulturen zu kennen. So lässt sich einordnen, wo die Ursache für den jeweiligen interkulturellen Konflikt liegt. Und so kommt man gezielt zu Lösungen.

> Virtuelle Teams müssen sich eine Grundlage erarbeiten, um Konflikte zu bewältigen. Vertrauen ist das Wichtigste. Interkulturelle Kompetenz und ein »erkundender« Kommunikationsstil kommen hinzu.

Methode:
Lernen Sie, fachliche, persönliche und interkulturelle Konflikte voneinander zu unterscheiden. Beim Verständnis von interkulturellen Konflikten hilft zum Beispiel *The Culture Map* von Erin Meyer.

Nicht alle Konflikte haben ihre Ursache in charakterlichen oder kulturellen Unterschieden. Es kann beispielsweise auch sein, dass einige Teammitglieder vermeiden, Verantwortung zu übernehmen. Oder dass bestimmte Teammitglieder Macht ausüben wollen und versuchen, ihre Kollegen zu dominieren. Sehr häufig geraten bei Teammitgliedern auch die Ziele aus dem Blick. Oder jemand identifiziert sich doch nicht so stark mit einem Ziel, wie er zunächst behauptet hat. Um auf Dauer ein schlagkräftiges Team zu sein, müssen alle diese Konflikte gelöst werden. Hier hilft wieder der »erkundende« Kommunikationsstil im Sinne von Peter M. Senge. Je besser man versteht, was Menschen antreibt und welchen Nutzen sie sich von ihrem Verhalten versprechen, desto besser lassen sich Konflikte lösen. Konflikte eskalieren immer dann, wenn Menschen stur an ihrer Position festhalten, statt die Perspektive zu wechseln und sich für die Bedürfnisse und die Absichten der anderen Teammitglieder zu öffnen. Gelingt das jedoch und wird der Konflikt gelöst, dann wächst auch das Vertrauen.

In virtuellen Teams werden Engagement und Eigenverantwortung vor allem durch verzahnte Ziele gefördert. Verantwortung entsteht dort, wo jeder Jahresziele plus Entscheidungsfreiheit hat und die Zielerreichung von anderen Teammitgliedern und deren Zielen abhängig ist. Ich habe das in Kapitel 4 ausführlich beschrieben. Wo Teammitglieder selbst Verantwortung übernehmen, da sind sie auch konfliktfähig und in der Lage, ein gesundes Maß an Gruppendruck auszuüben. Das Entscheidende ist dabei immer die Teamkultur. Wo Fehlertoleranz und ein »erkundender« Kommunikationsstil herrschen und wo der Teamchef wirkliches Vorbild ist, da steigt automatisch die Teamleistung.

Die typischen vier Phasen virtueller Teams

Hohes Engagement in virtuellen Teams aufrechtzuerhalten, ist nicht immer einfach. Die Teammitglieder arbeiten an verschiedenen Orten, und oft gibt es unterschiedliche organisatorische Ebenen. Wichtig ist, wie Ziele gesetzt werden und wie strategische Entscheidungen an alle Teammitglieder an allen Orten und auf allen Ebenen kommuniziert werden. Wie man Ziele so verzahnt, dass individuelle Ziele zusammengenommen zum Teamziel führen, haben Sie bereits gelesen. Um Entscheidungen bekannt zu geben, werden in Teams oft Gesprächsprotokolle per E-Mail verschickt. Doch das ist selten ausreichend. Es ist vielmehr wichtig, Entscheidungen während Telefon- oder Videokonferenzen zu erläutern und die Gelegenheit für Fragen zu geben. Nötig ist auch, dass alle jederzeit auf demselben Stand sind. Hier ist die Monatskonferenz mit dem erweiterten Team ein wichtiges Instrument. Chat oder Fragerunde am Schluss helfen dabei, alle einzubeziehen und jede

Meinung zu hören. Entscheidungen werden nur dann auf allen Ebenen getragen und umgesetzt, wenn die Möglichkeit bestanden hat, Fragen zu stellen und Feedback zu geben.

Ein einziges, klares Ziel für das gesamte Team zu haben, hilft enorm, Ergebnisse zu produzieren. In Bernds Team steht das Ziel allen vor Augen: Die obdachlosen Erdbebenopfer brauchen noch vor dem Wintereinbruch neue Häuser. Dieses Ziel hat Priorität Nummer 1. Ihm wird alles andere untergeordnet. Teams mit einem so klaren Ziel haben jederzeit Orientierung, können weitere Prioritäten daran ausrichten, den Projektfortschritt eindeutig messen und sich mit voller Kraft engagieren. Und es bleibt auch hier dabei: Vertrauen ist die Basis von allem – es ist der gemeinsame Nenner aller Ressourcen und Aktivitäten im Team. Das Vertrauen ist jedoch stets in Gefahr. Es bleibt nicht automatisch erhalten, wenn es einmal gewonnen wurde. Sondern es muss immer und immer wieder neu gewonnen werden.

> Hohes Engagement über einen langen Zeitraum aufrechtzuerhalten, ist in virtuellen Teams besonders anspruchsvoll. Verschiedene Maßnahmen sollten hier zusammenwirken.

Jedes Team – egal ob präsent oder virtuell – durchläuft in seiner Entwicklung typische Phasen. Eine Reihe von Autoren hat diese Phasen wissenschaftlich beschrieben. Ein Klassiker, den Sie vielleicht kennen, ist das Phasenmodell von Bruce Tuckman.[10] Es wurde bereits 1965 zum ersten Mal veröffentlicht und ist bekannt geworden durch die Namen der vier Entwicklungsschritte: »Forming, Storming, Norming, Performing«. Ins Deutsche wird das meist übersetzt als »Kontakt, Konflikt, Kontrakt, Kooperation«. Die englischen Begriffe sind jedoch treffender und einprägsamer, deshalb bleiben wir bei diesen. Das Modell lässt sich auch auf die Besonderheiten virtueller Teams übertragen.

Beim *Forming* entsteht ein erstes Vertrauen meistens auf der Basis des Sympathiefaktors und aufgrund von Vermutungen über die Persönlichkeit. Weil man in virtuellen Teams am Anfang so wenig von den anderen weiß, kann ein Workshop den Durchbruch für das Vertrauen bringen. Wo das nicht möglich ist, sollte zumindest in einer Videokonferenz die persönliche und berufliche Lifeline aller Teammitglieder erarbeitet werden.

Einige Teams bleiben auf der Stufe *Forming* stehen. Sie verharren in der Komfortzone, gehen höflich miteinander um, verwirklichen aber ihr volles Potenzial nicht. Schon Tuckman erkannte, dass nur etwa die Hälfte aller Teams sich auf die Diskussion und Bewältigung echter Konflikte einlässt und damit in die Phase des *Storming* eintritt. In virtuellen Teams ist das noch extremer. Die Teammitglieder vermeiden Konflikte entweder ganz oder versuchen, sie per E-Mail zu lösen. Der Teamchef spielt deshalb in dieser Phase eine entscheidende Rolle. Er sollte jederzeit ansprechbar sein, intensiv sowohl individuell mit einzelnen Teammitgliedern als auch mit dem gesamten Team kommunizieren und in der Lage sein, Konflikte zu erkennen und zu benennen. Er liest den E-Mail-Verkehr zum Beispiel sehr genau, erkennt eskalierende Konflikte und greift sofort ein, wenn E-Mails hin und her gehen oder Beschuldigungen per Mail ausgesprochen werden. Der Chef muss dabei nicht die Lösung für den Konflikt kennen. Aber er muss dafür sorgen, dass die Konfliktparteien in einer Telefon- oder Videokonferenz miteinander sprechen. Gleichzeitig sollte er Verständnis und Offenheit vorleben. Durch sein eigenes Verhalten signalisiert er dem Team, andere nicht vorschnell zu verurteilen.

> **Das klassische Phasenmodell nach Bruce Tuckman lässt sich auch auf virtuelle Teams übertragen. Virtuelle Teams versuchen noch extremer, die Konfliktphase zu vermeiden. Oder sie wollen Konflikte per E-Mail lösen.**

Vorsicht Falle!

Konflikte in virtuellen Teams eskalieren extrem schnell, wenn sie per E-Mail ausgetragen werden. Der Teamchef sollte den E-Mail-Verkehr im Auge haben und im Konfliktfall dafür sorgen, dass die Beteiligten in einer Telefon- oder Videokonferenz miteinander sprechen.

In der dritten Phase des *Norming* geht es um Rollen und Prozesse. Prozesse sind wichtig, aber eben nur die Grundlage für den Teamerfolg.

Echte Höchstleistung entsteht dort, wo Menschen inspiriert sind, einander vertrauen und alles für den Teamerfolg geben. Effiziente Prozesse dürfen kein Selbstzweck sein. *Norming* geschieht in virtuellen Teams am besten, indem man Teammitgliedern dafür die Verantwortung überträgt. In Bernds Team ist Stella die Schlüsselfigur für die Phase des *Norming*. Während es in den ersten beiden Phasen der Teamentwicklung auf den Teamchef entscheidend ankommt, kann er sich in der dritten und vierten Phase ein wenig zurücknehmen. Möglicherweise modifiziert er jetzt auch seinen Kommunikationsstil. Er gibt noch weniger Anweisungen und sieht seine Rolle stärker darin, zu motivieren, den Blick auf das große Ganze zu erhalten und die einzelnen Teammitglieder zu entwickeln.

Psychologen haben herausgefunden, dass wir in einem nüchternen und kontrollierten Bewusstseinszustand nur maximal 60 Prozent unseres Potenzials abrufen können. Erst in einem Zustand der Begeisterung und der Inspiration können wir 100 Prozent geben. Deshalb ist es in der Phase des *Performing*, wenn es auf maximale Leistung des Teams ankommt, eine der wichtigsten Aufgaben des Teamchefs, sein Team zu begeistern.

In unserer Geschichte hat Bernd seinem Team instinktiv vertraut und war bereit, dafür seinen guten Ruf aufs Spiel zu setzen. Seine Risikobereitschaft wurde belohnt. Er durfte erleben, wie ein Spitzenteam für absolut jedes Problem eine Lösung findet. Das ist *Performing*. Die Voraussetzungen dafür hat er geschaffen, indem er für regelmäßige strukturierte Kommunikation gesorgt hat. Im entscheidenden Moment waren seine Leute mit Leidenschaft bei der Sache. Sie wussten, was das übergeordnete Ziel ist, und hatten Ideen für die Problemlösung. In einem Klima des Vertrauens steigen ganz automatisch die positiven Erwartungen an die anderen Teammitglieder. Man kommt an einen Punkt, an dem man glaubt: Mit diesem Team ist alles möglich! So werden die Weichen für überragende Leistung und außergewöhnlichen Erfolg gestellt.

> **Regelmäßige strukturierte Kommunikation legt das Fundament für Spitzenleistung. Im entscheidenden Moment ist das Commitment da und neue Ideen entstehen.**

Teil III
Kultur

KAPITEL 9
Grenzenlose Teams können Chancen und Trends schnell aufgreifen und nutzen

Der Sonnenaufgang war herrlich. Bernd nahm den Blick vom iPad auf seinem Schoß und sah durch das Flugzeugfenster. Dünne Wolken lagen unter ihnen wie ein violetter Ozean, der von den ersten Sonnenstrahlen berührt wurde. Am Horizont verwandelte sich das Violett in ein helles Rot. Dahinter sah man das erste winzige Stück der aufgehenden Sonne.

Bernd war auf dem Weg nach München zu einer Messe für Architektur, Baumaterialien und Systeme, die dort alle zwei Jahre stattfand. Er hoffte, neue Trends zu entdecken und interessante Kontakte zu knüpfen. Um 11:00 Uhr wollte er sich dann in eine ruhige Ecke zurückziehen. Er plante eine Videokonferenz mit Anne und Edwin, dem chinesischen Juniorprofessor, der in New York für den MOOC arbeitete und mit seinem Team aus Studenten die Idee mit den neuartigen Baumaterialien entwickelt hatte. Bernd hatte Edwin in das erweiterte Projektteam geholt. Jetzt wollte er von ihm wissen, welche ersten Erfahrungen es mit den Materialien gab.

> Bernd besucht in München eine Messe für Architektur und Baumaterialien. Dank des eigenverantwortlichen Arbeitens im Team hat er endlich mehr Zeit für neue Kontakte und neue Impulse.

Der Vormittag lief gut. Bernd bahnte sich seinen Weg durch die Menschenmenge in den Messehallen. Das bunte Treiben an den attraktiv gestalteten Ständen, die vielen Gespräche, die Hostessen mit Flyern in Händen, all die Farben, Lichter und Gesichter zu den unterschiedlichsten Angeboten machten ihn neugierig und weckten seine Lust auf neue Projekte. Um Punkt 11:00 Uhr saß Bernd in einem Lehnsessel im Cafébereich mit einem frischen Kaffee in der Hand und startete WebEx, um mit Anne und Edwin zu sprechen.

»Guten Abend, Anne, guten Abend, Edwin, wie geht es euch?«
Anne erwiderte: »Guten Morgen, Bernd! Mir geht es gut. Ich arbeite heute von zu Hause aus. Wir haben spannende Neuigkeiten für dich.«
»Guten Morgen, Bernd«, sagte Edwin. Er klang ruhig und zurückhaltend. »Ich freue mich und fühle mich geehrt, dass wir persönlich miteinander sprechen. Nach vielen Diskussionen im erweiterten Team kann ich dir heute berichten, wo wir mit den neuen Materialien stehen und wie sie sich auf unsere Pläne auswirken werden.«

»Hervorragend! Mir geht es heute vor allem um den realistischen Fertigstellungstermin der Häuser mit den neuen Materialien.«

»Wir haben mit den örtlichen Bauleuten große Fortschritte gemacht«, sagte Anne. »Claude, Pilar, Edwin und einige seiner Kollegen und Studenten aus dem MOOC unterstützen uns intensiv. Da Edwin alle Gespräche koordiniert hat, schlage ich vor, dass er auch unsere Ergebnisse präsentiert.«

»Sehr gerne«, sagte Bernd. »Die virtuelle Bühne gehört dir, Edwin.«

»Erst einmal vielen Dank, Bernd, dass du mich zum Leiter des virtuellen Sub-Teams für die Integration der neuen Baumaterialien ernannt hast«, begann Edwin. »Wir werden unser Möglichstes tun, um das Bauen zu beschleunigen.«

»Das freut mich«, sagte Bernd lächelnd. »Eigenverantwortung wird bei uns groß geschrieben. Willkommen an Bord! Ich hoffe, dass dir die Arbeit Spaß macht, und ich wünsche dir viel Erfolg.«

»Okay, danke! Ich leite also jetzt seit einigen Wochen mein eigenes virtuelles Team«, berichtete Edwin. »Wir hatten bereits einige Konferenzen und haben den Prozess angeschoben. Am Anfang haben wir in einer großen Runde mit Claude und Pilar sowie dem Chefingenieur und dem Baustellenkoordinator der Baufirma gesprochen. Mein Kernteam besteht jetzt aus dem Ingenieur und den drei Studenten aus dem MOOC, die einen Preis gewonnen hatten. Ihre Pläne waren ja schon in die finalen Baupläne für die Häuser mit eingeflossen. Von Zeit zu Zeit hilft uns Anne, wenn es um die Abstimmung mit staatlichen Stellen geht. Sie ist aber nicht festes Mitglied unseres Teams.«

> Bernd spricht mit Edwin, einem chinesischen Juniorprofessor und neuen Teammitglied, unter dessen Leitung neuartige Baumaterialien entwickelt wurden. Die ersten Erfahrungen sind gut.

Bernd nickte zufrieden und nahm einen Schluck Kaffee.

»Gemeinsam mit den drei Studenten habe ich einen detaillierten Plan entwickelt, der von dem Chefingenieur überprüft wurde und gerade auf den Baustellen getestet wird«, setzte Edwin seinen Bericht fort. »Lange Rede, kurzer Sinn: Wir glauben, dass die Häuser Mitte Dezember fertig sein können. Damit würden wir deine Vorgabe erfüllen, Bernd. Um zu hundert Prozent sicher sein zu können, müssten allerdings zunächst die Testbauten fertig sein. Erst dann wissen wir, ob alle unsere Annahmen belastbar sind.«

»Anscheinend passiert gerade eine Menge, ohne dass ich eingreifen muss. Großartig! Und wenn die Regierung trotzdem immer noch weiß, wer ich bin, umso besser.« Bernd war in letzter Zeit immer öfter zu Scherzen aufgelegt. »Apropos Regierung: Anne, was gibt es Neues aus Regierungskreisen?«

»Nun, Bernd, ich wollte diese Konferenz und den Bericht von Edwin noch abwarten. Morgen werde ich dem Minister über unseren Fortschritt berichten. Ich werde ihm dann Mitte Dezember als Fertigstellungstermin nennen. Unter der Bedingung, dass alle Tests erfolgreich sind.«

»Sehr gut«, sagte Bernd. »Edwin, könntest du den aktuellen Plan bei der Konferenz des erweiterten Teams am nächsten Mittwoch vorstellen? Ich hätte gerne, dass alle auf dem neuesten Stand sind. Ausgezeichnete Arbeit bis jetzt!«

Bernd schloss WebEx, stand auf und spürte einen Energieschub. Ja tatsächlich, es stimmte: Wenn man die richtigen Leute findet, sie zusammenbringt und eigenverantwortlich handeln lässt, ist alles möglich. Er konnte kaum glauben, dass es so zügig weiterging, ohne dass er ständig eingreifen und Druck machen musste. Das war alles so viel angenehmer und befriedigender, als er es von seinen bisherigen Projekten kannte. Bestens gelaunt ging er weiter durch die Messehallen auf der Suche nach den richtigen strategischen Partnern für die Zukunft.

Am nächsten Mittwoch saß Bernd in seinem Büro in Hamburg. Es regnete, und die Regentropfen liefen an den großen Fenstern herunter. Die Kräne im Hafen auf der anderen Seite der Elbe waren nur verschwommen zu sehen. Trotz der trüben Aussichten waren Bernds Gedanken glasklar: Was kann unser Team als Nächstes tun, um noch mehr zu leisten und mit dem Bauen noch schneller fertig zu werden? Auf der Messe in München hatte Bernd viele neue Ansätze für smarte Häuser gesehen. Doch für Transmontanien war das alles zu teuer. Welche einfacheren Lösungen könnte man entwickeln? Wenn das erweiterte Team die Köpfe zusammensteckte, kämen bestimmt Ideen dabei heraus.

Mit diesem Gedanken im Kopf startete Bernd WebEx. Als er sich als Organisator eingeloggt hatte, sah er, dass einige Mitglieder des erweiterten Teams schon in der Konferenz waren.

»Hallo in die Runde!«, schrieb Bernd in den Chat.

Pünktlich um 11:00 Uhr begann er mit der Konferenz.

»Ich begrüße euch alle herzlich. Das ist heute unsere vierte Konferenz im erweiterten Team und wir haben bereits viele greifbare Ergebnisse. Hervorragende Arbeit bis hierhin! Wie immer wird auch heute jeder aus dem Kernteam berichten, wo er mit seiner Zielerreichung steht. So bekommen wir automatisch einen Überblick, wie weit das gesamte Projekt gediehen ist. Wenn es Fragen aus dem erweiterten Team gibt, dann stellt sie bitte im Chat. Wir werden eure Fragen am Schluss gebündelt beantworten. Heute steht außerdem ein Beitrag von Edwin auf der Agenda. Er wird uns über die Fortschritte beim Einsatz der neuartigen Baumaterialien berichten. Also, los geht's!«

Zunächst berichteten die Mitglieder des Kernteams über den aktuellen Stand bei ihrer Zielerreichung. Es war bei allen eine Kombination aus harten Faktoren im Projekt und weichen Faktoren, wie Eigenverantwortung und Integration externer Partner. Ganz so, wie es im ersten Workshop mit Paul vereinbart worden war.

Die Anstrengungen bei den weichen Faktoren zahlten sich bereits aus. Dass es überhaupt ein erweitertes Team gab, war ja bereits ein Ergebnis dieser Anstrengungen. Das »Buddy-Prinzip«[11], das Linda eingeführt hatte, um neue Teammitglieder zu integrieren, funktionierte bestens. Ebenso hatte sich bewährt, dass wichtige Partner an einigen der regelmäßigen Konferenzen teilnahmen. So blieb die Gravitationskraft im Team erhalten, obwohl die Teammitglieder immer weiter verstreut waren.

Jetzt war Edwin an der Reihe.

»Hallo zusammen! Ich freue mich und fühle mich geehrt, dass ich euch die Ergebnisse meiner Arbeit präsentieren kann. Ich arbeite als Juniorprofessor in New York, verbringe aber auch viel Zeit in meiner Heimat China. Für dieses Projekt leite ich ein Sub-Team aus ausgezeichneten Studenten des MOOC und örtlichen Ansprechpartnern in Transmontanien zur Integration der neuen Materialien. Zunächst möchte ich mich im Namen meines Teams bei Claude und Pilar für die großartige Unterstützung bedanken. Die beiden haben uns viele Anregungen gegeben, ihre Erfahrungen mit uns geteilt und uns mit wichtigen Leuten vernetzt. Linda hat außerdem die

Aufgabe übernommen, neue Mitglieder in unser Projekt einzuführen. Sie verdeutlicht ihnen die Ziele, bringt ihnen unseren Arbeitsstil nahe und so weiter. Herzlichen Dank auch an Stella, deren ausgezeichnetes Dokumentenmanagement eine reibungslose Zusammenarbeit möglich macht. Wie ihr alle wisst, haben wir uns für neuartige Materialien im 3-D-Druck entschieden, um den Baufortschritt zu beschleunigen. Wir sind gerade in der Testphase, während die Bauarbeiten ununterbrochen weitergehen.«

Edwin fuhr fort mit einem ausführlichen Bericht über die Meilensteine des Plans und alles, was sie noch brauchten, um die Testphase erfolgreich abzuschließen. Über den Chat kamen erste Fragen.

> Durch die neuen Sub-Teams hat sich das Netzwerk erheblich vergrößert. Dadurch entstehen ständig neue Ideen. Eine davon ist, die Häuser noch mit preiswerten Solardächern auszustatten.

»Wir haben inzwischen ein großes Netzwerk aktiviert«, berichtete Edwin. »Die Mitglieder meines Teams sprechen mit verschiedenen Lieferanten und potenziellen Partnern. Und aus diesem Netzwerk kam gestern noch eine ganz neue Idee! Einer unserer Studenten berichtete, dass preiswerte Solardächer in China auf dem Vormarsch sind. Die ganze Sache ist noch nicht sehr bekannt, aber es ist uns über unser Netzwerk gelungen, an einige Zahlen zu kommen und durchzurechnen, was die Installation kosten würde und welche Effizienzgewinne sich durch Solardächer ergeben würden.«

»Interessant!«, staunte Bernd.

»Unsere Einschätzung ist, dass die Solardächer insbesondere in den entlegenen Gegenden von Transmontanien dafür sorgen würden, dass die Regierung viel weniger in den Wiederaufbau des Stromnetzes investieren müsste. Wir schlagen deshalb vor, diesen Trend aufzugreifen und zumindest einige der Häuser mit Solardächern auszustatten. Auf der Basis von Zahlen aus China haben wir einen Business Case skizziert. Wegen der Finanzierung könnten wir uns mithilfe von Anne direkt an die Regierung wenden.«

»Dass ich darauf nicht selbst gekommen bin!«, meinte Claude.

»Wenn wir die Solardächer so preiswert bauen können wie in China«, erklärte Edwin, »sparen wir nicht nur Baukosten, sondern auch Betriebskosten. Das sollte für die Regierung sehr attraktiv sein.«

»Extrem spannend«, sagte Pilar. »Ich denke die ganze Zeit schon darüber nach, ob das nicht auch etwas für Südamerika wäre.«

»Und für Afrika!«, fügte Linda strahlend hinzu.

»Wie sehen die nächsten Schritte aus?«, fragte Bernd.

»Ich sende jetzt zunächst den vollständigen Business Case an das Kernteam«, erläuterte Edwin. »Ich freue mich auf Feedback von Claude und Pilar und natürlich von dir, Bernd. Wenn wir euer Feedback berücksichtigt haben, werde ich den Plan gemeinsam mit Anne der Regierung vorstellen. Bernd, bei dieser Konferenz solltest du dann auch mit dabei sein, damit die Sache ausreichend Gewicht hat.«

»Ich gebe selbstverständlich Feedback«, sagte Bernd. »Und ich nehme auch gerne an der Konferenz teil. Gleichzeitig möchte ich, dass du, Edwin, hier weiterhin die Federführung behältst. Vielleicht sind wir da ja sogar einer Sache auf der Spur, die für alle Schwellenländer interessant sein könnte.«

»Bitte haltet mich über alles informiert«, hakte Claude ein. »Ich bin in sehr vielen Netzwerken der Bauindustrie aktiv. Neue Materialien und Methoden sind da immer ein großes Thema. Wir könnten hier echte Trendsetter werden.«

Bernd war begeistert. Noch vor wenigen Tagen hatte er sich den Kopf zerbrochen, wie man schneller und effizienter bauen könnte. Jetzt sprudelten die Ideen nur so. Es gab sogar schon einen ausgearbeiteten Business Case für Solardächer. Was das erweiterte Team durch die Vernetzung jedes einzelnen Mitglieds leistete, übertraf alle seine Erwartungen. So viele Gespräche waren ohne ihn im Hintergrund gelaufen – und doch bewegte sich alles genau in die von ihm gewünschte Richtung.

> Das Team entscheidet sich gemeinsam, die Solardächer noch hinzuzufügen. Edwin wird einen Business Case erarbeiten. Dann will man die Regierung ins Boot holen. Es ließe sich mit dieser Lösung viel Geld einsparen.

Nach einer Woche erhielt Bernd eine E-Mail von Anne mit der Einladung zu einer Telefonkonferenz mit dem zuständigen Minister, einem hohen Beamten für die Infrastrukturentwicklung und dem Direktor der staatlichen Energiegesellschaft. Ziel der Konferenz war es, den endgültigen Fertigstellungstermin für die Häuser zu fixieren und den Business Case für die Solardächer zu diskutieren. Über die Finanzierung und die notwendigen Genehmigungen sollte auch bereits gesprochen werden. Von Woche zu Woche wurde es jetzt spannender! Und das Team leistete immer mehr. Bernd wusste intuitiv, dass er noch viel in Asien bauen könnte. Und er spürte Dankbarkeit für sein wunderbares Team, ja, er wurde von Tag zu

Tag dankbarer. Das Team entdeckte ständig neue Trends, und wegen der hohen Eigenverantwortung und Motivation konnten diese auch sofort in die Tat umgesetzt werden.

Warum virtuelle Teams besonders schnell auf Trends reagieren

Virtuelle Teams sind von Natur aus im Vorteil, wenn es darum geht, sich rasch weiterzuentwickeln und neue Trends aufzugreifen. Wenn die Teamkultur stimmt, dann sprudeln die Ideen nur so und Neues kann sehr schnell aufgegriffen und integriert werden. Was macht virtuelle Teams hier so stark? Da ist zunächst die Unterschiedlichkeit im Team. Wenn die Teammitglieder über verschiedene Kontinente, Zeitzonen und Kulturräume verstreut sind, dann haben sie auch ganz unterschiedliche Perspektiven. Multiperspektive ist laut der Kreativitätsforschung ein entscheidender Faktor für neue Ideen. Hinzu kommt: Je weiter die Teammitglieder verstreut sind, desto mehr Zugänge haben sie zu Netzwerken und damit unterschiedlichen Informationen, neuen Trends und Errungenschaften. Wenn unterschiedliche Kulturen im Team verschmelzen, dann macht auch das kreativ. Die Teammitglieder bringen ihr Verständnis von Märkten und Kundenbedürfnissen auf verschiedenen Kontinenten ein. Das macht die Perspektive viel weiter. Hinzu kommt ein ganz praktischer Vorteil: Multikulturelle Teams haben Zugang zu Informationen in vielen Sprachen – online wie offline.

> Die Unterschiedlichkeit in virtuellen multikulturellen Teams begünstigt Kreativität. Es besteht Zugang zu Informationen in vielen Sprachen. Kommt Eigenverantwortung hinzu, können die Ideen nur so sprudeln.

Ist die Teamkultur entsprechend, herrscht also vor allen Dingen Eigenverantwortung, und können die Teammitglieder frei entscheiden, dann macht dies ein Team auch sehr experimentierfreudig. Die Teammitglieder ergreifen die Initiative, nutzen ihre persönlichen Netzwerke, um neue Ideen zu gewinnen, und binden von sich aus weitere Partner ein. So gibt es oft bereits erste Ergebnisse, wenn ein Teammitglied seine Idee in einer größeren Runde vorstellt. In Bernds Projekt gibt es ein erweitertes Führungsteam. Dazu zählen alle Projektmitarbeiter, die sich durch herausragende Leistungen ausgezeichnet haben. Sie bekommen – wie Edwin – die Chance, ihrerseits virtuelle Sub-Teams zu leiten und weitere Partner und Lieferanten einzubeziehen.

In hierarchischen Organisationen, also zum Beispiel global agierenden Konzernen, besteht das erweiterte Führungsteam aus denjenigen, die direkt an die Mitglieder des Führungsteams berichten. In kleineren Organisationen lässt sich dagegen zunehmend die Tendenz beobachten, dass die gesamte Projektarbeit von sich selbst organisierenden Teams mit flachen Hierarchien erledigt wird. Was auch immer die Ausgangssituation ist: Es kommt entscheidend darauf an, die Reichweite des virtuellen Teams zu erhöhen, um neue Trends aufgreifen und integrieren zu können. Je weiter die Fühler des virtuellen Teams in unterschiedliche Netzwerke reichen, desto einfacher werden aus Trends Innovationen, die rasch umgesetzt werden können.

Genau das ist das Ziel: Innovation. Und zwar schnelle Innovation. Die Frage ist: Was fördert schnelle Innovation und sorgt für kurze Innovationszyklen? Wie können Trends noch früher erkannt und noch schneller in Projekte integriert werden? Nach meiner Erfahrung gibt es drei Schlüsselfaktoren für rasche Innovation:

1. Teamstruktur
2. Kommunikationskultur
3. Teamkultur, insbesondere Leistungskultur

Diese drei Faktoren sind miteinander aufs Engste verbunden. Wo sie zusammenwirken, können neue Trends rasch aufgegriffen werden und Innovationen entstehen.

Teamstruktur: Traditionelle oder flache Hierarchien?

In virtuellen Teams entstehen zunehmend flache Organisationsstrukturen. Es gibt zwar formal einen Teamchef, der das Team ins Leben gerufen und das ursprüngliche Budget beschafft hat. Was das Team dann jedoch auf die Agenda setzt und wie es sich evolutionär entwickelt, hängt heute in hohem Maß vom gesamten Team ab. In flachen Hierarchien gibt es kein mittleres Management. Alle berichten an die wenigen Topmanager. Das ist ein besonders für kleine und mittlere Unternehmen (KMU) geeignetes Modell. In Deutschland und Westeuropa liegt es bei KMU im Trend, ganze Hierarchieebenen komplett abzuschaffen. Natürlich spart es Kosten, auf überflüssige Management-Ebenen zu verzichten. Der größte Vorteil liegt jedoch in der höheren Innovationsgeschwindigkeit. Unternehmen mit flachen Hierarchien sind mit Schlüsselprojekten schneller am Markt. Sie entscheiden schneller, haben einen besseren Informationsfluss und verfügen in der Regel auch über wesentlich engagiertere Mitarbeiter.

> Schnelle Innovation ist eine Frage der Teamstruktur, der Kommunikationskultur und der Teamkultur. Flache Hierarchien begünstigen Innovationen meistens.

Erstaunlicherweise setzen nicht nur KMU zunehmend auf flache Hierarchien. Auch ein Internetriese wie Google ist nahezu vollkommen flach organisiert. Bei Google gibt es teilweise Teams mit mehr als 150 Leuten, die direkt an einen einzigen Senior Vice President berichten. Die flache Struktur ermöglicht schnelle Entscheidungen und nahezu sofortiges Feedback in beide Richtungen. Das ideale Klima für Innovationen! In solchen flachen Hierarchien sind vollkommen andere Belohnungssysteme nötig als in traditionellen Organisationen. Bei Google erfolgt die Bezahlung streng nach Leistung oder, besser gesagt, dem Wert des Beitrags eines Einzelnen zu den Unternehmenszielen.

Kommunikationskultur: Transparenz und das Prinzip der »Follower«

Transparenz ist alles, wenn Sie einen guten Kommunikationsfluss und engagierte Mitarbeiter wollen. Nicht nur müssen die strategischen Ziele allen im Team klar sein. Nein, alle Teammitglieder sollten eine aktive Rolle dabei bekommen, diese Ziele zu definieren! Flache Hierarchien begünstigen eine schnelle Entscheidungsfindung. Es gibt nicht mehr so viele Leute, die einer einzelnen Entscheidung zustimmen müssen. Doch damit die Entscheidungsfindung funktioniert, ist totale Transparenz notwendig. Sämtliche strategische Entscheidungen und ihre Begründungen müssen öffentlich bekannt sein. Idealerweise werden wichtige Entscheidungen stets in einem synchronen Format, also typischerweise einer Telefon- oder Videokonferenz gefällt. Nur so können Sie sicherstellen, dass alle Teammitglieder jederzeit hinter den Zielen und Initiativen des Teams stehen und alle externen Parteien einbezogen werden.

Viele erfolgreiche und innovative Unternehmen, beispielsweise W. L. Gore, organisieren heute ihre Projektarbeit nach dem Prinzip der »Follower«. Projekte werden nicht mehr von oben angestoßen, sondern jeder im Unternehmen kann ein Projekt beginnen und dafür um Follower werben. Einzelne Mitarbeiter schauen sich also in ihrem Netzwerk nach neuen Ideen um, recherchieren und suchen sich dann Mitstreiter, indem sie ihr Konzept anderen im Unternehmen vorstellen. Je besser eine Idee, desto höher die Wahrscheinlichkeit, dass andere bereit sind zu folgen. Jeder im Unternehmen entscheidet eigenverantwortlich, wem er folgen möchte und für welche Projekte er sich committet. Wer die meisten Follower findet, dessen Projekt wird vom Unternehmen finanziert. Die Anzahl der Follower entscheidet auch darüber, wie viel Führungsverantwortung jemand im Unternehmen übertragen bekommt. So ist zum Beispiel Terri L. Kelly, CEO von W. L. Gore, einfach die Person mit den meisten Followern im Unternehmen. Beim Follower-Prinzip entscheiden nicht allein geniale Ideen und Konzepte. Sondern jemand muss auch die Fähigkeit beweisen, andere Menschen zu inspirieren und zu führen. Manchmal ergibt sich auch eine Doppelspitze: Der eine ist das kreative Genie und der andere mehr der Leader – oft auch mit mehr Sinn für Business-Chancen.

Berühmte Beispiele für solche erfolgreichen Tandems sind Bill Gates und Paul Allen oder Steve Jobs und Steve Wozniak.

In virtuellen Teams mit flachen Hierarchien organisieren Menschen sich selbst auf der Basis von Eigenverantwortung. Sie stimmen sich mit den anderen Teammitgliedern ab, ohne dass der Teamchef jedes Mal eingreifen muss. Damit Selbstorganisation auf Dauer gut funktioniert, sollte es strukturierte Gruppenforen geben, die es ermöglichen, Dinge miteinander zu teilen, einander zu unterstützen oder gemeinsam kreativ zu brainstormen. Die Projektmanagement-Methode »Scrum« sieht sogar eine tägliche Konferenz zum Start in den Tag vor. Alle machen sich dabei kurz klar, was heute ihr Fokus sein soll und wer wem bei seiner Arbeit helfen kann. Oft werden bei solchen Konferenzen bereits Ideen ausgetauscht. In kleinen Teams mit ungefähr fünf Leuten ist eine Viertelstunde ausreichend, um jeden Tag gemeinsam zu beginnen und einige kreative Ideen auszutauschen. Doch sogar in großen Teams kann das funktionieren.

> **Beim Prinzip der »Follower« werden Projekte nicht mehr Top-down angestoßen, sondern jeder im Unternehmen kann für seine Initiativen um Follower werben. Die besten Ideen finden die meisten Follower.**

Bei einigen Internetfirmen im Silicon Valley gibt es die Regel, dass alle an einem Tag in der Woche eigene Projekte verfolgen dürfen. Die Mitarbeiter bekommen Freiräume, um zu recherchieren, neue Ideen zu testen und andere im Unternehmen zu inspirieren. Nun können Sie sagen, dass das typisch für die Digitalwirtschaft ist, wo Produktinnovationen sehr stark von der Kreativität, Expertise und Produktivität jedes einzelnen Mitarbeiters abhängen. Doch auch in traditionellen Branchen bewährt sich dieser Ansatz, weil heute überall Innovation der Schlüssel für das Überleben ist. Selbstorganisation, Eigenverantwortung und das Prinzip der »Follower« werden von vielen Unternehmen übernommen, egal welcher Größe und egal, ob sie mit IT zu tun haben oder nicht. Es zahlt sich aus.

Teamkultur: Frei und selbstbestimmt zur Spitzenleistung

Der dritte entscheidende Faktor für schnelle Innovation ist die Teamkultur. Hier geht es um Werte. Virtuelle Zusammenarbeit erlaubt große Freiheiten, Zeit und Ort der eigenen Arbeit zu wählen. Somit wird Freiheit fast automatisch zu einem Kernwert jedes virtuellen Teams. Es ist für mich gar keine Frage, dass Manager virtueller Teams auf Freiheit setzen sollten. In meiner Erfahrung hat es sich stets bewährt, viel Freiheit zu gewähren und Mitarbeiter an ihren Ergebnissen zu messen und nicht daran, wie viele Stunden an Arbeitszeit sie investiert haben. Neben Freiheit sind Autonomie und Selbstverwirklichung wichtige Werte in sich selbst organisierenden virtuellen Teams. Das Grundprinzip virtueller Teams mit flachen Hierarchien besteht darin, dass Top-Experten am produktivsten arbeiten, wenn sie direkt in den Entscheidungsprozess einbezogen und nicht von »oben« ständig überwacht werden. Die Rolle einer Führungskraft in virtuellen Teams hat sich von dem traditionellen Top-down-Ansatz weit entfernt. Manager sind heute mehr »Enabler« als alles andere. Ihre Qualität misst sich daran, inwieweit es ihnen gelingt, Menschen zu inspirieren und zu motivieren. Karriere ist in flachen Hierarchien schon deshalb kein so großer Motivationsfaktor mehr, weil es kaum noch formelle Führungspositionen zu besetzen gibt. Viel verlockender ist die Chance, in Projekten sehr schnell Verantwortung zu übernehmen und entsprechende Entscheidungskompetenzen zu haben. In Bernds Team hat Edwin seine Chance genutzt. Das Thema neue Materialien ist jetzt »seines«. Hohe Innovationsgeschwindigkeit und intensiver Ideenaustausch reizen Mitglieder virtueller Teams oft noch mehr, als Chef zu sein und formell Verantwortung zu tragen.

> Freiheit zählt fast automatisch zu den Kernwerten jedes virtuellen Teams, da Zeit und Ort der Arbeit frei wählbar sind. Selbstständiges Arbeiten ist für viele heute wichtiger als klassische Karriere.

Zwischen Selbstbestimmung und Innovation besteht ein enger Zusammenhang. Die Innovationsforschung sagt, dass Innovationen meistens das Ergebnis eines spontanen Austauschs von Ideen sind. Hoch innovative Unternehmen, wie Google oder Apple, sorgen deshalb bewusst dafür, dass möglichst viele Leute im Unternehmen sich möglichst oft »zufällig« begegnen und Gelegenheit zu kreativem Austausch haben. Die vielen Cafés und lounge-ähnlichen Bereiche auf den Firmengeländen der Unternehmen im Silicon Valley sind kein bloßer Luxus, sondern sollen gerade den informellen und ungeplanten kreativen Austausch fördern. Spontaneität und »kontrollierter Zufall« sind sicherlich ein guter Ansatz. Ich bin jedoch der Meinung, dass man auch in den strukturierten Kommunikationsprozessen virtueller Teams die Kreativität stimulieren kann. Es ist dazu nötig, in den regelmäßigen Konferenzen entsprechende Slots einzurichten, die informelle Diskussionen erlauben. Sie haben darüber in Teil II dieses Buches schon einiges gelesen.

Einige Unternehmen, die ich beraten habe, verfolgen einen sehr spannenden Ansatz: Sie setzen auf »virtuelle Cafés«. Dabei verabreden sich die Teammitglieder mit einer Tasse Kaffee oder Tee in der Hand zu einer Videokonferenz und kommen locker ins Gespräch. Wichtig ist dabei, dass alle Zugriff auf ein digitales Whiteboard haben, um Ideen festhalten zu können. Bei den meisten Anwendungen für Videokonferenzen ist ein Whiteboard ohnehin enthalten. Ob solche Formate letztlich zu Innovationen führen, hängt letztlich weniger von der Technik ab, sondern davon, inwieweit die Führungspersönlichkeiten im Team in der Lage sind, in virtuellen Kreativmeetings brauchbare Ansätze zu erkennen und deren Umsetzung zu forcieren. Selbstverständlich können zu einem »virtuellen Café« auch gelegentlich Netzwerk-Partner eingeladen werden. So wird der kreative Austausch noch vielfältiger – und die Ergebnisse werden möglicherweise noch interessanter. Ein virtuelles Team hat hier sogar einen unschlagbaren Vorteil gegenüber einem präsenten Team, denn es kann viel einfacher einmal interessante Persönlichkeiten zu einem Brainstorming hinzubitten, als wenn diese eigens anreisen müssten.

> Nicht allein Verschiedenheit, sondern auch Selbstbestimmung ist laut der Innovationsforschung ein entscheidender Faktor für viele neue Ideen in kurzer Zeit. Auch strukturierte Kommunikation kann Innovation fördern.

Methode:

In »virtuellen Cafés« verabreden sich Teammitglieder per Videokonferenz auf einen Kaffee oder Tee und tauschen in lockerer Runde Ideen aus. Auf einem virtuellen Whiteboard werden Ideen festgehalten. Gäste aus dem Netzwerk bereichern die Runde regelmäßig.

Von der Open-Source-Bewegung im IT-Bereich lässt sich ebenfalls lernen. Auch hier ist das Prinzip meistens, dass jemand eigeninitiativ ein Projekt startet und dafür »Follower« sucht. Diese bearbeiten und verfeinern den vom Initiator des Projekts online gestellten Open-Source-Code. Davon können sich Unternehmen etwas abschauen, indem sie zum Beispiel wichtige Partner virtuell in ein Projekt einbeziehen und sie einzelne Arbeitsschritte selbstständig ausarbeiten lassen. Hohe Innovationsgeschwindigkeit und außergewöhnliche Erfolge sind überall dort möglich, wo Menschen Freiheit genießen, Autonomie erfahren und sich selbst verwirklichen können.

KAPITEL 10
Wer Vielfalt fördert, statt sie zu bekämpfen, hebt Potenziale

Die Herbstferien mit der Familie waren sehr erholsam. Bernd verbrachte zehn Tage auf Teneriffa mit seiner Frau und seiner Tochter. Blauer Himmel und Sonne pur spendeten ihm Energie, ganz anders als das aktuelle Schmuddelwetter in Hamburg. Nur an einem Tag gab es einen kurzen, aber heftigen Regenguss. Vielleicht der Ausläufer eines Unwetters weit draußen auf dem Meer? Bald darauf zeigte sich ein herrlicher Regenbogen über dem Atlantik. Jeden Tag spielte Bernd erst Tennis mit seiner Tochter und machte dann lange Strandspaziergänge mit Wiebke, auf denen sich die beiden intensiv austauschten. Er hatte seinen beiden Damen versprochen, während des Urlaubs keine einzige E-Mail zu lesen. Falls es brennen würde, sollte sein Team ihn mobil anrufen. Das digitale Fasten war gut für Bernds Energieniveau. Doch von Tag zu Tag wuchs auch seine Neugier, wie es mit dem Projekt in Transmontanien weiterging. Das Team hatte kurz vor Bernds Abreise zwei wichtige Neuerungen auf den Weg gebracht: die neuen Baumaterialien und die Solardächer. Bernd ließ es keine Ruhe, ob das Auswirkungen auf den Zeitplan hatte.

> Im Urlaub hat Bernd keine Mails gelesen. Bei seiner Rückkehr sieht er, dass der asiatische Bauunternehmer Bernds Unterschrift auf den geänderten Verträgen will. Keine große Sache, denkt sich Bernd.

Auf dem Rückflug schlief Bernd die meiste Zeit. Er beschloss, nach der Landung in Hamburg seine E-Mails abzurufen. An der Gepäcksausgabe konnte er es nicht mehr abwarten und scrollte durch die Liste der neuen Mails auf seinem iPhone. Seine Tochter musste ihn am Ärmel ziehen, damit er einen ihrer schweren Koffer auf dem Gepäckband nicht verpasste. Auf den ersten Blick schien es während der zehn Tage keine Alarm-Mails gegeben zu haben. Da waren ein paar Nachrichten von Edwin über erste Erfahrungen mit den Solardächern und den neuen Materialien. In einigen Betreffzeilen stand »Entscheidung erforderlich«. Diese Mails öffnete Bernd als Erstes.

Als sie das Parkhaus erreicht hatten, bot Wiebke an, zu fahren, damit Bernd sich weiter mit seinen Mails beschäftigen konnte. Normalerweise war sie da nicht so großzügig. Doch die schönen Tage auf Teneriffa hatten das Beziehungskonto wieder ins Plus gebracht, und so ärgerte sich Wiebke diesmal nicht darüber, dass ihr Mann neben ihr saß und nur Augen für seine Mails hatte. Bernd hatte auch gar nicht vor, das Beziehungskonto schon wieder zu überziehen, und so schlug er vor, an diesem Abend zu kochen.

Soweit es aus den Mails hervorging, waren für die neuen Materialien einige neue Werkzeuge und neue Lieferanten nötig. Dazu mussten Entscheidungen getroffen werden. Bernd war im Prinzip damit einverstanden gewesen, dass die Teammitglieder zusätzlich Geld ausgaben, solange sie im Budgetrahmen blieben. Es sah allerdings danach aus, dass die asiatische Baufirma Bernds Unterschrift auf den neuen Verträgen sehen wollte. »Okay, das bekommen wir schnell hin«, dachte Bernd und bat Edwin per Mail, eine Videokonferenz mit dem Manager der Baufirma und seinen wichtigsten Mitarbeitern zu organisieren.

Zwei Tage später stand die Videokonferenz an, und Bernd war im Auto unterwegs. Es war ein unerwartetes Problem auf einer Baustelle aufgetreten und er sollte kurzfristig vor Ort den Bauleiter treffen. Bernd hatte dem Meeting nur widerwillig zugestimmt, wohl wissend, dass er die Videokonferenz mit der asiatischen Baufirma dann nur aus dem Auto machen konnte. Um 10:30 Uhr hielt Bernd auf einem Rastplatz an der Autobahn und öffnete WebEx auf seinem iPhone. Das war alles andere als seine erste Konferenz von unterwegs, dennoch war er diesmal ein wenig nervös. Nachdem er die Konferenz gestartet hatte, war Anne sofort zu sehen. Sie saß im Büro der Baufirma neben dem Direktor der Baufirma, einem asiatischen Geschäftsmann mittleren Alters, und zwei seiner engsten Mitarbeiter, dem Chefingenieur und dem Baustellenkoordinator. Edwin nahm aus China an der Videokonferenz teil, diesmal mit Anzug und Krawatte. Bernd hatte den smarten Juniorprofessor bisher noch nie mit einer Krawatte gesehen.

»Guten Abend, alle miteinander«, begann Bernd die Konferenz. »Ich bitte um Entschuldigung, dass ich mich aus dem Auto melde. Ich muss zu einem dringenden Meeting auf einer meiner Baustellen und anders geht es gerade nicht. Ich hoffe, alle können mich gut sehen und hören.«

»Guten Morgen, Mister Bernd«, antwortete der Direktor der Baufirma trocken. Bernd war es gewohnt, dass Asiaten ihn »Mister Bernd« nannten, weil es ihnen schwerfiel, ausländische Geschäftspartner mit Vornamen anzureden. In aller Regel dauerte es lange, bis sie irgendwann doch nur noch Bernd sagten.

»Ich freue mich, die Folgen der beiden letzten Neuerungen mit Ihnen zu besprechen«, fuhr der Direktor fort. »Einerseits machen wir uns mit effizienteren Technologien vertraut, die das Bauen beschleunigen. Andererseits müssen wir neue Lieferanten einbinden, Mitarbeiter trainieren und weitere Personen in das Team integrieren. Das bedeutet für uns mehr Overhead und weitere Kosten. Ich möchte mit Ihnen darüber sprechen, wie wir diese Kosten untereinander aufteilen.«

> Bei einer Telefonkonferenz treten kulturelle Unterschiede zwischen Bernd und dem asiatischen Direktor der Baufirma zutage. Bernd meint, Edwin hätte mit dem Direktor längst alles klären können.

»Also, bei allem Respekt, Herr Direktor, ich hatte Edwin damit beauftragt, die Einführung der beiden Neuerungen zu steuern, und weiß gar nicht, was es zwischen uns noch zu besprechen gibt. Wenn ich Edwin richtig verstanden habe, dann sind sowohl die neuen Materialien als auch die Solardächer am Ende kostenneutral, weil die Produktivitätsgewinne in etwa den Investitionen entsprechen. Das heißt, Sie müssen jetzt ein wenig investieren, werden aber sehr bald schon sparen. Hat Edwin das während meines Urlaubs nicht mit Ihnen diskutiert?«

»Das hat Professor Edwin mit meinem Chefingenieur und meinem Baustellenkoordinator besprochen. Mir ist an Ihrem persönlichen Commitment gelegen, Mister Bernd. Im Hinblick auf diese als auch eine zukünftige Zusammenarbeit.«

»Also, lieber Herr Direktor, so habe ich das früher bei meinen Teams in Deutschland auch gemacht. Ich habe mich um alles selbst gekümmert und jede Rechnung abgezeichnet. Jetzt bin ich Leiter eines großen virtuellen Teams. Ich vertraue meinem Team, und ich delegiere wichtige Kompetenzen, auch im Hinblick auf das Budget, solange wir im vereinbarten Rahmen bleiben. Edwin wäre also Ihr Ansprechpartner gewesen. Und übrigens: Warum machen Sie das eigentlich nicht so? Geben Sie Ihren Leuten doch auch mehr Möglichkeiten, Entscheidungen zu treffen! Dann kommen wir mit dem Projekt viel schneller voran. Glauben Sie mir, das zahlt sich aus.«

Während er sprach, sah Bernd, wie Edwin erst irritiert in die Kamera schaute und dann seinen Blick senkte. Anne hörte konzentriert zu, wirkte jedoch alarmiert.

Bernd spürte, dass er sich auf vermintes Gelände begeben hatte, war sich aber nicht sicher, warum. Bevor Bernd fragen konnte, hakte der Direktor bereits ein.

> Als Bernd dem Direktor Ratschläge gibt, wie er sein Team besser führen könnte, kommt es zum Eklat. Der Direktor droht mit dem Abbruch der Geschäftsbeziehung. Bernd traut seinen Ohren kaum.

»Verehrter Mister Bernd, ich fürchte, wir müssen uns um eine Woche vertagen und unsere Geschäftsbeziehung überdenken.« Seine Stimme war frostig. Obwohl er sich total unter Kontrolle hatte, sah man, dass er innerlich aufgewühlt war.

Bernd traute seinen Ohren kaum.

»Was heißt denn hier eine Woche vertagen?«, rief er ins Mikrofon. »Wir haben gültige Verträge und Tausende Menschen müssen vor Wintereinbruch in ihre Häuser eingezogen sein!«

»Wir werden in einer Woche wieder auf Sie zukommen. Bis dahin unterbrechen wir die Bauarbeiten. Die Vertragsstrafen dafür sind uns bekannt.«

»Aber das ist lächerlich!«, schrie Bernd. »Was ist Ihr verdammtes Problem?«

In dem Moment sah Bernd im Chat eine persönliche Nachricht von Anne: »Bernd, bitte höre auf Druck zu machen. Wenn es dir möglich ist, dann entschuldige dich sofort dafür, dass du dich in die Angelegenheiten der anderen Firma eingemischt hast. Lass uns sofort nach der Konferenz die nächsten Schritte besprechen.«

»Herr Direktor«, sagte Bernd mit ruhiger Stimme, »wenn ich Ihnen in irgendeiner Weise zu nahe getreten sein sollte, dann bitte ich um Entschuldigung. Ich bin einfach froh darüber, dass wir die Bauarbeiten endlich beschleunigen können und dabei sind, die Verspätung aufzuholen. Ihren Rückzug für eine Woche bedaure ich. Ich freue mich schon auf unser nächstes Gespräch. Wenn es irgendetwas gibt, was ich dazu beitragen kann, dass Sie die Bauarbeiten früher wieder aufnehmen, dann lassen Sie es mich bitte wissen.«

»Ich melde mich bei Ihnen, sobald wir so weit sind. Auf Wiedersehen, Mister Bernd.« Damit war die Konferenz beendet.

Obwohl es im Auto kalt geworden war, spürte Bernd, wie er sein Hemd durchgeschwitzt hatte. »Was läuft hier gerade falsch?«, fragte er sich. »Warum hat Edwin seinen Job nicht gemacht? Und warum haben der Ingenieur und der Koordinator die Sache nicht einfach abgesegnet?«

Bernd stieg kurz aus, um das WC auf dem Rastplatz zu benutzen. Zurück im Auto, rief er Anne unter ihrer Mobilnummer an.

»Anne, hoffentlich hast du eine vernünftige Erklärung für das, was gerade passiert ist.«

»Bernd, ich weiß nicht, ob es dir bewusst ist: Alle asiatischen Kulturen und insbesondere Transmontanien sind sehr autoritär. Der oberste Chef hat immer das letzte Wort und muss überall einbezogen werden. Wenn wir hier Kooperationen eingehen, dann geht es streng nach Hierarchie, wer mit wem über was redet. Edwin und ich konnten mit dem Chefingenieur und dem Baustellenkoordinator vieles vorbesprechen. Aber wenn es um Investitionen geht, muss die Vereinbarung zwischen den Chefs getroffen werden. Du musst die Hierarchie respektieren und sprichst als Chef ausschließlich mit dem anderen Chef. Weil du im Urlaub warst, haben sich die neuen Verträge schon verzögert. Das kam hier nicht besonders gut an. Der Urlaub ist in Asien nicht so heilig wie in Europa. Das eigentliche Problem aber ist, dass du dem Direktor jetzt Ratschläge gegeben hast, wie er sein Team besser führen sollte. Ich fürchte, er hat das als persönliche Kritik aufgefasst. Unter vier Augen hätte er das vielleicht so gerade noch geschluckt. Aber jetzt war es für ihn öffentliche Kritik vor seinen eigenen Leuten. Er hat sein Gesicht verloren. Das ist in Asien das Schlimmste, was in einem Gespräch passieren kann.«

> Anne erklärt Bernd, warum seine Kommunikation aus asiatischer Sicht ehrverletzend war. Und dass in Asien vieles Chefsache ist, was Europäer zu delegieren gewohnt sind.

»Du willst also sagen: Weil ich ihm ein paar Tipps gegeben habe, ist er jetzt eingeschnappt und schmeißt für eine Woche alles hin? Und er muss dann gleich auch unsere ganze Geschäftsbeziehung und alle unsere Verträge infrage stellen?«

»Ja, Bernd, genauso ist es. Ich finde auch, dass er überreagiert hat. Ein großes Projekt und möglicherweise weitere Aufträge stehen auf dem Spiel. Deshalb vermute ich, dass die Wogen sich bald glätten werden. Ich schlage vor, du bittest ihn um einen persönlichen Telefontermin für übermorgen. Ich helfe dir gerne, eine entsprechende E-Mail zu formulieren.«

»Weißt du, ich bin Deutscher. Ich halte mich lieber an die Fakten, als mich ständig um Befindlichkeiten kümmern zu müssen. Aber unser Projekt ist in Gefahr. Deshalb nehme ich dein Angebot gerne an.«

Bernd fuhr zurück auf die Autobahn und kam ins Nachdenken. Warum war dieses Problem ausgerechnet zu dem Zeitpunkt aufgetaucht, als er geglaubt hatte, alle seien bereit für den Endspurt? Je mehr Leute aus aller Welt ins Team kamen, desto größer war offensichtlich das Risiko interkultureller Missverständnisse.

> Auch Anne findet die Reaktion des asiatischen Geschäftsmanns übertrieben. Gleichzeitig äußert sie Verständnis. Bernd merkt, dass er interkulturelles Konfliktpotenzial bisher unterschätzt hat.

»Ich muss aufpassen«, sagte sich Bernd. »Diversity ist offensichtlich ein Risiko. Ich muss dieses Risiko in den Griff bekommen. Aber wie?«

Sofort dachte er an Paul. Wahrscheinlich war es wieder einmal Zeit für ein Telefonat. Dieser Mann hatte immer ein Ass im Ärmel. Bernd und Paul verabredeten sich für den kommenden Abend zum Skypen.

Bernd war noch in seinem Büro, als er Skype startete. Er hatte es sich mit dem Laptop in der Sitzecke gemütlich gemacht.

»Guten Abend, Bernd. Wie ist es dir ergangen?«, begann Paul. Er klang frisch und ausgeruht wie immer.

»Also, zunächst einmal war mein Urlaub fantastisch! Wahrscheinlich hast du auch die Berichte gelesen, dass wir die Verspätung jetzt langsam aufholen. Die Tests mit den neuen Materialien waren allesamt erfolgreich. Ich dachte eigentlich, wir könnten jetzt mit dem Endspurt beginnen.«

»Nach allen Informationen, die ich habe, sieht es ganz danach aus, Bernd.«

»Schön und gut. Aber jetzt kommt's. Ich hatte vorgestern ein Telefonat mit dem Oberboss der Baufirma und habe es geschafft, dass er stinksauer auf mich ist.«

»Was ist passiert?«

Bernd erzählte Paul, er hätte dem Asiaten ein paar Tipps geben wollen und dieser habe das als persönliche Kritik aufgefasst und vollkommen überreagiert. Seine Untergebenen, Anne und Edwin hätten nur dagesessen und gar nichts gesagt.

»So ist das nun mal in Asien, Bernd. Du musst immer die Hackordnung respektieren und darfst niemanden vor anderen kritisieren. Schon gar nicht vor Untergebenen. Das untergräbt die Autorität.«

»Ja, ja, das hat mir Anne auch schon erklärt. Die Frage ist, was wir jetzt machen können. Anne hat vorgeschlagen, dass ich den Mann noch einmal anrufe, und sie hilft mir auch bei der Beschwichtigungs-Mail.«

»Das ist eine gute Idee. Anne weiß bestimmt, wie man den richtigen Ton trifft. Für euer Team schlage ich einen interkulturellen Workshop vor, damit so etwas in Zukunft nicht noch einmal passiert. Ihr macht euch mit allen Kulturen vertraut, die im Projekt vertreten sind, und lernt die wichtigsten Benimmregeln. Du kannst es übrigens ganz ähnlich halten wie bei der persönlichen Lifeline: Frage die Leute einfach, worauf man in ihrer Kultur stolz ist. Ihr könnt das als Videokonferenz machen, also keine Angst wegen der Kosten. Sorge aber dafür, dass alle aus ihrer Kultur irgendetwas demonstrieren – Fotos oder ein kurzes Video zeigen oder ein Lied singen.«

> Anne hilft Bernd, die Wogen wieder zu glätten. Dieser holt sich zusätzlichen Rat bei Paul. Der Mentor schlägt dem Team einen interkulturellen Workshop vor, um einander noch besser zu verstehen.

Diversity als Herausforderung und Chance

Wir leben in einer Zeit, in der mehr als 60 Prozent aller Business-Teams über mehr als eine Zeitzone verteilt sind. Oft stammen die Teammitglieder auch aus unterschiedlichen Ländern und Kulturen. Das ist eine Herausforderung und eine Chance zugleich. Multikulturelle Teams sind wichtig für die Zukunft unseres Planeten. Davon bin ich fest überzeugt. Für die Unterschiede zwischen Menschen in Unternehmen und Teams hat sich in den letzten Jahren das Schlagwort Diversity etabliert. Es gibt unterschiedliche Aspekte von Diversity, zum Beispiel Geschlecht, Alter oder kultureller Hintergrund. Globale virtuelle Teams leben von Natur aus Diversity, insbesondere im Hinblick auf die unterschiedlichen Kulturen. Das ist einerseits eine Bereicherung, da die unterschiedlichen kulturellen Erfahrungen und Werte auch unterschiedliche Perspektiven ermöglichen. Andererseits birgt kulturelle Verschiedenheit auch Risiken, denn es können interkulturelle Konflikte zutage treten oder unter der Oberfläche brodeln. Ich möchte in diesem Kapitel zeigen, wie sich Diversity in virtuellen Teams als Chance begreifen und nutzen lässt. Wenn Sie Vielfalt nutzen wollen, dann sollten Sie diese zunächst einmal fördern und ihr Raum geben. Das ist das Grundprinzip. Kulturelle und sonstige Unterschiede sollen und dürfen im Team hervortreten und sich zeigen. Schauen wir uns die wichtigsten Ausprägungen von Diversity und ihre Vorteile einmal näher an.

> Immer mehr Teams weisen große kulturelle und sonstige persönliche Unterschiede auf. Neben Herausforderungen birgt das auch Chancen. Unterschiede sollen und dürfen sich zeigen!

Da ist zunächst das Thema *Gender* Diversity. Hier geht es um das Potenzial von Frauen im Business. Eines meiner Erfolgsgeheimnisse als Manager war, dass ich in jedem meiner Teams die Frauenquote drastisch erhöht habe. Bei einigen Teams, insbesondere im IT-Bereich, hatte ich am Anfang eine Frauenquote von 0 Prozent und innerhalb von zwei Jahren waren es 50 Prozent oder mehr. Gescheitert bin ich lediglich mit dem Versuch, bei uns zu Hause die Männerquote zu erhöhen – obwohl ich es wirklich versucht habe, bin ich bei fünf Töchtern gelandet. Doch zurück zu virtuellen Teams. Eine gesunde Mischung von Männern und Frauen in einem Team sorgt für ausgewogenere Diskussionen und hilft, die Bedürfnisse von Kunden und Stakeholdern im Unternehmen besser zu verstehen. In jedem Team gibt es außerdem Rollen, die in aller Regel von Frauen besser ausgefüllt werden als von Männern. Wo es darum geht, multitaskingfähig zu sein, Regeln zu befolgen oder Empathie zu zeigen, fällt das Frauen meistens leichter. Wenn Menschen kaum die Möglichkeit haben, persönlich miteinander zu kommunizieren, erkennen Frauen meistens trotzdem schnell die Probleme. Sie spüren, wenn sich jemand im Team schlecht behandelt fühlt, und schlagen von sich aus Lösungen vor. Männer wiederum sind in aller Regel risikobereiter und besitzen häufig auch mehr Unternehmergeist. Wichtig ist zu erkennen, dass es hier kein Besser oder Schlechter gibt. Auf die richtige Mischung zwischen männlichen und weiblichen Eigenschaften im Team kommt es an. Nach meiner Erfahrung hat diese Mischung noch immer zu besseren Leistungen geführt.

Diversity im Hinblick auf *Altersgruppen* birgt in virtuellen Teams immer eine Fülle von Chancen. Die technikaffinen Digital Natives und die erfahrene Generation X samt der noch Älteren können sich wunderbar ergänzen. Gegenseitiges Mentoring ist ein Ansatz, um Beziehungen aufzubauen und die persönliche Entwicklung zu fördern. Die ganz Jungen zum Beispiel können den Älteren zeigen, wie man mit Internet, Apps und Online-Tools am besten umgeht. Umgekehrt können die Jüngeren von den Älteren vieles über Strategie und Risikomanagement lernen.

Die wichtigste Form von Diversity in virtuellen Teams ist ohne Zweifel die *kulturelle Vielfalt*. Oft stammen mehr als 50 Prozent der Teammitglieder aus unterschiedlichen Kulturen. Wie sich kulturelle Unterschiede überbrücken und positiv nutzen lassen, um maximale Leistung zu erzielen, ist deshalb eine wichtige Frage für virtuelle Teams.

Durch Verständnis interkulturelle Brücken bauen

Ich habe ein ganz simples Bild für interkulturelles Management in einem Team: Ich vergleiche es mit dem Kochen. Sie brauchen ein Rezept, eine Herdplatte und einen Topf, in dem Sie regelmäßig umrühren. Dann wird aus verschiedenen Zutaten ein schmackhaftes Gericht. Das Rezept ist das Verständnis der unterschiedlichen Kulturen in einem Team. Hinzu kommt, was man gemeinsam entstehen lassen will. Zutaten und Zubereitung also.
Die Herdplatte sind ein heißer und attraktiver Preis sowie regelmäßige Status-Updates. Das Umrühren sind Rituale und strukturierte Kommunikation. Wer kochen will, der sollte wissen, was er kochen möchte. In einem virtuellen Team sollte klar sein, wozu das Team da ist. Im nächsten Schritt geht es dann darum, die einzelnen Teammitglieder mit ihren jeweiligen kulturellen Hintergründen besser kennenzulernen. Aus Kapitel 1 kennen Sie bereits die Übung mit der beruflichen und persönli-

> Interkulturelle Workshops können virtuellen multikulturellen Teams helfen, Vielfalt zu entdecken und zu schätzen. Lassen Sie Menschen präsentieren, worauf man in ihrer Kultur besonders stolz ist.

chen Lifeline. Um die beteiligten Kulturen besser kennenzulernen, können Sie ganz ähnlich vorgehen.

In einem interkulturellen Workshop präsentieren die Teammitglieder ihre jeweiligen Kulturen. Lassen Sie alle Vertreter eines Landes kurz etwas zu dessen Geschichte sagen, typische Bräuche erklären und die wichtigsten Werte darstellen. Bitten Sie die Teammitglieder, auch etwas Lebendiges zu präsentieren, also ein Lied zu singen, Bilder zu zeigen von Orten oder kulturellen Events oder von etwas, worauf Menschen in ihrem Land besonders stolz sind. Musik und Videos kommen besonders gut an. Am besten werden nicht allein die Leistungen der Länder dargestellt sondern auch einzigartige oder witzige Sitten und Gebräuche. Ein interkultureller Workshop macht immer Spaß.

Beispiele von Erzählungen aus einzelnen Ländern

Kenia. In Kenia und Uganda muss der Bräutigam für seine zukünftige Frau in Kühen bezahlen. Und das nicht allein vor der Hochzeit, sondern lebenslang, um die Familie der Braut abzusichern. Es ist Tradition, dass der Bräutigam und der Vater der Braut einen entsprechenden »Vertrag« für die kommenden Jahre aushandeln.

Malaysia. Ein polnischer Freund wurde nach Malaysia versetzt, um dort ein Team zu leiten, das für Niederlassungen weltweit IT-Dienstleistungen erbringt. Die malaysische Gesellschaft besteht aus drei großen ethnischen Gruppen: Malaien, Chinesen und Inder. Mit seiner typisch polnischen Herzlichkeit ging mein Freund in der ersten Woche durch die Büros und bot den Leuten kleine Wurststückchen an, die er mit einem Schweizer Messer selbst abgeschnitten hatte. Die meisten Mitarbeiter sagten freundlich »Nein, danke«, was den Polen sehr überraschte. Später brachte ein Teammitglied den Mut auf, die Situation zu erklären. Die Malaien sind überwiegend Muslime und essen kein Schweinefleisch. Die Chinesen essen nichts, was mit dem Messer geschnitten ist. Und die Inder hatten Angst, es könnte Rindfleisch von heiligen Kühen in den Würstchen sein, trauten sich aber nicht zu fragen.

Indien. Die berühmte Geduld der Inder wird manchmal problematisch, wenn sich bei Projekten die Deadline nähert. Inder lassen sich gerne Zeit, und es ist fast unmöglich, sie zu drängen. Wenn sie Verpflichtungen eingehen sollen, sagen die Inder zudem meistens Ja. Denn es fällt ihnen schwer, etwas direkt abzulehnen. Es kann also sein, dass ein Inder sagt: »Ja, ich schaffe das bis morgen.« Und dann lässt er sich doch mehrere Tage Zeit. Da hilft nur gewachsenes Vertrauen, um einander besser einschätzen zu können.

Bulgarien. Es gibt einige fast universelle Körpersprache-Signale, die auf der ganzen Welt dasselbe bedeuten, aber in einigen Ländern dann doch etwas anderes. So bedeutet zum Beispiel Kopfschütteln in Bulgarien Ja und Kopfnicken bedeutet Nein. Es ist also umgekehrt als überall sonst auf der Welt.

Kolumbien. Die Kolumbianer zeigen gerne mit der Nase auf etwas, was sie meinen oder worüber sie sprechen oder was sie erklären wollen. Sie benutzen also die Nase wie andere den Zeigefinger.

Ich könnte heute viele Geschichten über kulturelle Besonderheiten erzählen. In Workshops sorgen sie oft für gute Laune. Sich darüber auszutauschen bringt Würze in das Team und hilft, sich als einzigartig zu erfahren. Aber Vorsicht: Es gibt auch jede Menge Vorurteile und Klischees über bestimmte Länder und ethnische Gruppen. Sorgen Sie dafür, dass keine Vorurteile dominieren, sondern die Teammitglieder tatsächlich etwas über unterschiedliche Kulturen lernen. Der Schlüssel dazu sind Respekt und Augenhöhe im Umgang miteinander. Dann haben Vorurteile keine Chance, und es überwiegt die Neugier auf andere Kulturen.

Gemeinsame Ziele lassen Kulturen verschmelzen

Um Menschen aus unterschiedlichen Kulturen in einem Team zu vereinen, braucht es ein gemeinsames Ziel. Das Ziel ist wie ein Magnet, der Menschen auf der ganzen Welt anzieht. In der neuen Businesswelt arbeiten mehr und mehr Menschen an Projekten und orientieren sich an gemeinsamen Zielen. Gleichzeitig arbeiten immer weniger Menschen in den »Silos« großer Unternehmen, wo sie nur kleine Puzzleteilchen des Geschäftsprozesses zusammensetzen. Die jungen Digital Natives sind bereits sehr offen und fügen sich nahtlos in multikulturelle Teams ein. Sie erwarten, dass es klare Ziele gibt und man sich im Job persönlich weiterentwickeln und Spaß haben kann. Ein sinnvoller

Beitrag zu einer besseren Welt ist vielen wichtiger als herkömmliche Karrierechancen.

> **Methode:**
> Setzen Sie sich nicht allein ehrgeizige Ziele, sondern erarbeiten Sie mit Ihrem Team auch das *Warum*. Fragen Sie also, inwiefern Ihre Arbeit das Leben von Menschen verbessert und eine Antwort auf die Herausforderungen unserer Zeit gibt.

Noch einmal zurück zum Bild vom Kochen als Metapher für interkulturelles Brückenbauen. Wenn wir einen Eintopf auf dem Herd stehen haben, sollten wir ab und zu umrühren. In virtuellen Teams bedeutet das, regelmäßige Rituale zu haben, bei denen alle die Besonderheiten ihrer Kultur einbringen können. Alle sollten die gleiche Chance haben, in Meetings, Telefon- und Videokonferenzen die Besonderheiten ihrer Kultur vorzustellen. Ich kann nur empfehlen, kulturelle Themen bewusst auf die Agenda zu setzen. Reservieren Sie bei Konferenzen einen Slot, in dem immer wieder unterschiedliche Kulturen etwas über sich erzählen. Die einzelnen ethnischen Gruppen können einen Sprecher benennen, der den Beitrag zu ihrer jeweiligen Kultur moderiert und vielleicht sogar ein passendes Musikstück einspielt. Bewährt hat sich auch, wenn ein virtuelles Team sich zusätzlich auf Social Media über interkulturelle Themen austauscht. So könnte es im Team zum Beispiel eine geschlossene Facebook-Gruppe geben, in der die Teammitglieder ihre Beiträge zu kulturellen Themen posten können. Da gibt es dann vielleicht Fotos zum chinesischen Neujahrsfest, zum muslimischen Fastenmonat Ramadan oder zum Diwali, dem Lichterfest der Hindus.

> **Interkulturelle Themen gehören regelmäßig auf die Agenda.** Reservieren Sie zum Beispiel bei Konferenzen einen Slot, in dem immer wieder Teammitglieder von ihrer Kultur erzählen.

Oft entstehen Missverständnisse auch durch die unterschiedlichen Sprachen in den virtuellen Teams. Verschiedene Sprachgewohnheiten wirken sich selbst dann aus, wenn die Arbeitssprache Englisch ist. Im

Englischen bedeutet zum Beispiel »not too bad«, dass etwas »ziemlich gut« ist, genau wie man im Deutschen »nicht schlecht« sagt. In vielen außereuropäischen Sprachen ist die »doppelte Verneinung« jedoch unbekannt. Daher verstehen die Teammitglieder hier nicht, was gemeint ist. In anderen Kulturen sagen Menschen manchmal Ja und meinen eigentlich Nein. Und wenn ein Brite »interesting« sagt, dann muss das nicht unbedingt heißen, dass er etwas wirklich interessant findet. Er kann damit auch »schrecklich« meinen und es aus Höflichkeit nicht sagen wollen. Vermeiden Sie in multikulturellen Teams Zwischentöne und subtile Anspielungen. Nutzen Sie bei Konferenzen die Chat-Funktion, um zusätzlich schriftlich zu kommunizieren.

In meinem Bild von Kochen ist die heiße Herdplatte das dritte Element, um kulturelle Brücken zu schlagen. Wir überbrücken Kulturen, indem wir im Team dafür sorgen, dass unterschiedliche kulturelle Elemente miteinander verschmelzen. Wir erhitzen und verrühren sie sozusagen. Um Hitze zu erzeugen, brauchen Sie etwas, auf das alle heiß sind – eine besondere Belohnung für besondere Leistung.

Das Ziel ist ein Magnet, doch für überragenden Erfolg muss Emotion hinzukommen. Sorgen Sie dafür, dass die Teammitglieder Spaß haben und am Ende stolz auf das Geleistete sein können. Am Schluss sollen sich alle als Helden fühlen können. Damit die Herdplatte heiß bleibt, sollten Sie alle immer wieder daran erinnern, wo das Team gerade steht auf dem Weg zum Ziel. Anerkennung ist wie das Gewürz beim Kochen. Sorgen Sie dafür, dass jeder Einzelne gesehen wird. Schätzen Sie Einzigartigkeit und geben Sie jedem das Gefühl, ein Star zu sein. Loben Sie so viel wie möglich: Beiträge, Fähigkeiten oder die Einstellung.

> **In virtuellen Teams verschmelzen unterschiedliche Kulturen miteinander. Denn alle bringen sich mit ihren Stärken – und kulturellen Prägungen – für das gemeinsame Ziel ein.**

Arbeiten mit der Culture Map nach Erin Meyer

Wenn Sie multikulturelle Teams führen, lohnt sich die Arbeit mit der *Culture Map*. Erin Meyer unterscheidet in ihrem Buch *The Culture Map*[12] acht Dimensionen, in denen sich die Länder und Kulturen der Welt jeweils auf einer fließenden Skala unterscheiden. Diese acht Dimensionen sind: Kommunikation, Leistungsbeurteilung, Überzeugung, Führung, Entscheiden, Vertrauen, Kritik und Zeitplanung (siehe Grafik).

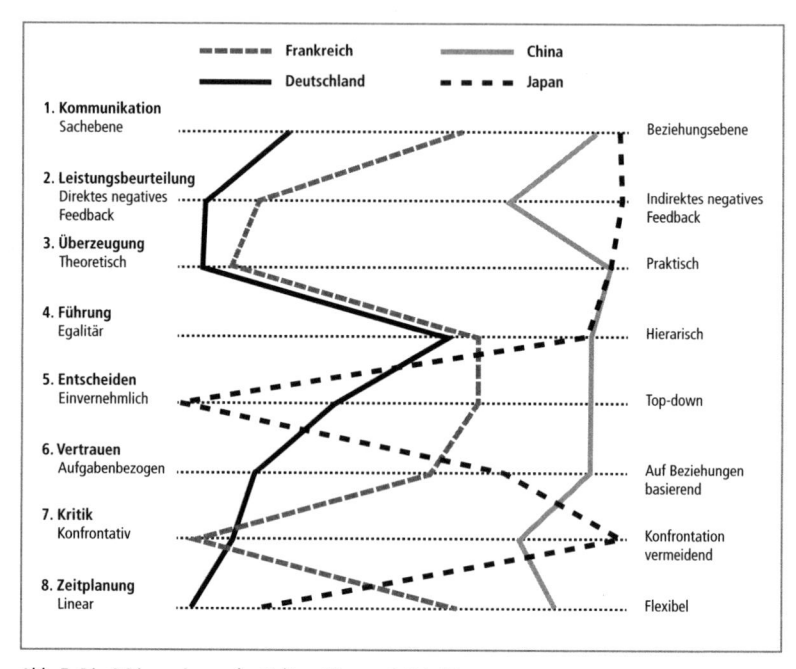

	Frankreich		China	
	Deutschland		Japan	
1. Kommunikation Sachebene				Beziehungsebene
2. Leistungsbeurteilung Direktes negatives Feedback				Indirektes negatives Feedback
3. Überzeugung Theoretisch				Praktisch
4. Führung Egalitär				Hierarsch
5. Entscheiden Einvernehmlich				Top-down
6. Vertrauen Aufgabenbezogen				Auf Beziehungen basierend
7. Kritik Konfrontativ				Konfrontation vermeidend
8. Zeitplanung Linear				Flexibel

Abb. 5: Die 8 Dimensionen der Culture Map nach Erin Meyer

Nach meiner Erfahrung sind Führung (Leading), Entscheiden (Deciding) und Kritik (Disagreeing) die neuralgischen Punkte in virtuellen Teams. Auf unterschiedliche Führungsstile bin ich in den bisherigen Kapiteln bereits mehrfach eingegangen. In einigen hierarchischen Kulturen ist es zum Beispiel nicht üblich, dem Chef in Gegenwart anderer zu widersprechen. Auch muss hier der Chef für jeden wichtigen Schritt um Erlaubnis gefragt werden. Vom Chef wird erwartet, dass er auf alle Fragen des Teams eine Antwort hat. Die Kommunikation ist hier ebenfalls hierarchisch, das heißt, Teammitglieder unterschiedlicher Hierarchiestufen sprechen nicht direkt miteinander. Informationen werden streng entlang der Befehlskette weitergereicht.

Wie Sie bereits an anderer Stelle gelesen haben, empfehle ich für virtuelle Teams eine egalitäre Teamkultur auf der Basis von Eigenverantwortung. Alle Teammitglieder sollten Dinge selbst entscheiden und eigene Lösungen finden können – solange sie den Zeitplan und den Budgetrahmen einhalten. Die Teammitglieder müssen dem Teamchef auch einmal widersprechen dürfen. Der Chef wiederum sollte sich für die Standpunkte anderer ernsthaft interessieren. Im Team reden alle mit allen, so wie es sachlich notwendig ist. Es geht nicht nach der Hierarchie.

> **Die neuralgischen Punkte in virtuellen Teams sind Führung, Entscheidung und Kritik. Ein multikulturelles Team braucht eine eigene Teamkultur im Hinblick auf diese Themen.**

Wenn Sie jetzt in Ihrem virtuellen Team Leute aus Japan, Korea, Indien, Russland oder anderen streng hierarchischen Kulturen haben und zur selben Zeit Teammitglieder aus Dänemark, Schweden, Norwegen oder Australien, also extrem egalitären Kulturen, dann sollten Sie in einem synchronen Format zunächst eine gemeinsame Teamkultur schaffen. Auch das habe ich in einem früheren Kapitel bereits beschrieben. Eine Teamkultur entsteht am besten auf der Basis von Respekt für die kulturelle Herkunft der Teammitglieder. Alle sollten die Vor- und Nachteile aller anderen Kulturen kennen und schätzen. Das geht am besten anhand von Geschichten über die Eigenschaften der unterschiedlichen Kulturen. Erst wenn den Teammitgliedern bewusst ist, was das Besondere an den jeweils anderen Kulturen ist, entsteht echtes Verständnis.

Sobald ein solches Verständnis existiert, kann sich das Team darüber einig werden, wo auf den von Meyer beschriebenen acht Skalen die Teamkultur jeweils angesiedelt sein soll. Wie Sie bereits wissen, empfehle ich allen virtuellen Teams, sich mehr auf der egalitären Seite zu positionieren. Virtuelle Zusammenarbeit setzt von Natur aus Freiheit und Eigenverantwortung voraus. Autorität, Hierarchie und Kommando sind über Distanz sehr schwierig. Dadurch ist eine bestimmte Richtung für virtuelle Teams bereits vorgegeben.

Schauen wir uns das Thema Entscheiden (Deciding) einmal näher an. Die Skala bei Meyer reicht von reinen Top-down-Entscheidungen bis hin zu Entscheidungen im völligen Konsens mit allen. Meine Empfehlung ist, möglichst früh im Projekt möglichst viel Konsens anzustreben, zum Beispiel in einem gemeinsamen Workshop zu Strategie und Zielsetzung. In virtuellen Teams ist es wichtig, dass alle Teammitglieder in strategische Entscheidungen und Zielsetzungsprozesse einbezogen werden. Steht später ein strategischer Kurswechsel an oder kommen wichtige Teile der gemeinsamen Arbeit auf den Prüfstand, sollte die Entscheidung ebenfalls im Konsens erfolgen und in einem synchronen Format vorbereitet werden. Nur dort, wo es keine eindeutige Mehrheit gibt, sollte der Teamchef von seinem Recht Gebrauch machen, eine Entscheidung Top-down zu treffen. Das schafft dann Klarheit und bringt das Team wieder in die Spur. Wenn der Teamchef die Entscheidung trifft, sollte er empfänglich für Feedback sein und sich im weiteren Projektverlauf die Möglichkeit offen halten, seine Entscheidung zu revidieren. Das gilt insbesondere dann, wenn die Dinge nicht nach Plan verlaufen.

> Streben Sie früh im Projekt möglichst viel Konsens an, zum Beispiel in einem gemeinsamen Strategie-Workshop. Nur wenn große Uneinigkeit herrscht, sollte der Teamchef Top-down entscheiden.

Hinsichtlich der Art und Weise, wie im Team Kritik geäußert wird, kennt die Skala von Meyer ebenfalls zwei Extreme: Kritik kann maximal konfrontativ sein – oder die Teammitglieder gehen jeder Konfrontation aus dem Weg. Sobald Teammitglieder aus unterschiedlichen Kulturen zu einem der beiden Extreme neigen, entstehen schnell Probleme. Insbesondere dann, wenn in Meetings über kontroverse Fragen diskutiert wird, jeder einen Beitrag leisten soll und eine Entscheidung ansteht. Ich rate virtuellen Teams dazu, Kritik so konfrontativ wie möglich vorzutragen, um schnell zu Entscheidungen zu kommen. Für Teammitglieder zum Beispiel aus Japan, China oder Saudi-Arabien ist das allerdings kaum zu ertragen. Es gibt zum Glück einige Tricks, um Teammitglieder, die jede Konfrontation vermeiden wollen, trotzdem an Diskussionen zu beteiligen. Machen Sie zum Beispiel vor jeder Diskussion deutlich, dass es immer nur um Dissens in der Sache geht und niemals um die Ablehnung einer Person. Es ist gerade die Schwierigkeit in einigen Kulturen, dass diese beiden Aspekte sehr stark miteinander vermischt werden. Ein Japaner oder Chinese fühlt sich persönlich angegriffen, wenn Sie seinen Standpunkt kritisieren. Versuchen Sie dann, ein Verständnis dafür zu wecken, dass man beides trennen kann – so wie in Europa üblich.

Ein weiterer Trick ist es, das direkte Aufeinanderprallen unterschiedlicher Meinungen in Konferenzen zu vermeiden. Fordern Sie die Teammitglieder doch einfach auf, ihre Standpunkte zunächst schriftlich einzureichen. Das gibt allen ausreichend Zeit, sich mit unterschiedlichen Meinungen zu beschäftigen und die Diskussion vorzubereiten. Bei Menschen aus Kulturen, in denen es extrem schwierig ist, Kritik anzunehmen, könnten Sie sogar die Möglichkeit schaffen, dass Teammitglieder ihre Meinung anonym posten. Als Teamchef sollten Sie es außerdem unbedingt vermeiden, Diskussionen mit Ihrer Meinung zu beginnen. Fragen Sie besser erst alle anderen nach ihrer Meinung. Sonst werden sich viele Teammitglieder, insbesondere diejenigen aus autoritären Kulturen, an Ihrem Standpunkt orientieren.

> Als Teamchef sollten Sie dafür sorgen, dass es in Konferenzen nicht zu extremen Konfrontationen kommt. Mahnen Sie Sachlichkeit an. Oder bitten Sie darum, Standpunkte zunächst schriftlich einzureichen.

Teamkultur ja – Abschottung nein

Wie ich an anderer Stelle bereits beschrieben habe, entsteht mit der Zeit eine Teamkultur, welche die kulturellen Unterschiede im Team zu überlagern beginnt. Man muss hier allerdings auch aufpassen, dass die Teamkultur nicht zu stark wird und in Konflikt mit der Unternehmenskultur gerät. Ich hatte einmal den Fall, dass ich ein Team von 20 Projektmanagern in einem Konzern geleitet habe und genau das passiert ist. Wir hatten fantastische Kennzahlen – und trotzdem rief mein Chef mich zu sich ins Büro und warf mir vor, einen Staat im Staate zu schaffen. Er fand, dass mein Team sich zu sehr von den anderen Mitarbeitern im Unternehmen abgrenzte und wir das dringend ändern sollten. Unsere sehr guten Ergebnisse halfen mir nichts. Aus dieser Situation habe ich viel gelernt.

> **Der Team-Newsletter**
> Wie wäre es mit einem eigenen Team-Newsletter, den alle im Unternehmen abonnieren können? Außenstehende bleiben so auf dem Laufenden, lernen Ihre Teammitglieder besser kennen, verstehen die kulturellen Unterschiede und entwickeln Verständnis für Ihre spezielle Teamkultur.

Um eine ablehnende Haltung gegenüber dem Team im restlichen Unternehmen zu vermeiden, hilft nur regelmäßige Kommunikation mit allen Stakeholdern, einschließlich der Vorgesetzten, der Personalabteilung und so weiter. Die Unternehmenskultur muss auf jeden Fall respektiert werden. Kommunizieren Sie immer auch nach außen, was Sie mit Ihrem Team vorhaben und warum Sie im Team bestimmte kulturelle Weichenstellungen vornehmen. Seien Sie dabei offen für Feedback von anderen im Unternehmen und bereit, Ihren Kurs zu korrigieren. Eine gute Idee ist es, Botschafter zu benennen, die das Team nach außen repräsentieren und mit anderen Abteilungen im Unternehmen regelmäßig kommunizieren. Diese Botschafter nehmen idealerweise an Veranstaltungen des Unternehmens teil und präsentieren dort den Fortschritt des Teams. Umgekehrt können Sie Stakeholder hin und wieder zu Ihren eigenen Projektkonferenzen einladen. Sie vermeiden so den Eindruck, dass Sie einen Zaun um Ihren Garten ziehen und andere ausschließen.

Interview mit Cemal Osmanovic

Cemal Osmanovic, geboren 1958, ist Gründer und Geschäftsführer der smile2 GmbH in Schweinfurt, einer Plattform für Menschen, die sich nachhaltig weiterentwickeln möchten. Die Plattform zählt heute im deutschsprachigen Raum zu den Marktführern im Bereich professioneller Live-Online-Seminare im B2B-Bereich. Nach seinem Studium führte Cemal Osmanovic elf Jahre lang ein erfolgreiches IT-Dienstleistungsunternehmen und begleitete ab 1994 paral-

lel zahlreiche IT-Unternehmen als Consultant und Unternehmer-Coach. 1999 verkaufte er das Unternehmen. Gemeinsam mit seinem Co-Geschäftsführer Rüdiger Sievers entwickelte er die iTeam-Systemhausgruppe bis Ende 2008 zum größten Unternehmensnetzwerk der IT-Branche mit insgesamt mehr als 330 Standorten und 9000 Mitarbeitern. Ab dem Jahreswechsel 2008/2009 fokussierte er sich noch stärker auf seine Kernthemen Ausbildung, Entwicklung und Inspiration von Menschen. Mit diesem Ziel gründete Cemal Osmanovic die smile2 GmbH. Er ist verheiratet und hat zwei Kinder.

- **Wer sind Sie, und was machen Sie? Beschreiben Sie sich doch einmal selbst!**

In meiner Jugend war ich professioneller Musiker. Als Halbtürke liegt mir die orientalische Leidenschaft schon im Blut. Dennoch habe ich Mathematik und später auch Informatik studiert. Ich bin also sowohl ein großer Emotionalist als auch ein strukturiert denkender IT-ler. Alle wichtigen Entscheidungen in meinem Leben treffe ich werteorientiert. Meine beruflichen Hauptwerte sind Menschen entwickeln, Großes schaffen, Macht haben, nachhaltigen Nutzen stiften und Spaß am Job haben. Daher bin ich folgerichtig frühzeitig Unternehmer geworden und immer geblieben.

Derzeit führe ich smile2, ein marktführendes Unternehmen für professionelle Live-Online-Seminare zu allen nicht fachlichen Themen, wie Marketing, Online-Marketing, Kommunikation und Rhetorik, Zeit- und Selbstmanagement und vor allem Führung und Verkauf. Persönlich gelte ich als Experte für Erfolgsziele. Das bedeutet, dass ich Menschen dabei unterstütze, die richtigen Ziele für sich zu finden, die dauerhaft Erfolg und Lebensqualität garantieren und deren Umsetzung ich auch sehr gerne begleite.

Das geschieht entweder über offene Seminare oder für Unternehmer und Führungskräfte auch in einem 1:1-Wochenend-Coaching. Das nennt sich bei mir dann »Unternehmerklarheit«.

- **Was sind die wichtigsten Technologien für die Zusammenarbeit in virtuellen Teams?**

Um meine Antwort zu dieser Frage richtig verstehen zu können, lassen Sie mich kurz zusammenfassen, was nach meiner Philosophie überhaupt wichtig ist in einem Unternehmen. Erstens: Hat das Unternehmen einen spürbaren Spirit? Ist das Wer-sind-wir geklärt und wissen das alle Beteiligten? Zweitens: Gibt es ein klar definiertes Ziel und eine täglich gelebte Strategie dahin? Drittens: Gibt es bestmögliche Produkte und erfolgreiche Geschäftsmodelle zum Verkauf dieser Produkte? Und gibt es eine Zielgruppe, die diese Produkte wirklich braucht? Schließlich viertens: Kommunikation, Kommunikation und nochmals Kommunikation!

All diese Aufgaben werden in einem modernen Unternehmen aus meiner Sicht gleichermaßen sowohl von Mitarbeitern vor Ort als auch von virtuellen Teams so perfekt wie möglich bedient. Natürlich gibt es dabei bei virtuellen Teams, speziell in der Kommunikation, einige Besonderheiten. Die Kommunikation muss zunächst noch eindeutiger sein. Das heißt, sachlich unmissverständlich, da direkte Rückfragen weniger möglich sind, und dennoch untereinander emotional bewegend. Wir müssen außerdem in virtuellen Teams noch sensibler dafür sein, Missverständnisse zu vermeiden. Als Paradebeispiel fällt mir hierzu ein: Keine Konflikte per E-Mail austragen! Das ist zwar nicht anders als bei herkömmlichen Teams, die Versuchung, es dann doch mal zu tun, ist aber höher. Und schließlich: Eine klare Dokumentation aller Ergebnisse ist bei virtuellen Teams noch wichtiger.

> **Virtuelle Teams müssen noch eindeutiger kommunizieren. Außerdem noch sensibler dafür sein, Missverständnisse zu vermeiden.**

- **Welche Technologien oder Apps empfehlen Sie, je nach Größe des Unternehmens?**

Da in einem modernen Unternehmen der Kunde immer im Mittelpunkt unseres Interesses stehen sollte, ist ein CRM-System – und vor allem eine hohe Nutzungsakzeptanz dafür – absolut gesetzt. Für eine bestmögliche Transparenz der geführten Kommunikation bzw. für die Dokumentation aller Entscheidungen braucht es ein synchronisiertes Portal, wie zum Beispiel ein Wiki, eine web-basierte Projektmanagementsoftware wie Trello oder Ähnliches. Wichtiger als das Tool selbst ist mir dabei die Tatsache, dass dieses Tool von allen Beteiligten konsequent und einheitlich genutzt wird und dass es so perfekt strukturiert ist, dass alle relevanten Informationen schnell gefunden werden. Sonst wird das nichts mit der Akzeptanz!

Bei virtuellen Teams muss natürlich zusätzlich besonderes Augenmerk darauf gelegt werden, einen Ersatz dafür zu schaffen, dass die Menschen viel seltener persönlich zusammenkommen. Für mich ist das inzwischen ziemlich gut lösbar über Software, die qualitativ über Skype und so weiter deutlich hinausgeht. Es braucht für mich ein hochwertiges Videokonferenz-System mit einer sehr guten Kameraqualität, einer absolut störungsfreien Tonübertragung und einem Screen-Sharing, damit die Beteiligten in Meetings zum Beispiel an einer Mindmap gemeinsam arbeiten können. Wir als Online-Seminar-Company nutzen hierfür derzeit gerne Adobe Connect.

> Bei virtuellen Teams muss es Ersatz dafür geben, dass Menschen persönlich zusammenkommen. Für mich ist das inzwischen gut lösbar über Software.

- **Welche Erfahrungen haben Sie mit virtuellen Teams gemacht?**

Überwiegend gute bis sehr gute! Es geht schon damit los, dass ich die besseren Leute bekomme, da ich bei der Suche nicht standortgebunden bin. Und irgendwie habe ich das Gefühl, dass auf diese Art und Weise die Mitarbeiter hungriger und flexibler im Denken bleiben, als diejenigen, die jeden Tag ins Unternehmen reinkommen und manchmal dann schon auch in ihren Trott verfallen. Es kann aber auch sein, dass ich Externe unbewusst in der Summe doch anders führe und mir noch mehr Mühe in der Klarheit der Kommunikation gebe.

- **Auf welche Ihrer Leistungen als Führungskraft und Unternehmer sind Sie besonders stolz?**

Dass ich es in allen drei Unternehmen, die ich gegründet und großgezogen habe, schaffte, Marktführer zu werden. Zugegeben, das ist nicht immer messbar. Ist mir aber nicht so wichtig, weil ein »mit-marktführend« mir auch ausreicht. Es geht mir da nicht so sehr darum, die absolute Nummer 1 zu sein. Es geht mir darum, etwas Großes zu schaffen, etwas von Bestand, etwas, das für viele Menschen Wichtigkeit besitzt.

Gerade stelle ich für mich selbst wieder einmal fest, wie wichtig mir doch ein spürbarer Spirit und eine gelebte Philosophie in meinen Unternehmen ist. Einerseits, weil ich das intensiv so leben möchte. Andererseits aus der rationalen Überlegung heraus, dass das in Zeiten, in denen es immer weniger nicht besetzte Nischen gibt, ein nicht kopierbares Alleinstellungsmerkmal im Markt darstellen kann.

Dass ich es in zwei von drei Unternehmen geschafft habe, etwas so Wertvolles zu schaffen, dass mir ein Käufer des Unternehmens viel Geld dafür bezahlt. Für mich ist diese Tatsache ein faktischer und nicht wegdiskutierbarer Beweis, dass das alles schon ganz gut war, was wir über die Jahre hinweg jeden Tag mit Hingabe entwickelt haben. Bei meinem dritten Unternehmen, das ich derzeit führe, muss ich das noch beweisen. Aber wir sind da auf einem klasse Weg.

Dass immer etwas von Dauer geschaffen wurde. Etwas, das meine Person überlebt bzw. in meinem jetzigen Unternehmen überleben wird.

Dass ich mir immer alles selbst erarbeiten durfte. Ich habe mir bereits in jungen Jahren als Musiker das gesamte Erstkapital zusammengespart, mit dem ich dann mein erstes Unternehmen gegründet habe. Das mag in der heutigen Zeit altmodisch klingen, mir gibt es dennoch ein sehr gutes Gefühl.

- **Leute haben oft Angst, dass ihre Mitarbeiter nicht arbeiten, wenn sie sie nicht sehen. So werden sie zu Mikromanagern oder Kontrollfreaks. Wie haben Sie Ihre Mitarbeiter kontrolliert? Wie haben Sie sichergestellt, dass alle ihr Bestes geben?**

Auch hier beginnt aus meiner Sicht alles mit der Auswahl der richtigen Mitarbeiter für die richtige Stelle. Menschen, die die anstehenden Aufgaben lieben und die damit wollen, was sie sollen. Die Jours fixes haben auch hierauf eine sehr positive Auswirkung. Die hier stattfindende konsequente Dokumentation des Besprochenen und die eindeutige Terminierung der Ziele und Aufgaben bewirkt, dass für alle klar ist, was Sache ist. Und vor allem signalisiere ich auch, dass mir die Sache und die beteiligten Menschen wichtig sind. Ich glaube, dass das Problem Kontrolle weitestgehend entschärft wird, wenn ich allen Beteiligten wirklich Kompetenz und Verantwortung übertrage. Aber wie schon gesagt, dazu braucht es die richtigen Mitarbeiter.

Habe ich die, ist die innere Einstellung das Wichtigste. Im Großen und Ganzen ist es mir heute völlig egal, wie viele Stunden ein externer Mitarbeiter arbeitet. Mein Standpunkt ist, dass wir nicht in einer Leistungsgesellschaft leben, sondern in einer Wirkungsgesellschaft. Mein Kernsatz hier lautet: Wir schulden keine Bemühungen, wir schulden Ergebnisse! Schauen Sie, letztendlich geht es doch immer wieder darum, dass allen das Warum jederzeit klar ist. Jeder tut es im Idealfall für seine Ziele, seine Anerkennung, die er bekommt und sich selbst gibt. So viel Kontrolle ist dann nicht mehr nötig.

Wobei, wenn wir ehrlich sind, die Jours fixes beinhalten schon auch eine Art Kontrollfunktion. Ich empfinde es nur nicht so, und ich glaube, meine Mitarbeiter auch nicht.

- **Wie haben Sie sichergestellt, dass Mitarbeiter sich in virtuellen Teams wirklich engagieren und das Team mehr ist als die Summe seiner Teile?**

Die Antwort zum ersten Teil der Frage habe ich auf die vorherige Frage schon gegeben. Ein Team kann nur über Kommunikation gemeinsam mehr erreichen als über die Summe einzelner Fähigkeiten. Nur dann, wenn Mitarbeiter sich gegenseitig auf Gedanken bringen, die der Einzelne alleine nicht entwickelt, kann eine magische Art der Kreativitäts-Explosion entstehen. Auch in virtuellen Teams ist und bleibt die direkte Kommunikation also das Salz in der Suppe, das aus Top-Experten ein Team macht, das besser ist als die Summe seiner Teammitglieder.

- **Wie sehen Sie die Zukunft von virtuellen oder sogar grenzenlosen Teams?**

Virtuelle Teams werden zu einer Selbstverständlichkeit werden. Jedenfalls dort, wo sie es nicht heute schon sind. Mit virtuellen Teams wird der Mangel an guten Fachkräften entschärft werden. Die immer komplexer werdende Welt erfordert immer mehr Spezialisten auf dem jeweiligen Gebiet, und vor allem erfordert der ständige Wandel maximale Flexibilität in den Unternehmen. Für all das ist das klassische Modell von Hundertschaften fest angestellter Mitarbeiter an einem Standort heute bereits ein Auslaufmodell.

KAPIEL 11
Außergewöhnliche Leistungen verdienen außergewöhnliche Belohnungen – für alle

Bernd begann zu schwitzen. Das Thermometer in der Sauna des Fitnessstudios zeigte 90 °C. Nach einer ausgiebigen Runde an den Geräten und zwei Kilometern auf dem Laufband genoss er es, sich zu entspannen. Er lag auf seinem Handtuch, hatte die Augen geschlossen und spürte, wie sein Körper sich aufheizte. Da musste er an den Winter in Transmontanien denken und an die Menschen, die es warm und trocken haben sollten, wenn es draußen kalt würde. Auf den neuesten Baustellenfotos, die Anne ihm per Mail geschickt hatte, waren die Berggipfel am Horizont bereits weiß. Der Anblick von Rohbauten mit Schnee im Hintergrund beunruhigte Bernd. Der Winter rückte immer näher, und sie mussten einfach schneller sein. Glücklicherweise war der Konflikt mit dem Chef der asiatischen Baufirma ausgestanden, und alles lief wieder nach Plan. Doch die Zeit blieb knapp. Bis Mitte Dezember musste alles fertig sein, sonst würde der Winter ihnen einen Strich durch die Rechnung machen. Auf einigen der Fotos waren Frauen und sogar Kinder zu sehen, die den Bauarbeitern halfen, indem sie Fertigteile oder auch nur Eimer mit Wasser herbeitrugen. Auf anderen Bildern sah man Dorfbewohner, die um die Baustellen herumstanden und staunten. Plötzlich zischte es laut – jemand hatte den Aufgussknopf ge-

> Bis zum Wintereinbruch müssen die Häuser in Transmontanien fertig sein. Bernd ist sich immer noch nicht sicher, ob das gelingen wird. Doch das Team ist bereit für den Endspurt.

drückt. Bernd öffnete die Augen. Die Bilder aus Transmontanien verschwanden, und er war auch mit dem Kopf wieder ganz in seinem gewohnten Fitnessstudio in Hamburg.

Für den nächsten Morgen war eine Videokonferenz mit dem erweiterten Team angesetzt. Sie würden sich gemeinsam den vollständigen Projektstatus und den aktuellen Stand bei allen Zielen der Teammitglieder anschauen. Bernd freute sich darauf. Er wusste bereits, dass die Mitglieder seines Kernteams auf dem besten Weg waren, alle Ziele zu erreichen. Die Leute aus dem erweiterten Team, wie Edwin oder die anderen Professoren aus dem MOOC, gaben ebenfalls Gas und lösten viele Probleme eigenständig. Auch die wichtigsten Lieferanten waren jetzt mit allen Abläufen vertraut und wurden über den Projektfortschritt ständig auf dem Laufenden gehalten. Bernd konnte zufrieden sein. Alles bewegte sich in die richtige Richtung. Wenn da nur nicht dieser drohende Wintereinbruch wäre!

Am nächsten Tag beschloss Bernd, von zu Hause aus zu arbeiten. In den vergangenen Monaten hatte sich bei ihm einiges verändert. Auch für seine deutschen Projekte regelte Bernd jetzt immer mehr über Telefon und Videokonferenzen. Seine Lieferanten und Partner hatten sich an Skype und WebEx gewöhnt. Es gab durchaus noch persönliche Meetings. Doch diese gingen mehr in die Tiefe als früher, sodass sich anschließend vieles über das Internet regeln ließ. Dabei hatte Bernd eine erstaunliche Beobachtung gemacht: Seit er sich auch bei seinen deutschen Mitarbeitern und Partnern mehr für ihre Persönlichkeit und für ihr Leben interessierte, beantworteten diese seine E-Mails viel schneller und riefen ihn auch zuverlässiger zurück. Es war eine Aufwärtsspirale. Je besser Bernd die anderen kannte, desto weniger Reibungen gab es, und desto mehr Zeit war für Spaß und Persönliches am Rande. Durch diese gemeinsamen positiven Erlebnisse lernte man sich dann noch besser kennen.

Immer, wenn Bernd strategische oder kreative Aufgaben zu erledigen hatte, machte er dies nun lieber von zu Hause aus. Er genoss die Bequemlichkeit und freute sich über die zusätzliche Zeit, die er sonst mit dem Auto im Stau verbracht hätte. An den meisten Tagen im Homeoffice bot er seiner Frau an, abends zu kochen. So auch heute. Wieb-

> Durch das Projekt hat Bernd seinen Arbeitsstil verändert. Er arbeitet mehr von zu Hause aus und macht mehr Videokonferenzen auch im Inland. Seine Partner honorieren, dass er sich mehr für sie interessiert.

ke würde über Mittag in der Stadt frische Zutaten einkaufen. Er freute sich schon auf das gemeinsame Abendessen.

Pünktlich um 11:00 Uhr startete Bernd WebEx. Alle Mitglieder des erweiterten Teams waren bereits eingeloggt. Einige sagten kurz Hallo, andere schrieben im Chat einen Gruß und fügten ein lächelndes Emoticon hinzu.

»Wir sind jetzt in der Schlussphase unseres Projekts«, begann Bernd. »In Kürze können wir bei den ersten Häusern Richtfest feiern und mit dem Innenausbau beginnen. An dieser Stelle erst einmal mein ganz großes Dankeschön an Anne, Edwin, Claude, Pilar und ihr Team, einschließlich aller Lieferanten und der Professoren in New York. Mit vereinten Kräften haben sie es geschafft, die Bauarbeiten zu beschleunigen. Ihnen ist es auch zu verdanken, dass unser Verhältnis zur größten örtlichen Baufirma wieder in bester Ordnung ist. Mehr noch, die Beziehung ist gewachsen und belastbar geworden. Nun müssen wir für den Endspurt noch einmal alle unsere Kräfte bündeln. Es ist jetzt Anfang November und wir haben nur noch sechs Wochen Zeit, um das Projekt abzuschließen.«

> Claude hat von einer Preisverleihung erfahren. Um am Wettbewerb teilnehmen zu können, müsste das Team nochmals zwei Wochen früher fertig werden. Eine enorme Herausforderung.

»Hallo noch mal in die Runde – und entschuldige bitte, dass ich dich unterbreche, Bernd«, meldete sich Claude zu Wort. »Ist euch eigentlich bewusst, dass am 20. Dezember der internationale Architektur-Gipfel in Stockholm stattfindet? Es gibt zwei Hauptpreise zu gewinnen, einen für innovative Architektur und einen anderen für soziale Verantwortung. Einsendeschluss für die Wettbewerbsbeiträge ist der 30. November. Und wisst ihr, was das Witzige ist? Alle Nominierten werden während der Konferenz auf einem großen Videoscreen zu sehen sein – live von dort, wo sie gebaut haben, natürlich. Ich habe mir auf der Website schon Projekte aus Brasilien und Mexiko und von den Philippinen angeschaut. Einiges ist ähnlich wie das, was wir machen. Aber die Projekte sind auch kommerzieller und keines davon hat mit Hilfe in Notlagen zu tun. Meint ihr, wir sollten uns bewerben?«

»Warum nicht?«, meinte Bernd. »Du kennst mich, Claude, und du weißt, ich liebe es zu gewinnen. Wenn diesmal derjenige mit der größten sozialen Verantwortung gewinnen soll, umso besser.«

»Leider gibt es einen Haken«, erklärte Claude. »Die Projekte müssen beim Einsendeschluss bereits zum Abschluss gekommen sein. Das ist wichtig, damit die Jury das genaue Budget, den Zeitaufwand und den Umfang des Projekts kennt. Sie legen auch Wert auf ein erstes Feedback der Bauherren. Oder bei mehr sozial orientierten Bauten der Bewohner. Wir müssten uns also beeilen und noch zwei Wochen früher fertig werden, wenn wir am Wettbewerb teilnehmen wollen.«

»Das wäre ein kleines Wunder«, stöhnte Bernd. »Anne, Edwin, Linda, Pilar, was meint ihr?«

Man müsste die Bauarbeiter und die örtliche Bevölkerung noch einmal zusätzlich anspornen, war die einhellige Meinung.

»Zufälligerweise ist am 20. Dezember bei uns ein religiöser Feiertag«, sagte Anne mit ihrer ruhigen Stimme. »Vielleicht ist es ein Anreiz, den Menschen Folgendes zu sagen: Wenn bis zum 30. November alles fertig ist und ihr dabei mithelft und euch anstrengt, dann habt ihr noch Zeit, die Häuser in Ruhe einzurichten, und könnt am 20. Dezember gemeinsam mit euren Familien in den neuen Häusern den Feiertag begehen. Ich kann mir gut vorstellen, dass die Bauarbeiter für dieses Ziel zu Überstunden bereit sein werden.«

»Anne, auf deinen Fotos sehe ich viele Menschen, die den Bauarbeitern helfen«, hakte Bernd ein. »Es scheint in Transmontanien ein ausgeprägtes Zusammengehörigkeitsgefühl zu geben. Wie wäre es, wenn wir die ohnehin vorhandene Hilfsbereitschaft einfach ein bisschen besser organisieren? Wir könnten zum Beispiel ganze Gruppen von Freiwilligen rekrutieren, die sich verpflichten, eine bestimmte Anzahl von Arbeitsstunden zu leisten. Die Bauarbeiter arbeiten die Freiwilligen ein und geben ihnen klare Anweisungen, was zu tun ist. Ich will das jetzt nicht in typisch deutscher Manier überorganisieren, aber wenn alles einen geordneten Rahmen bekäme, könnten die Helfer noch eine Menge mehr beitragen.«

»Ich werde die Bürgermeister und die religiösen Führer kontaktieren«, erwiderte Anne. »Die Bevölkerung ist mit großem Enthusiasmus bei der Sache, und darauf können wir zählen. Wir brauchen aber die Unterstützung der örtlichen Autoritäten. Und ich bin mir nicht sicher, ob die Bauarbeiter es

> Um noch schneller fertig werden zu können, beschließt das Team, die Hilfsbereitschaft der Einheimischen besser zu nutzen. Einen kommenden hohen Feiertag sollen die Familien bereits in den neuen Häusern begehen.

alleine schaffen, die Leute einzuarbeiten. Vielleicht brauchen wir dazu noch ein paar Trainer und Organisatoren mit Spezialwissen.«

»Wir haben doch Studenten aus Transmontanien in unserem MOOC!«, rief Edwin in die Runde. »Ich schätze, das sind um die 25 Leute. Lasst mich Kontakt zu ihnen aufnehmen, und ich schaue, ob ich sie aktivieren kann. Ich an deren Stelle wäre begeistert, wenn ich nicht allein an den Bauplänen mitwirken, sondern auch die praktische Ausführung unterstützen könnte.«

»Großartige Idee, Edwin!«, sagte Bernd. »Wir brauchen einerseits Experten, die sich mit den neuartigen Häusern und der speziellen Bauweise auskennen, und das geht nur, wenn man unsere Baupläne kennt. Andererseits brauchen wir Leute, die die Sprache des einfachen Volkes in Transmontanien sprechen. Da scheinen die Studenten doch ideal.«

»Edwin, könntest du in der heißen Phase hier vor Ort sein?«, fragte Anne vorsichtig. »Ich weiß, dass du ohnehin häufig in China bist. Nun, Transmontanien liegt zwar nicht unbedingt um die Ecke, aber es wäre großartig, wenn du herkommen könntest.«

»Ich bleibe auf jeden Fall so lange, bis wir genügend Freiwillige gefunden und mit den Studenten einen Workshop gemacht haben. Wir sollten wahrscheinlich erst einmal einen Plan entwickeln, wie wir die Freiwilligen überhaupt am besten einbinden, wie wir sie trainieren, wie wir die Rollen verteilen und wer das ganze managt. Sobald es ein Team gibt und die Rollen klar sind, würde ich für eine Woche zurück nach China fliegen, von dort aus aber in engem Kontakt mit dem Projekt bleiben.«

»Vielen Dank«, sagte Anne knapp, auf ihre übliche nüchterne und zurückhaltende Art. »Wir können uns über die Einzelheiten verständigen, sobald du hier vor Ort eingetroffen bist.«

»Hey, ich habe eine Idee!« Das war Stella. »Bisher haben wir ganz konventionelle Statusreports gemacht – Balkendiagramme, Kuchendiagramme und erläuternde Texte. Warum visualisieren wir den Projektfortschritt nicht viel mehr? Es gibt da ganz neue Trends. Man kann auf einer Folie den Status des Projekts mit einem Bild so darstellen, dass jeder mit einem Blick sieht, wo wir stehen. Es könnte zum Beispiel ein Baum sein und an dem Baum hängen Früchte in den traditionellen Farben aller Orte in Transmontanien, wo wir Baustellen haben. Die

> Mithilfe der einheimischen MOOC-Studenten will Edwin Freiwillige rekrutieren. Stella hat gleichzeitig eine Idee für eine neuartige, motivierende Form des Statusreports.

Größe der Früchte zeigt an, zu wie viel Prozent die Häuser in dem jeweiligen Ort fertiggestellt sind. Ich war einmal in einem Projekt mit dabei, wo sie mit so einer Visualisierung gearbeitet haben. Das hat total gut funktioniert. Wochenlang wurde diese Folie von allen immer wieder aufgerufen. Es ist doch klasse, wenn man seinen Projektfortschritt so richtig wachsen sieht. Das motiviert total. Wenn ihr einverstanden seid, entwickle ich so eine Folie.«

»Mir gefällt deine Idee«, sagte Linda. »Wenn du magst, schicke ich dir innerhalb der nächsten zwei Tage ein paar Vorschläge dazu.«

Stella war einverstanden. Und Bernd fühlte sich großartig. Er war stolz auf sein Team. Gleichzeitig blieb er bescheiden wie selten zuvor in einem Projekt. Er wusste, dass sein Team während der letzten Wochen Großartiges geleistet hatte. Es hatte sich selbst organisiert und alle Herausforderungen gemeistert. Er selbst hatte wenig dazu beigetragen. Doch das war egal, denn er hatte allen die Berechtigung gegeben, sich mit ganzer Leidenschaft einzubringen.

»Lasst uns so weitermachen«, sagte Bernd. »Wir sind ein großartiges Team, und ich habe keinen Zweifel daran, dass wir es bis Ende November schaffen können. Wenn wir in Stockholm einen der beiden Hauptpreise gewinnen – oder auch nur auf die Shortlist kommen –, dann wird das für uns alle eine Top-Referenz sein und uns möglicherweise viele neue Aufträge bescheren. Außerdem bleibt ja vielleicht sogar noch etwas von unserem Budget übrig, wenn wir drei Wochen schneller fertig werden. Dann können wir mit diesem Geld alle nach Transmontanien kommen und am 20. Dezember mit den Menschen gemeinsam feiern. Nach allen Problemen, die wir schon bewältigt haben, ist es jetzt nochmals eine enorme Herausforderung, zwei Wochen früher fertig zu werden. Aber mit der Leidenschaft, die ihr alle bis heute an den Tag gelegt habt, und mit der Begeisterung der Menschen vor Ort für ihre Häuser und das religiöse Fest, bin ich fest davon überzeugt, dass wir es schaffen werden!«

Es gibt wirkungsvollere Belohnungen als Geld oder übliche Boni

Bereits mehrfach bin ich in diesem Buch darauf eingegangen, wie wichtig Anerkennung und ein funktionierendes Belohnungssystem für virtuelle Teams sind. Jedes Teammitglied braucht echte und ehrliche Anerkennung. Mangel an Anerkennung ist der Hauptgrund, warum Menschen ein Team verlassen. An dieser Stelle geht es mir jedoch nicht um Anerkennung im Allgemeinen, sondern um besondere Belohnungen für außergewöhnliche Teamleistungen. Ein solcher Sonderpreis sollte niemals einfach in Geld oder anderen herkömmlichen Boni, wie beispielsweise Aktienoptionen, bestehen. Die Belohnung sollte vielmehr eine hoch emotionale Erfahrung für das gesamte Team bedeuten. Es muss ein Ereignis sein, dem jedes einzelne Teammitglied entgegenfiebert. Gerade weil die Mitglieder virtueller Teams einander nur selten persönlich sehen, ist ein gemeinschaftliches Event für alle eine sehr gute Belohnung.

> Ein Sonderpreis, der das Team zu Spitzenleistungen motivieren soll, muss auch etwas ganz Besonderes sein. Geld genügt nicht. Ein einzigartiges Erlebnis für alle muss her!

Reflexionsfragen:
Welches besondere Event würde alle Ihre Teammitglieder begeistern? An welchen außergewöhnlichen Ort würden alle gerne reisen, um dort den gemeinsamen Erfolg zu feiern?

Idealerweise hat das Event oder die Reise etwas mit Ihrer Branche oder dem besonderen Charakter des Projekts zu tun. Ein Team aus der Automobilindustrie könnte zum Beispiel nach erfolgreicher Projektarbeit den Großen Preis von Monaco in der Formel 1 besuchen. Leute aus der Werbebranche freuen sich vielleicht über einen gemeinsamen Besuch in Hollywood. Ihrer Fantasie sind kaum Grenzen gesetzt. In jedem Fall entsteht bei Menschen, die über einen längeren

Zeitraum räumlich getrennt zusammenarbeiten, ein Wunsch nach Gemeinschaftserlebnissen. Das umso mehr, wenn bei der Arbeit eine intensive virtuelle Beziehung mit anderen Teammitgliedern entstanden ist. Was gibt es dann Schöneres, als einen außergewöhnlichen Erfolg gemeinsam zu feiern? Achten Sie jedoch darauf, dass es eine besondere Belohnung wirklich ausschließlich für ganz außergewöhnliche Leistungen gibt und die Belohnung nicht von den Teammitgliedern ohnehin erwartet wird. Nur dann mobilisiert es Menschen tatsächlich und lässt sie die Extrameile gehen. Lassen Sie mich Ihnen dazu von einem persönlichen Erlebnis berichten.

Work hard, play hard – eine persönliche Success Story

In den Jahren 2006 und 2007 war ich Projektmanager in einem internationalen Konzern. Unser Projekt war Teil eines globalen Programms, und ich war verantwortlich für den Roll-out in Europa. Ziel des Projekts war es, das IT Servicemanagement von 20 europäischen Landesgesellschaften in das neu geschaffene globale Servicemanagement des Konzerns zu überführen. Das Projekt berührte drei Bereiche: Erstens Personal, da eine neue Organisationsstruktur geschaffen werden sollte. Zweitens Recht, da es komplett neue Serviceverträge geben würde. Und drittens Steuern, da IT-Dienstleistungen zukünftig grenzüberschreitend verrechnet würden. Anfang 2006 hatte ich lediglich zwei Vollzeitmitarbeiter für das Projekt zur Verfügung: Da war zunächst eine Deutsche, die ich hier einmal Klara nenne. Sie war fünfsprachig und extrem gut organisiert. Dazu kam ein Usbeke, nennen wir ihn Jamschid, mit Büro in Moskau. Das war ein großer, bulliger und energiegeladener Typ mit einem überbordenden Selbstvertrauen. Fünf globale Experten standen uns zur Unterstützung zur Verfügung, einer für HR, zwei für Recht bzw. Steuern und zwei für die sogenannte Designhoheit, eine typische Rolle in IT-Projekten. Hinzu kamen 20 IT-Service-Manager, die in ganz Europa verstreut waren und sich in Teilzeit um das Projekt kümmerten. Es war mein erstes großes internationales Projekt, deshalb wollte ich mich unbedingt beweisen. Ich fühlte mich persönlich verantwortlich für das Gelingen des Ganzen.

In den ersten drei Monaten lief alles perfekt und ich war vollkommen enthusiastisch. Ich reiste in viele Länder und traf dort großartige Leute. Dann wurden die virtuellen Teamkonferenzen plötzlich zäh. Die Projektmitarbeiter zogen nicht mehr so richtig mit. Heute weiß ich, woran das lag: Ich benahm mich wie ein

Professor im virtuellen Hörsaal. Weil ich glaubte, alles selbst am besten zu wissen, gab ich meinen Leuten ständig Anweisungen. Dabei hätte ich spüren können, dass ich manchmal sogar neidisch auf das Expertenwissen in meinem Team war. In rechtlichen und steuerlichen Fragen zum Beispiel kannte ich mich bei Weitem nicht so gut aus wie die entsprechenden Experten. Ich merkte, wie es immer schwieriger wurde, mein Team zu motivieren und zu Spitzenleistungen anzutreiben. Eines Tages schaute ich in den Spiegel und fragte mich: Was machst du hier eigentlich? Du bist von einem Produktivfaktor zu einem Bremser geworden. Und du treibst langsam aber sicher auf einen Burn-out zu. Lässt sich dieses Team nicht auch anders führen?

Da schied Jamschid, der Usbeke, aus dem Projekt aus. Er wollte anderswo Karriere machen. Ihn ersetzte Pilar, eine Spanierin mit einer Löwenmähne und einer heiseren Stimme. Sie brachte frischen Wind ins Team und trug mit dazu bei, dass die Dinge sich zum Positiven wendeten. Als das Projekt im Februar 2007 so richtig Fahrt aufnahm, kamen noch zwei weitere Leute in Vollzeit hinzu, sodass wir im Kernteam jetzt insgesamt zu fünft waren. Wir machten gemeinsam den Präsenz-Workshop, den ich eingangs in diesem Buch beschrieben habe, schauten uns unsere persönlichen »Lifelines« an und entdeckten die größten Stärken der jeweils anderen. Ich war vollkommen verblüfft, als mir klar wurde, welche tollen Leute ich da hatte, über wie viel Erfahrung sie verfügten und welche großen Herausforderungen sie in ihrem bisherigen Leben bereits gemeistert hatten. Ich empfand es als ein großes Geschenk, mit diesen Menschen arbeiten zu dürfen.

So schaffte ich es nun endlich, mein Ego zurückzunehmen. Das gesamte Team konzentrierte sich wieder stärker auf das Projekt. Wir hatten ein klares Ziel – und leider ein Zeitproblem: Wenn wir so weitermachen würden wie bisher, könnten wir niemals rechtzeitig fertig werden. Wir befanden uns außerdem im Wettbewerb mit den Teams der anderen Kontinente innerhalb des globalen Programms. Sollten wir Europäer als Einzige an der Aufgabe scheitern? Eine schreckliche Vorstellung! Anfang Mai 2007 hatten wir endlich so viel Schwung, dass ich unserem Aufsichtsgremium im Konzern, dem sogenannten Project Board, einen kühnen Vorschlag machte: Wenn wir drei Monate früher als geplant fertig würden, dann sollten alle 30 Mitglieder des erweiterten Teams für zwei Tage gemeinsam nach Teneriffa fliegen. Diese Reise würde sich von selbst finanzieren. Ich rechnete vor: Die Personalkosten für das Projekt betrugen rund eine Million Euro pro Jahr. Das zumindest war meine Schätzung, ausgehend von den Gehältern der Vollzeitmitarbeiter. Diejenigen, die nur in

Teilzeit an dem Projekt mitarbeiteten, bezog ich nicht in die Rechnung mit ein. Wenn wir ein ganzes Quartal früher fertig wären, würde das dem Unternehmen folglich 250 000 Euro an Personalkosten sparen. Für 50 000 Euro, also ein Fünftel der Gesamtsumme, würden wir alle für zwei Tage nach Teneriffa fliegen.

Zu meiner großen Freude war das Board mit dem Plan einverstanden und gab grünes Licht für die 50 000 Euro. Als ich dem Team die gute Nachricht überbrachte, änderte sich die Stimmung augenblicklich. Dazu muss man vielleicht noch wissen, dass wir in Weißrussland und Usbekistan Mitarbeiter hatten, die sich eine solche Reise kaum privat hätten leisten können. Ich sagte: »Okay, Leute, wenn ihr nach Teneriffa wollt, dann müsst ihr alle liefern. Jedes Land muss seinen Beitrag leisten und pünktlich fertig werden.« Wir hatten zwischenzeitlich auch einen wöchentlichen Statusreport eingeführt, der mit einer originellen Visualisierung arbeitete. Man sah auf der Folie eine Insel und zwanzig Fallschirmspringer. Immer, wenn ein Fallschirmspringer sich der Insel näherte, war ein Meilenstein erreicht. So stieg die Spannung Woche für Woche, Tag für Tag. Einerseits gab es einen spannenden Wettbewerb zwischen den einzelnen Ländern – wessen Fallschirmspringer landet schneller auf der Insel? Andererseits konnten wir unser Ziel nur gemeinsam erreichen und würden nur dann nach Teneriffa fliegen, wenn alle Fallschirmspringer rechtzeitig auf der Insel gelandet wären. Und tatsächlich: Am 30.12.2007, einen Tag vor der Deadline, landete der Fallschirmspringer aus Usbekistan als Letzter auf der Insel. Dass wir pünktlich fertig wurden, war jedoch nur das eine. Wir bekamen anschließend auch großartiges Feedback von unseren internen Kunden. Und schließlich hatten wir dem Unternehmen 200 000 Euro gespart. Eigentlich ja 250 000, doch 50 000 davon nahmen wir wie vereinbart und flogen für zwei Tage nach Teneriffa. Dort feierten wir die Party unseres Lebens!

Eine Belohnung muss großartig sein – und früh genug bekannt

Jetzt kennen Sie meine größte Erfolgsstory. Und die Moral von der Geschichte? Eine doppelte. Sei erstens kühn und großzügig, wenn du eine Belohnung versprichst. Irgendetwas, das niemand als etwas Besonderes empfindet, wird kaum für einen zusätzlichen Motivationsschub sorgen. Großzügig zu sein, sollte übrigens selten ein Problem darstellen. Wenn ein großes Projekt wesentlich schneller zum Abschluss kommt, lässt sich eine Reise an ein exotisches Ziel finanzieren und immer noch Geld sparen. Mache zweitens deine Belohnung früh genug bekannt. Nach meiner Erfahrung sollte das mindestens ein halbes Jahr vor dem avisierten Projektende sein. In einem virtuellen Team brauchen die Menschen noch etwas mehr Zeit, bis die Belohnung wirklich für jeden Einzelnen und das gesamte Team greifbar ist. Da man sich kaum persönlich sieht, dauert es länger, bis sich alle darüber ausgetauscht haben, wie cool es wäre, diese Belohnung zu bekommen und gemeinsam den Erfolg zu feiern.

> In virtuellen Teams brauchen Menschen mehr Zeit, bis eine Belohnung für sie greifbar wird. Machen Sie die Belohnung deshalb früh bekannt, mindestens ein halbes Jahr vor Projektende.

Noch etwas: Es lohnt die Mühe, sich einige Gedanken darüber zu machen, wie sich der Projektfortschritt spannend und lebendig visualisieren lässt. Die üblichen Folien mit Zahlen und Text sind in der Regel nicht motivierend genug. Bernds Team entscheidet sich für Früchte an einem Baum. Bei meinem ersten großen internationalen Projekt waren es Fallschirmspringer, die auf einer Insel landen. Lassen Sie Ihre Fantasie spielen! Die Visualisierung sollte Spaß machen und es allen ermöglichen, sich damit zu identifizieren.

Sie wissen noch nicht, was eine geeignete Belohnung für herausragende Leistung sein könnte? Dann machen Sie doch erst einmal ein Brainstorming mit Ihrem gesamten Team! Fragen Sie Ihre Leute, welche gemeinsame Unternehmung sie wirklich begeistern würde.

Passen Sie aber auf, dass Ihre Leute nicht zu bescheiden sind. Think big! Nennen Sie als Beispiele etwa internationale Top-Events Ihrer Branche oder schlagen Sie Orte vor, an denen sich auch Prominente aus dem Business treffen. Außergewöhnliche Belohnungen in der Kombination mit kreativem Reporting wird überragende Leistung und großartige Ergebnisse begünstigen.

Reflexionsfragen:
- Gibt es in Ihrem Team eine Belohnung für außergewöhnliche Leistungen?
- Welches gemeinsam besuchte Event, welches Reiseziel oder welche andere Form von Anerkennung könnte Ihr Team dazu bringen, die Extrameile zu gehen?
- Wie könnten Sie den Status Ihrer Zielerreichung auf kreative Weise visualisieren?

Der englische Unternehmer Richard Branson ist geradezu berühmt dafür, dass er seine Teams mit außergewöhnlichen Events zu Spitzenleistungen antreibt. Auf Necker Island, seiner Privatinsel in der Karibik, empfängt Richard Branson regelmäßig herausragende Mitarbeiter aus allen Unternehmensbereichen seiner Firmengruppe Virgin. Das Leben auf der Insel bietet jede Menge Action, Wassersport, Partys, Spaß, Überraschungen, aber auch Erholungsmöglichkeiten. Ein echtes Highlight ist es, wenn Richard Branson die Mitarbeiter persönlich im Hubschrauber abholt. Dabei ist es allein schon etwas Besonderes, dass Menschen hier miteinander feiern, die auf unterschiedlichen Kontinenten für Virgin arbeiten und einander normalerweise nie persönlich begegnen.

Geht es auch etwas preisgünstiger? Ja, wenn Sie nur kreativ genug sind!

Eine Reise für 30 Mitarbeiter auf eine Urlaubsinsel wie Teneriffa wird eine Organisation nur selten genehmigen. Selbst dann, wenn es durch Produktivitätsgewinne finanzierbar ist, welche die Mitarbeiter selbst ermöglicht haben. Wie lassen sich außerdem besondere Leistungen Einzelner regelmäßig belohnen? Ich habe in meinen Teams sehr gute Erfahrungen mit der Wahl zum »Champion des Monats« gemacht. Jeden Monat konnte ein Teammitglied, das außergewöhnliche Leistung abgeliefert hat, von den anderen dazu online nominiert werden. Am Ende wurde dann abgestimmt. Jeder im Team konnte jeden nominieren und jeder hatte eine Stimme beim Voting. Wer die meisten Stimmen bekam, war der »Champion des Monats«. Das Witzige hierbei war, dass diese Anerkennung nicht rein virtuell war, sondern es einen anfassbaren Wanderpreis gab. Nein, keinen Pokal, sondern eine wunderschöne afrikanische Puppe mit einem Flickenanzug in leuchtenden Farben. Diese Puppe wurde immer mit der Post an den jeweiligen »Champion des Monats« geschickt, und er oder sie stellte sich den Preis dann auf den Schreibtisch. Immer, wenn jemand hereinkam und fragte, was das für eine lustige Puppe sei, konnte das Teammitglied stolz erzählen, um was es sich handelte und wofür es den Preis bekommen hatte. Mehr und mehr wurde die exotische Puppe innerhalb des Teams zu einem begehrten Symbol für besondere Leistung.

> Es gibt die unterschiedlichsten Arten motivierender Belohnungen und Preise für virtuelle Teams. Überlegen Sie, was Ihre Mitarbeiter stolz machen könnte. Und was allen Spaß macht.

In unterschiedlichen Unternehmen und Organisationen habe ich schon eine ganze Reihe von Belohnungen und Preisen erlebt. Einmal habe ich zum Beispiel eine Online-Universität beraten, die solche MOOCs (Mass Open Online Courses) für Architektur anbietet wie in der Geschichte von Bernd und seinem Team. Während eines MOOC entwarfen die Studenten neuartige Schulgebäude für die Philippinen. Die Professoren wählten den besten Entwurf und stellten diesen eine

Woche lang an der Fakultät für Architektur und Design in Harvard aus. Der Student, der übrigens aus Sri Lanka stammte, war extrem stolz, dass sein Entwurf mit seinem Namen an einer der berühmtesten Universitäten der Welt gezeigt wurde. Ich kann Manager nur ermutigen, sich etwas einfallen zu lassen, um Teammitgliedern für besondere Leistungen sowohl materielle als auch immaterielle Anerkennung zukommen zu lassen. Nutzen Sie Ihre Ressourcen im Unternehmen, und lassen Sie Ihre Beziehungen spielen, um etwas Spektakuläres zu bieten. Wobei spektakulär nicht immer teuer bedeuten muss.

Dazu noch ein Beispiel: Eine deutsche Nichtregierungsorganisation für Jugendliche, die eigentlich kein Budget für großartige Feiern hatte, überredete einen Sponsor, den jungen Freiwilligen (es waren fast ausschließlich junge Männer) als Belohnung Tickets für ein Bundesligaspiel des FC Bayern München zu schenken. Natürlich muss so ein Vorschlag aus dem Team kommen und den Beteiligten auch wirklich Spaß machen. Eine bulgarische Nichtregierungsorganisation, die junge Bulgaren weltweit in Hilfsprojekte vermittelt und sich auch um soziale Belange in Bulgarien kümmert, hat einmal eine »virtuelle Party« veranstaltet, bei der sämtliche ihrer wichtigen Standorte mit dabei waren. Alle nahmen über eine große Videokonferenz teil und hatten als besonderen Clou selbst zu essen und zu trinken für die Party besorgt. Selbst eine solche Low-Budget-Party hat zumindest bei Jugendlichen funktioniert. Die jungen Leute hatten sehr viel Spaß, und das Event setzte zusätzliche Kräfte frei.

> Machen Sie doch statt einer Videokonferenz einmal eine »virtuelle Party«. Es gibt Essen, Getränke und Musik und die Teammitglieder schalten sich von überall für die »Party« zusammen.

Noch einmal: Außergewöhnliche Belohnungen sind nur für außergewöhnliche Leistungen sinnvoll. Und sie müssen dem gesamten Team Spaß machen. Eine Kombination aus Action, Gemütlichkeit und Party kommt meistens gut an. Zum Abschluss noch ein Tipp: Wenn schon einmal alle gemeinsam unterwegs sind, warum nicht noch einen Strategietag dranhängen? Dann kann das Team, sofern es in dieser Konstellation zusammenbleibt, sich gleich das nächste hohe Ziel setzen.

KAPITEL 12
Wo grenzenlose Teams auseinandergehen, da beginnt gleichzeitig etwas Neues

Bernds Glieder waren steif. Der Flug von Hamburg in die Hauptstadt von Transmontanien dauerte fast 18 Stunden. Bernd war abends um 19 Uhr abgeflogen, in Frankfurt umgestiegen und befand sich nun auf dem Weg nach Delhi. Dort würde der Airbus am nächsten Tag um 9:00 Uhr Ortszeit landen. Nach einem mehrstündigen Aufenthalt sollte ihn eine kleine indische Airline dann in nochmals rund drei Stunden ans endgültige Ziel bringen. Transmontanien hatte keine eigene Fluggesellschaft. Bernd stöhnte leise. Noch nicht einmal die Hälfte der Flugzeit war vorüber. Auf dem letzten dieser Flüge hatte er einfach einen Rotwein bestellt, einen Film aus dem Bordprogramm der Lufthansa geschaut und war dann fest eingeschlafen. Jetzt war er viel zu nervös, um zu schlafen. Die Stunden an Bord zogen sich hin, und seine Gedanken fuhren Karussell.

Zehn Monate führte Bernd jetzt sein virtuelles Team, und es fühlte sich an wie ein halbes Leben. Immer neue Bilder tauchten in seinen Gedanken auf. Als Erstes die zerstörten Häuser unmittelbar nach dem Erdbeben. Bernd spürte noch einmal den Schock, als er morgens im Bett die Bilder auf dem iPad gesehen hatte. Dann die ersten Skype-Konferenzen mit Anne und Claude, die Zuversicht und die Begeisterung in ihren Gesichtern. Er sah Linda, Pilar und Stella vor sich, die nacheinander in das Projektteam gekommen waren. Er erinnerte sich an den Workshop mit Paul – was für ein Durchbruch! Paul hatte ihm gezeigt, wie eine Führungskraft Menschen Verantwortung überträgt, statt Druck auszuüben.

Und jetzt kürzlich noch alle diese neuen Gesichter im erweiterten Team, die Professoren des MOOC, Edwin und seine Studenten, der Minister, der Direktor der örtlichen Baufirma, den er beinahe vergrault hätte, und noch viele andere. Es war eine neue Welt, ja es war eine ganz andere Art zu leben und zu arbeiten als die, die er im beschaulichen Hamburg gekannt hatte.

Bernd wusste, dass er schon kurz nach der Landung zum ersten Mal die fertigen Häuser sehen würde. »Ich kann es kaum glauben«, dachte er und spürte große Demut. »Das ist mein erstes großes internationales Projekt und ich war fast nie vor Ort auf den Baustellen. Trotzdem hat alles geklappt.« Während der letzten Wochen hatten die Einheimischen oft zwölf und manchmal 16 Stunden am Tag auf den Baustellen mitgeholfen. Ihre Einweisung hatte Edwin mit den örtlichen MOOC-Studenten und anderen Freiwilligen organisiert. Es war kalt und oft dunkel gewesen. Stundenlang hatten die Helfer nur im Licht großer Scheinwerfer arbeiten können. Doch die Menschen waren bereit, alles zu geben, damit ihre Häuser am kommenden religiösen Feiertag fertig eingerichtet sein würden.

> Nach zehn Monaten sind die Häuser fertig. Bernd fliegt nach Transmontanien, um die Neubaugebiete zu besichtigen und zu feiern. Von der Hauptstadt aus wird das Team virtuell an der Preisverleihung teilnehmen.

»Mein Team hat es geschafft«, dachte Bernd. »Und dieses Mal liegt die Betonung auf *Team* und nicht auf *mein*.« Ihm gefiel dieser Gedanke, gleichzeitig spürte er, wie er ihm das Herz wärmte. Auch der Innenausbau der Häuser war tatsächlich pünktlich fertig geworden. So hatte das Team die Baupläne und Projektdaten rechtzeitig als Wettbewerbsbeitrag in Stockholm einreichen können. »Wir haben eine realistische Chance, mindestens einen der beiden Preise zu gewinnen«, hatte Claude kürzlich bei einer Konferenz gesagt. »Aber die Sache ist noch nicht entschieden. Vor allem die Mexikaner und die Brasilianer haben ebenfalls sehr starke Beiträge.«

Bernds Sitznachbarn waren in Decken gehüllt und schliefen. Um sich sinnvoll zu beschäftigen, ging er in Gedanken den Plan für den nächsten Tag durch: Landung gegen Mittag Ortszeit. Anne und Edwin würden ihn von dem kleinen Flughafen mit seinen flachen Betonbauten abholen. Er freute sich schon, die beiden wiederzusehen. Zu dritt würden sie mit Annes Dienstwagen, einem Hyundai-SUV, zu einem der Neubaugebiete ungefähr 200 km nördlich der Hauptstadt fahren. Geplant war, mit dem örtlichen Bürgermeister zu Abend zu essen und in dem Ort zu übernachten. Am nächsten Morgen Rückfahrt in die Hauptstadt. Für die restliche Zeit seines Aufenthalts würde Bernd im Gästehaus der Regierung wohnen, einer Villa aus der britischen Kolonialzeit, umgeben von einem großen Park. Die anderen Teammitglieder waren entweder schon da oder würden morgen im Lauf des Tages eintreffen. Alle hatten so enge Beziehungen mit den Einheimischen geknüpft, dass sie in deren Häuser eingeladen waren. Claude und Stella würden bei den Eltern zweier MOOC-Studenten wohnen, die zur Oberschicht der Hauptstadt gehörten. Linda und Pilar waren in Annes Haus eingeladen. Diese Gastfreundschaft war unüblich für die Kultur in Transmontanien, doch der Teamgeist war längst stärker als örtliche Traditionen. Paul wollte sich von den Cayman Islands per Videokonferenz zuschalten, sobald die Preisverleihung in Stockholm losging. Tief in Gedanken versunken und voller Vorfreude schlief Bernd schließlich doch ein.

Was für ein Anblick! Bernd, Anne und Edwin standen mitten in einem der Neubaugebiete, umgeben von den nachhaltigen und erdbebensicheren Häusern, die ihr Team entworfen und gebaut hatte. Es war bitterkalt, aber wolkenlos, und die Solardächer funkelten im Sonnenlicht. Anne und Edwin hatten Bernd am Flughafen erwartet. Nach einem Imbiss in der winzigen Business-Lounge waren sie wie geplant direkt in das erste erreichbare Neubaugebiet gefahren. Bernd konnte es kaum fassen, jetzt wirklich hier zu stehen. Er rang mit seinen Gefühlen. So viele vollendete Projekte hatte er in seinem Leben schon besichtigt, aber dies hier war etwas ganz Besonderes. Die Straßen waren voller Menschen, Männer und Frauen und viele Kinder. Sie waren in dicke, bunte Wollstoffe gekleidet und trugen Möbel, Töpfe, Pfannen, Geschirr und andere Einrichtungsgegenstände in die Häuser. Durch einige Fenster konnte man sehen, wie die Menschen sich einrichteten.

> Bei der Besichtigung eines Neubaugebiets ist Bernd überwältigt. Er spürt die Wärme und Dankbarkeit der Einheimischen. Sie freuen sich, das große Fest in den neuen Häusern feiern zu können.

Als sie zu dritt durch die Straßen gingen, die noch nicht fertig gepflastert waren, wurden Anne und Edwin von vielen Menschen herzlich begrüßt. Anne stellte ihnen Bernd in der Landessprache vor. Dann verbeugten sich die Menschen vor ihm auf die traditionelle Weise. Einige Ältere wollten Bernds Hand berühren, während sie sich verneigten. Er konnte nicht verstehen, was die Menschen sagten, doch er spürte jedes Mal eine Welle menschlicher Wärme und Dankbarkeit.

»Die Menschen fühlen sich geehrt, dir persönlich zu begegnen«, erklärte Anne. »Viele sagen, wie dankbar sie sind, dass sie für den Winter ein warmes Wohnzimmer und ein solides Dach über dem Kopf haben«, übersetzte sie. »Sie freuen sich, das große Fest morgen in ihren Häusern feiern zu können.«

Dann betraten sie ein Haus, bei dessen Bewohnern Anne sie vorher angekündigt hatte. Nach der herzlichen Begrüßung und einer Tasse heißem Tee zeigte Edwin Bernd, an welchen Stellen die neuartigen Materialien eingesetzt worden waren. Edwin war sehr stolz, ließ sich das aber nach außen nicht anmerken. Ruhig und sachlich demonstrierte er die Solaranlagen und erklärte, wie die Materialien sich im Fall eines Erdbebens verhalten würden.

»Das ganze Haus ist so biegsam wie ein Schilfrohr«, erläuterte der junge Chinese. »Bei einem schweren Erdbeben wird es sehr stark schwingen, aber es werden keine Teile herabfallen und die Fensterscheiben können nicht splittern.«

Der ganze Nachmittag fühlte sich für Bernd wie die Erfüllung eines Traums an. Am Abend fanden sich alle im Haus des Bürgermeisters ein. Das Haus war relativ eng. Es war festlich dekoriert und voller Menschen. Bei aller Herzlichkeit ging es sehr förmlich und traditionell zu. Der Bürgermeister hielt eine Rede, in der er Bernd und seinem gesamten Team für die großartige Organisation dankte. Er hob die erfolgreiche Zusammenarbeit mit den örtlichen Bauleuten hervor und erwähnte auch noch einmal die engagierte Mitarbeit vieler Einheimischer in den vergangenen Wochen. Das Festessen bestand aus unzähligen Gängen und schmeckte ausgezeichnet. Einmal schien es Bernd, als ob eine der großen Buddha-Statuen im Raum ihm zuzwinkerte. »Das muss am Reiswein liegen«, dachte er.

Früh am nächsten Morgen fuhren Bernd, Anne und Edwin zurück in die Hauptstadt. Der Bürgermeister verabschiedete sie und wünschte ihnen alles Gute für den Wettbewerb in Stockholm. Er war sicher, dass sie einen Preis gewinnen würden. In Annes Haus trafen sie dann zunächst Linda und Pilar. Die beiden Frauen waren schon seit drei Tagen im Land. Anne hatte ihnen vorgestern bereits eines der Neubaugebiete gezeigt. Claude und Stella besichtigten gerade noch ein weiteres Neubaugebiet, begleitet von ihren Gastgebern. Am Mittag waren sie zurück. Das gesamte Team traf sich jetzt zum Lunch in einem der schönsten Lokale der Hauptstadt. Alle genossen es, nach zehn Monaten virtueller Zusammenarbeit, mit ihren Höhen und Tiefen, hier zusammen zu sein. Eine große Nähe war spürbar, und es wurde viel gelacht. Gleichzeitig tauschten sich alle intensiv darüber aus, was sie während des Projekts für die Zukunft gelernt hatten.

Die Videobrücke nach Stockholm war für 17:00 Uhr geplant, als es in Europa noch Vormittag war. Gegen halb fünf hatten sich bereits alle in einem Saal im Konferenzzentrum der Regierung eingefunden. Anne und ihre Mitarbeiter hatten alles perfekt vorbereitet. Eine große Videoleinwand hing in der Mitte des Raums. Drei Webcams waren in unterschiedlichen Neubaugebieten installiert und konnten von dort Livebilder senden.

Der Saal war voll. Hohe Beamte der Regierung waren gekommen, alle Mitarbeiter von Anne, Vertreter der Baufirma, einschließlich Chefingenieur und Koordinator, Mitglieder des erweiterten Teams sowie sämtliche MOOC-Studenten aus Transmontanien. Bernd verstand jetzt noch besser, warum das Projekt so gut funktioniert hatte. Er lernte Menschen kennen, die an wichtigen Schnittstellen gearbeitet hatten und von deren Existenz er bisher gar nichts gewusst hatte. Das alles kam ihm vor wie ein kleines Wunder.

> Als das ganze Team endlich einmal zusammen ist, wird viel Nähe spürbar. Um 17.00 Uhr beginnt die Videobrücke zur Preisverleihung. Claude präsentiert das Projekt live.

Um kurz vor 17:00 Uhr starrten alle gebannt auf den Videobildschirm, der Livebilder von der Preisverleihung in Stockholm zeigte. Man sah einen gut gefüllten Saal, verschiedene Kameras, Kabinen für die Simultanübersetzer – es war ein richtig großes internationales Event. Um Punkt 17:00 Uhr wurden sie dann live zugeschaltet. In Stockholm war erst der Saal in Transmontanien zu sehen, dann die Livebilder von den Webcams aus den Neubaugebieten. Man sah die Häuser und die vielen Menschen, die ein- und ausgingen und dabei waren, sich einzurichten. Der Moderator gab nun das Wort nach Transmontanien und bat darum, das Projekt zu präsentieren. Zunächst sprach ein Beamter der Regierung und drückte seine Dankbarkeit aus. Das hatte man mit den Einheimischen so abgesprochen. Dann übernahm Claude das Mikrofon und nannte in seinem geschliffenen Englisch die wichtigsten Zahlen, Daten und Fakten des Projekts: wie viele Häuser in welcher Zeit errichtet, welche innovativen Materialien und Techniken verwendet, wie viele Menschen insgesamt in welchen Regionen versorgt worden waren, welches Budget, was für eine Art der Finanzierung und so weiter.

Bernd wollte selbst nicht auf die Bühne. Es genügte ihm, das Leuchten in den Augen seines Teams und der Einheimischen zu sehen. Als die Präsentation beendet war, gab es in Stockholm großen Applaus. Sie waren der letzte Wettbewerbsbeitrag, der vorgestellt wurde, deshalb ging es nun unmittelbar zur Preisverleihung. Es war vollkommen still im Saal in Transmontanien, als der Moderator in Stockholm mit zwei Umschlägen ans Mikrofon trat. Niemand rührte sich. Anne hielt sich die Hand vor den Mund. Der Moderator öffnete den ersten Umschlag.

»Der Preis für die innovativste Architektur des Jahres geht an Manuel Vargas und sein Team aus Brasilien.«

Enttäuschte Gesichter überall im Konferenzzentrum in Transmontanien. Besonders bei den Asiaten. In Stockholm betrat ein brasilianischer Architekt freudestrahlend die Bühne. Bernd schaute zu den anderen Teammitgliedern.

»Wir sind weder die Ersten noch die Einzigen, die resiliente Häuser bauen«, sagte Claude nüchtern. »Aber warten wir ab, wer den zweiten Hauptpreis bekommt.«

Der Moderator in Stockholm war wieder alleine auf der Bühne und öffnete den zweiten Umschlag.

»Der Preis für soziale Verantwortung geht an Bernd Schmidt aus Deutschland und sein grenzenloses virtuelles Team für erdbebensichere Häuser in Transmontanien.«

Das Team jubelte. Claude, Pilar und Linda sprangen in die Höhe. Anne gab Stella lächelnd die Hand. Edwin klatschte strahlend mit den Studenten ab. Währenddessen ging in Stockholm Bernds Frau Wiebke auf die Bühne, um den Preis im Namen des Teams entgegenzunehmen.

Bernd war überglücklich. Er schüttelte jedem im Saal die Hand und wurde von allen Mitgliedern des Kernteams geherzt. Er zeigte Paul über die Videokamera den erhobenen Daumen und sah ein zufriedenes Lächeln auf dessen Gesicht. Plötzlich erklang laute Musik: »We are the champions, my friends.« Claude hatte sein iPhone mit der Musikanlage verbunden. Nach einer halben Stunde voller Freudentänze und Umarmungen bat Bernd um Ruhe und stellte sich vorne ans Mikrofon.

»Vor zehn Monaten habe ich dieses Projekt begonnen, um den notleidenden Menschen hier zu helfen und gleichzeitig meine erste internationale Erfahrung als Bauunternehmer zu machen. Bis zu diesem Zeitpunkt hatte ich immer nur in Deutschland gearbeitet und war ein wenig stolz darauf, Zeitpläne und Budgets stets eingehalten zu haben. Ich war davon überzeugt gewesen, dass das vor allem an meinen Führungsqualitäten und an meinen ausgefeilten Prozessen lag. Doch was während der vergangenen zehn Monate geschehen ist, hat meine kühnsten Träume übertroffen. Ihr seid alle leuchtende Sterne. Es ist mir eine Ehre, dieses Team zu führen, und ich bin davon überzeugt dass wir mit diesem Team noch Geschichte schreiben werden.«

Jetzt würdigte Bernd jedes einzelne Teammitglied. Er begann mit Anne, die ganz links im Raum stand, und hob hervor, was für eine Stütze des Teams sie von Anfang an gewesen war. Dann wollte er etwas über Claude sagen, als dessen Mobiltelefon klingelte. Zu Bernds Entsetzen nahm Claude das Gespräch an! Irritiert machte Bernd mit Stella weiter. Er sprach jedes einzelne Teammitglied persönlich an und schaute ihm dabei in die Augen. Während er jeden Einzelnen lobte, sah er, wie einige rot wurden, andere Tränen der Rührung in den Augen hatten. Alle waren sich bewusst, dass sie bei einer ganz großen Sache mit dabei gewesen waren. Zum Schluss wollte Bernd zu Claude kommen, der sein Telefonat endlich beendet hatte. Da ergriff der Kanadier selbst das Wort.

»Hört mal alle her«, sagte Claude mit einem breiten Grinsen im Gesicht. »Ich habe gerade einen Anruf von einer internationalen Hilfsorganisation bekommen, die beim Architekturgipfel in Stockholm mit dabei ist. Die haben uns schon seit Längerem beobachtet und jetzt, da wir einen der beiden Preise gewonnen haben, sollen wir in ihrem Auftrag ein Flüchtlingslager in Afrika bauen. Es soll für die Geflüchteten eine menschenwürdige Unterkunft sein, und wir sollen die innovativen Bauweisen, neuen Materialien und Solarkomponenten verwenden, die wir auch hier in Transmontanien verbaut haben. Na, was sagt ihr dazu? Bist du dabei, Bernd?«

Bernd hält eine Rede und würdigt noch einmal jedes einzelne Teammitglied. Da bekommt Claude einen Anruf auf seinem Mobiltelefon. Das nächste Projekt wartet. Diesmal möchte Linda die Leitung des Teams übernehmen.

Bernds Irritation über Claudes Handytelefonat war wie weggeblasen. »Selbstverständlich«, erwiderte er lachend. »Und wie steht es mit euch?« Linda, Pilar, Stella und Edwin sagten ebenfalls zu.

»Ich würde sehr gerne mitmachen«, meinte Anne. »Ihr seid ein fantastisches Team. Aber ich fürchte, ich kann beim nächsten Mal nicht mit dabei sein. Ich arbeite im Auftrag meiner Regierung und es gibt hier noch eine Menge zu tun, bis die Infrastruktur wieder vollständig hergestellt ist. Außerdem habe ich meine Familie in den vergangenen zehn Monaten ein wenig vernachlässigt. Ich würde mich aber dennoch freuen, wenn wir in Kontakt blieben.«

»Ihr alle habt Führungsqualitäten bewiesen«, sagte Bernd. »Ich habe in Deutschland noch einige Anfragen für Projekte. Außerdem ist die chinesische Baufirma bereits auf mich zugekommen. Es geht um eine weitere Retortenstadt in China. Wer von euch hat Lust und sieht sich in der Lage, das Projekt in Afrika zu leiten?«

»Das würde ich sehr gerne machen«, sagte Linda. »Wenn du mir vertraust.« Ihre Stimme klang selbstbewusst und entschlossen. »Ich bin Finanzexpertin und möchte den Menschen auf meinem Kontinent helfen. Mit der Expertise von Claude und Pilar im Bereich der Architektur können wir wieder etwas Großartiges schaffen. Maximale Freiheit und Eigenverantwortung für alle im Team wäre dabei auch meine Devise.«

»Du kannst auf mich und mein Netzwerk zählen«, sagte Claude. Stella und Pilar erklärten sich ebenfalls einverstanden mit Linda als Projektleiterin.

»Ich war noch nie in Afrika«, meinte Edwin schmunzelnd, »aber meine chinesischen Landsleute engagieren sich dort ja schon immer mehr. Also bin ich dabei.«

»Großartig«, sagte Bernd. »Ich freue mich riesig. Und nun lasst uns alle feiern gehen!«

High Potentials als Multiplikatoren und Scharniere

So endet also das Projekt des virtuellen Teams aus Bernd, Claude, Anne, Linda, Pilar, Stella, Edwin und den anderen. Gemeinsam mit Studenten aus aller Welt hat das Team neuartige, erdbebensichere Häuser entworfen und in dem Erdbebengebiet mit seinen verheerenden Zerstörungen termingerecht errichtet. Für ihr soziales Engagement mit den Mitteln der Architektur erhält das Team am Schluss einen internationalen Preis. Es gab manche Höhen und Tiefen im Projekt, doch am Ende sind alle glücklich und zufrieden. Das Erstaunliche: Es geht sofort weiter! Ein neues Projekt schließt sich an. Ist das Zufall? Wahrscheinlich nicht. Das Team hat eine gemeinsame Mission und Vision entwickelt. Eine wirklich kraftvolle Mission und Vision setzt sich wie von selbst fort. Sie findet weitere Anhänger. Die Führungsverantwortung geht dabei oft über auf die nächste Generation – oder auf diejenigen, die bisher in der zweiten Reihe standen.

Als ich vor Jahren anfing, große virtuelle Teams zu leiten – Teams also, in denen Menschen auf der ganzen Welt beteiligt und unterschiedliche

Hierarchiestufen in Unternehmen betroffen waren –, wurde mir bald klar, dass ich als Teamleiter nicht länger der Einzige sein kann, der eine kraftvolle Vision und Mission vermittelt. Ich brauchte Multiplikatoren, die unsere Mission und Vision an andere Orte der Welt und auf andere Hierarchieebenen im Unternehmen trugen. Wie habe ich das erreicht? Erinnern Sie sich an Kapitel 4 und die verzahnten Ziele: Die Methode der verzahnten Ziele besteht darin, die Mission und Vision des Teams in so viele Einzelziele herunterzubrechen, dass jedes Mitglied des Kernteams für genau ein strategisches Ziel verantwortlich ist. Den richtigen Weg zu seinem persönlichen Ziel soll jedes Teammitglied dann möglichst eigenverantwortlich finden und gehen.

> In größeren Teams brauchen Sie Multiplikatoren, um die Mission und Vision weiterzutragen. Das gelingt am besten, indem Sie junge High Potentials möglichst früh einbinden und ihnen Verantwortung übertragen.

Die Mitglieder des Kernteams müssen ihre Ziele nicht ganz allein erreichen. Im Idealfall finden sich für jedes Einzelziel weitere drei bis fünf meist jüngere High Potentials. Sie bilden ein weiteres kleines virtuelles Team, ein Sub-Team, das unter der Führung des zuständigen Mitglieds des Kernteams gemeinsam an einem Ziel arbeitet. In Bernds Team kommen zum Beispiel Edwin und seine besten Studenten ins Boot, als es darum geht, Ideen für neue Materialien und Bauweisen zu entwickeln und umzusetzen. Innerhalb von großen internationalen Konzernen ist es meistens so, dass in Projekten High Potentials ins Spiel kommen, die auf die eine oder andere Weise bereits Führungsqualitäten bewiesen haben. Es ist normalerweise die Aufgabe der HR-Abteilung, herausragende junge Talente zu erkennen und dafür zu sorgen, dass sie für zukünftige Führungsaufgaben berücksichtigt werden. Projektleiter können sich an die Personalabteilung wenden und fragen, wer für eine bestimmte Aufgabe infrage kommt und ins virtuelle Team geholt werden könnte. Wo das nicht der Fall ist, zum Beispiel in vielen kleinen und mittleren Unternehmen, bei Start-ups oder in Nichtregierungsorganisationen, muss das Kernteam sich selbst um Verstärkung kümmern. Es wird dann in der Regel schauen, wer aus dem erweiterten Team dafür infrage kommt, mehr Verantwortung für bestimmte Aufgaben – und schließlich eine echte Führungsrolle – zu übernehmen.

Nachwuchsförderung statt Visionen im Elfenbeinturm

Für virtuelle Teams ist es nach meiner Erfahrung stets besonders wichtig, die jeweils nächste Ebene innerhalb einer Organisation bzw. das erweiterte Team in die strategische Agenda mit einzubinden. Nicht allein das Kernteam darf Mission und Vision verinnerlicht haben. Es müssen mehr Leute dazukommen. Sonst droht das Elfenbeinturm-Syndrom. Damit meine ich, dass das Kern- oder Leadershipteam große Visionen hat und sich untereinander auch intensiv darüber austauscht, aber gar nicht merkt, wie es sich mehr und mehr vom restlichen Team und der gesamten Organisation abkoppelt. Die Führungspersonen sitzen in einem Elfenbeinturm und pushen sich gegenseitig hoch, während diejenigen, die außerhalb des Turms und weiter weg sind, überhaupt nicht mehr verstehen, was gemeint ist. Um das zu verhindern, sind High Potentials als Scharniere zwischen dem Kernteam und dem restlichen Team oder der gesamten Organisation so wichtig. Binden Sie also rechtzeitig jüngere bzw. weniger erfahrene Teammitglieder in die strategische Arbeit und die Führungsverantwortung ein. Selbstverständlich kommen dafür nur die Besten infrage – echte High Potentials also.

Vorsicht Falle!

In großen virtuellen Teams passiert es schnell, dass der Führungskreis im Elfenbeinturm sitzt und sich über Visionen austauscht, während an der Basis keiner mehr versteht, was los ist. Nachwuchs-Führungskräfte sind da die besten Scharniere zwischen Strategen und Basis.

Mein Vorschlag aus der Praxis: Drei bis fünf High Potentials pro strategischem Ziel nehmen an den regelmäßigen Online-Konferenzen des Kernteams teil. Wenn das Budget es erlaubt, sollten ein bis zwei der Talentiertesten außerdem für zwei bis drei Monate an einen anderen Standort wechseln und dort für dasselbe strategische Ziel arbeiten wie bisher. Es entsteht eine positive Dynamik, wenn es virtuelle Sub-Teams gibt, die an den strategischen Diskussionen teilhaben und gleichzeitig im operativen Geschäft tätig sind. Sie denken strategisch, sie haben Mission und Vision verinnerlicht, gleichzeitig wissen sie auch, was an der Basis los ist und müssen sich dort bewähren. Wenn Ihre Nachwuchs-Führungstalente an unterschiedlichen Orten der Welt oder auf unterschiedlichen Hierarchieebenen der Organisation sitzen, dann schafft das die besten Voraussetzungen, dass daraus die Top-Führungskräfte der nächsten Generation werden.

Bernd hat im Verlauf seines Projekts immer mehr Mitglieder des erweiterten Teams strategisch eingebunden und ans Kernteam angedockt. Er hat sogar von wichtigen Lieferanten und Partnern Leute eingebunden, um die Innovationsgeschwindigkeit zu erhöhen, schneller zum Ziel zu kommen und die Mission und Vision des Projekts weiterzutragen. Wenn es Ihnen gelingt, das gesamte Team zu mobilisieren, ist der große Vorteil, dass Chancen genutzt werden, die das Kernteam leicht übersieht. Dazu ist es nötig, dass möglichst viele die Mission und Vision des Teams verinnerlicht haben. Denn nur wer eine Vision hat, sieht auch Chancen. Sobald Sie auch im erweiterten Team junge Führungspersönlichkeiten haben, die strategische Initiativen eigenverantwortlich vorantreiben, werden neue Ideen viel schneller in die Tat umgesetzt. Die Nachwuchs-Führungstalente erkennen nicht nur neue Chancen, sondern gründen auch eigenverantwortlich virtuelle Sub-Teams, um die von ihnen erkannten Möglichkeiten gleich in die Tat umzusetzen.

> **Drei bis fünf High Potentials pro strategischem Ziel sollten an den regelmäßigen Konferenzen teilnehmen. Außerdem sollten die Nachwuchskräfte nach Möglichkeit auf Zeit an verschiedenen Standorten eingesetzt werden.**

Wenn Mission und Vision das gesamte Team beflügeln

Nachwuchs-Führungskräfte für neue Projekte gewinnen Sie am besten durch die Förderung von Mitarbeitern im bestehenden Projekt. In Bernds Team meldet sich Linda als Leiterin des nächsten Projekts, weil sie unter Bernds Führung – und dem Einfluss von Paul – erfahren durfte, was »Empowerment« bedeutet. Wenn jeder auch im erweiterten Team sieht, dass er seine Chancen bekommt und eigenverantwortlich Initiativen zu seinen Zielen starten kann, unabhängig davon, wo auf der Welt oder wo in der Organisation er sitzt, dann entsteht noch einmal ein ganz eigener, starker Team-Spirit. Ihre Leute erkennen: Ja, wir können alles schaffen, wir können Großes leisten, egal, welche Distanzen, Zeitzonen oder kulturellen Unterschiede uns trennen. Wenn ein solcher Spirit entstanden ist, dann kann es auch immer weitergehen, das heißt, dann finden am Ende eines Projekts fast automatisch die richtigen Leute für ein neues Projekt zusammen.

Ich habe in meiner Tätigkeit als Coach bereits Unternehmen aller Größen und Branchen als Kunden gehabt. Konzerne und echte Global Player waren ebenso darunter wie international aufgestellte Mittelständler und sogar Start-ups. Überall ist es gelungen, das erweiterte Team in die Agenda, die strategische Denkweise, die Mission und Vision einzubeziehen. So wurden kontinuierliche Fortschritte erzielt. Gerade im letzten Jahr hatte ich das Glück, mit einer Reihe von Nichtregierungsorganisationen arbeiten zu dürfen, die große internationale Projekte im Bereich der Bildung, der Prävention für Jugendliche oder der Integration unterschiedlicher sozialer Gruppen verantworten. Hier ist es ganz entscheidend, dass Projekte nachhaltig sind und dass es eine Kontinuität der Mission über einzelne Projekte hinweg gibt. Gerade Nichtregierungsorganisationen haben eine klare Mission und Vision auf dieser Welt und brauchen immer wieder neue Leute, die diese Vision teilen und in konkreten Projekten in die Tat umsetzen. Bei den Projekten, an denen ich beteiligt war, war es entscheidend, innerhalb großer und weit verstreuter Gruppen effektiv zu kommunizieren und die Motivation über eine lange Zeit hoch zu halten.

> **Wer dauerhafte Begeisterung und hohe Motivation im Team will, der sollte Schritt für Schritt sämtliche Teammitglieder in die Agenda, die Mission und Vision und die strategische Denkweise einbeziehen.**

In meinen Projekten habe ich stets dafür gesorgt, dass Beteiligte auf allen Ebenen anfangen, strategisch zu denken und die Mission und Vision zu verinnerlichen. Virtuelle Teams scheitern oft daran, dass es einige wenige gibt, die strategisch denken, und andere sich nur als operative Umsetzer verstehen. Die Kunst, ein Team zum Erfolg zu führen, besteht nicht zuletzt auch darin, diese beiden Ebenen – Strategie und

Umsetzung – eng zu verzahnen. Dann sitzen weder die Führungskräfte im Elfenbeinturm noch sehen sich die Mitarbeiter auf der operativen Ebene als bloße Befehlsempfänger. Die Gravitationskraft des gesamten Teams steigt und überschreitet geografische und kulturelle Grenzen mit Leichtigkeit.

Anhang

Epilog

Bernd nahm einen tiefen Atemzug. Kalte und frische Bergluft füllte seine Lunge und sorgte für einen klaren Geist. Sein Körper fühlte sich gereinigt an. Er hatte gerade die erste fantastische Abfahrt auf der Skipiste hinter sich. Seine Beinmuskulatur war noch angenehm warm. Neben ihm im Sessellift saß seine Tochter Lena. Sie hatte rote Wangen, blinzelte in der Sonne und schaute auf ihr Smartphone, mit dem sie in einem irrsinnigen Tempo WhatsApp-Nachrichten an ihre Freunde schickte. Gleich nach seiner Rückkehr aus Transmontanien war Bernd mit Wiebke und Lena in ihren Lieblings-Skiort in den Alpen gefahren. Sie wollten über Silvester dort bleiben. Bernd schloss die Augen und genoss die sanften, warmen Strahlen der Wintersonne im Gesicht. Vor seinem geistigen Auge sah er noch einmal die neu gebauten Häuser in Transmontanien. Er sah lächelnde und dankbare Einheimische. Er sah die Gesichter von Anne, Claude, Pilar und Linda, alle lebhaft im Gespräch. Dann Edwin und Stella, voller Begeisterung und Tatkraft. Schließlich sah er Paul mit seinem ruhigen, abgeklärten Lächeln. Auch an den einen oder anderen Beamten der Regierung und an verschiedene Vertreter der Baufirmen und der anderen Lieferanten erinnerte sich Bernd jetzt. Was für eine große Gemeinschaft da während der vergangenen zehn Monate entstanden war! Bernd war zufrieden. Gleichzeitig war er nicht so stolz auf sich selbst wie früher nach erfolgreichen Projekten, sondern blieb bescheiden. Ja, er hatte damals den ersten Schritt gemacht. Aber dann waren es die Leidenschaft, die Energie und die Begeisterung so vieler Menschen im Team gewesen, die letztlich zum Erfolg geführt hatten. Jetzt, nach all den Schwierigkeiten, mit denen sie zu kämpfen gehabt hatten – Finanzierung, Zeitdruck, neue Baumaterialien, einheimische Baufirmen und vieles mehr –, fühlte sich alles leicht und zutiefst befriedigend an. »Das war es wert«, dachte Bernd. Und dann fragte er sich: »Kann es sein, dass ich das alles schon vermisse? Unsere wöchentlichen Teamkonferenzen, die ständigen Herausforderungen, unseren festen Glauben, dass wir es gemeinsam schaffen werden, was auch immer passiert?«

Während der Sessellift weiter bergauf fuhr, holte Bernd auch noch einmal die Erinnerung an die Preisverleihung in Stockholm ein, die sie von Asien aus auf dem Monitor verfolgt hatten. Nach dem Preisgewinn hatte er Glückwünsche aus aller Welt erhalten. Bernd war dieses Maß an Anerkennung und Publicity nicht gewohnt. Aber es schmeichelte ihm, und ganz heimlich genoss er es.

Während dieses kurzen Urlaubs um den Jahreswechsel wollte er sich endlich einmal voll auf seine Familie konzentrieren und sich nicht den ganzen Tag von seinem Smartphone bestimmen lassen. Er hatte deshalb Stella, die weiterhin für ihn arbeitete, gebeten, während seines Urlaubs die E-Mails vorzusortieren und ihm nur diejenigen weiterzuleiten, die sofortige Aktivität erforderten. Insgeheim hoffte er, dass Stella ihm keine einzige Mail weiterleiten würde. Trotzdem spürte er auf halbem Weg zur Bergstation plötzlich das Verlangen, seine E-Mails auf dem Smartphone abzurufen. Kaum hatte er das Telefon aus der Jackentasche geholt, sah er auf dem Display bereits eine Message von Stella und das Wort »wichtig«.

»Verdammt«, dachte Bernd und ging sofort in den Kampfmodus über. Er öffnete das Mail-Programm und las die Nachricht, die Stella ihm weitergeleitet hatte. Da entspannte er sich sofort wieder, und in seinem Gesicht zeichnete sich ein breites Lächeln ab.

»Das glaube ich ja nicht«, sagte Bernd laut. Seine Tochter wandte ihren Blick von WhatsApp ab und schaute zu ihm herüber.

»Stell dir vor, Lena«, sagte Bernd, »ein Milliardär aus Kalifornien hat eine Insel im Pazifik gekauft und will, dass ich die bebaue! Er nennt sie die ›Regenbogeninsel‹ und will ein nachhaltiges Urlaubsresort errichten, wo alle großen Kulturen der fünf Kontinente mit ihrer traditionellen Architektur, ihrer Küche und ihrer Kunst vertreten sind. Er will das Resort ausschließlich mit nachhaltiger Energie betreiben. Und er will einen innovativen Unternehmer statt eines multinationalen Baukonzerns mit der Bauleitung beauftragen. Hier steht, dass das Investitionsvolumen 500 Millionen Dollar betragen soll. Der Milliardär hat die Preisverleihung in Stockholm übers Internet verfolgt und unsere Präsentation gesehen. Er schreibt mir: ›Ich bin zutiefst beeindruckt von Ihrer Arbeit in Transmontanien, und ich würde mich freuen, wenn Sie sich unsere Idee so bald wie möglich anschauen könnten.‹«

Der Sessel war an der Bergstation angekommen. Es war Zeit auszusteigen und die nächste Abfahrt zu beginnen. Kurz bevor er sich auf die Piste stürzte, blieb Bernd einen Augenblick neben der Bergstation stehen und ließ den Blick über die umgebenden schneebedeckten Berggipfel schweifen. Was für ein großartiges Panorama! Er sah die engen Täler und kleinen Dörfer, die Hotels und Gasthäuser. Am Horizont konnte er die nächste Stadt erkennen. Dann schloss er die Augen und reiste in Gedanken immer weiter und weiter und weiter, bis er auf der »Regenbogeninsel« im Pazifik angekommen war. Er sah den blauen Ozean, sah Windräder sich drehen und Solaranlagen in der Sonne blitzen. Er sah die Umrisse eines buddhistischen Tempels und einer gotischen Kathedrale. Und er sah Gesichter, lächelnde Gesichter von Menschen unterschiedlicher Hautfarben, alle mit leuchtenden Augen und alle mit einer neuen Welt im Herzen.

Quellenangaben

1. Meyer, Erin: The Culture Map. Breaking Through the Invisible Boundaries of Global Business. New York: PublicAffairs, 2014.
2. Csíkszentmihályi, Mihály: Flow. Das Geheimnis des Glücks. Stuttgart: Klett Cotta, 2014.
3. Jekel, Thorsten: Digital Working für Manager. Mit neuen Technologien effizient arbeiten. Offenbach: GABAL, 2013.
4. Ferris, Timothy: Die 4-Stunden-Woche. Mehr Zeit, mehr Geld, mehr Leben. Berlin: Econ, 2008.
5. Faltin, Günter: Kopf schlägt Kapital. Die ganz andere Art, ein Unternehmen zu gründen. Von der Lust, ein Entrepreneur zu sein. München: Hanser, 2011.
6. Senge, Peter M.: Die fünfte Disziplin. Kunst und Praxis der lernenden Organisation. Stuttgart: Klett Cotta, 2008.
7. Lencioni, Patrick: The Five Dysfunctions of a Team. A Leadership Fable. New Jersey: John Wiley & Sons, 2002.
8. Senge, Peter M.: Die fünfte Disziplin. Kunst und Praxis der lernenden Organisation. Stuttgart: Klett Cotta, 2008.
9. Meyer, Erin: The Culture Map. Breaking Through the Invisible Boundaries of Global Business. New York: PublicAffairs, 2014.
10. Phasenmodell von Bruce Tuckman
11. Faller, Kurt u.a.: Das Buddy-Prinzip. Soziales Lernen mit System. Düsseldorf: Buddy e.V., 2007.
12. Meyer, Erin: The Culture Map. Breaking Through the Invisible Boundaries of Global Business. New York: PublicAffairs, 2014.

Der Autor

Peter Ivanov, geboren 1970 in Bulgarien, ist Keynote Speaker, Unternehmensberater und Executive Coach. Er verfügt über mehr als 20 Jahre Erfahrung im internationalen Management. In der Konzernwelt leitete er virtuelle Teams, die teilweise aus mehr als 100 Mitarbeitenden bestanden und sich auf West- und Osteuropa, Zentralasien, den Nahen Osten und Afrika verteilten. Seine Teams wurden mehrfach mit Corporate Awards ausgezeichnet.

Der studierte Mathematiker spricht fünf Sprachen und gewann als Sportler mehrere internationale Meisterschaften im Diskuswurf.

Als Student erlebte er die Transformation seines Heimatlands vom Kommunismus zur Demokratie und trat schon damals häufig als Redner auf. Heute ist er gefragter Keynote Speaker bei Unternehmensveranstaltungen und auf Kongressen in ganz Europa.

Peter Ivanov gibt als Berater, Coach und Redner sein Wissen über Führung und virtuelle Teams weiter. Der Kosmopolit beschäftigt sich außerdem intensiv mit dem Thema kulturelle Vielfalt in Unternehmen. Er lebt mit seiner Frau und seinen fünf Töchtern in Hamburg.

www.peter-ivanov.com

Stichwortverzeichnis

3-D-Drucker 171

Afrika 52, 68, 102, 111, 116, 156, 190, 242 f., 255
Allen, Paul 195
Apple 73, 129, 196
Arbeitssprache 210
Asien 20, 43, 52, 111, 156, 165, 169, 171, 190, 203 f., 252
A-Teams 40
Aufwärtsspirale 57, 75 f., 223
Australien 43, 156 f., 213

Belohnungen 46, 61–63, 211, 222, 228 f., 232–235
Berater 37, 47, 54, 133, 255
Besserwisser 27, 80 f.
Best Practices 48
Bottom-up 88, 91
Break-out-Gruppen 129
Brickworks 136 f.
Broese, Thorsten 35
Buddy-Prinzip 111, 188
Bulgarien 124, 147, 209, 235, 255
Burn-out 75, 230
Business Case 189 f.

Cafés, virtuelle 197 f.
Cambridge 23, 51
China 54, 94, 171, 188 f., 200, 214, 226, 243
City University of New York 54

Coach / Mentor 26, 46, 75, 93, 111, 113, 217, 247, 255
Coaching 69, 74, 88, 107 f., 217
Coca-Cola 134
Crowdfunding 24, 28, 48, 50–53, 55 f., 61, 65–68, 73, 85, 121, 147, 166
Csíkszentmihályi, Mihály 105 f.
Culture Map 177, 212

Dänemark 213
Deutschland 10, 19, 22, 36, 94, 100, 122, 136 f., 145, 163, 166, 193, 201, 241 f.
Digital-Working-Technologien 134
Diversity 204–207
Diwali (Lichterfest der Hindus) 210
Dysfunktionen 176

Einzelgespräche 42
Elfenbeinturm 245, 248
Empowerment 83, 86 f., 90, 94 f., 98, 146, 246
Enabler 28, 45, 196
Enterprise Resource Planning 111, 130
Entrepreneur 13, 57
Entscheiden (Deciding) 212, 214
Entwicklungspotenziale 113
Erfolgsfaktoren 63, 176
Europa 69, 110, 145 f., 156, 163, 203, 215, 229, 240, 255
Expertise 15, 25, 195, 243
Extrameile 39, 44–46, 57, 170, 229, 233

Facebook Messenger 129
FaceTime 22, 60
Faltin, Günter 140
Feedback 43, 51, 54, 72–74, 84, 93, 95, 109, 111, 132, 147, 154, 159, 161, 164, 168, 173, 179, 190, 193, 214, 216, 225, 231
Ferris, Timothy 136
Fiverr 14
Flipchart 32, 70, 77, 83f.
Flow-Korridor 105f.
Flow-Theorie 105
Flüchtlingsströme 12
Follower 194f., 198
Forming 179f.
Frage-und-Antwort-Runde 43
Freiberufler 13, 37, 139
Führung (Leading) 212
Führungskraft 14, 28, 30, 35, 37, 39f., 42–46, 75, 139, 160, 177, 196, 219, 236

Gallup 59, 76, 107
Gates, Bill 195
Generalisten 108, 110f.
GetFriday 136
Globalisierung 12
Google 9, 11, 48, 121, 124–126, 129f., 135, 193, 196
Gore, W. L. 194
Gravitationskraft 14, 57, 70, 99, 109, 128, 172, 188, 248
Großbritannien 35f., 94
Gruppendruck 98f., 178

Helden, heimliche 116
Hidden Agenda 81
High Performer 98
High Potentials 243–245

iMessage 129
Indien 136, 143, 208, 213
Industriestaaten 11
Inhouse-Team 47
Instant Messaging 129

iPad 9, 11, 19, 48, 51, 66, 125, 135, 139, 145, 185, 236

Japan 94, 213f.
Jekel, Thorsten 133f.
jekel & team innovative 133
Jobs, Steve 73, 195
Jung, C. G. 112

Kanada 20, 52, 100
Kelly, Terri L. 194
Kenia 208
Kennzahlen 111, 215
Kernteam 32, 87–89, 128, 152f., 164, 168, 173, 186, 188, 190, 223, 230, 241, 244–246
Keynote 32
Klimawandel 12
Kolumbien 209
Kommunikation 29–31, 34, 41–43, 60f., 99, 111, 128, 131, 145, 152, 157, 159f., 162, 164, 173, 181, 207, 212, 216–219, 221
Kommunikationskanäle 43f., 60, 74, 162
Kommunikationskultur 162, 192, 194
Kreativität 171, 195, 197
Kreativmeetings 197
Krisenmanagement 61
Kritik (Disagreeing) 212
Kritiker 81, 113
Kuhl, Julius 112
Kultur 39, 42, 94f., 97, 105, 176, 205, 210, 238

Landkarte der Ressourcen 76, 108
Leadership-Team 88, 245
Lebenslinie 32–35, 75
Leistungssteigerung 98
Leistungsträger 98
Lencioni, Patrick 176
Lifeline 32f., 58, 70, 97, 131, 153, 180, 205, 208
LinkedIn 14, 56
London 24, 66f., 70, 169

Lufthansa 51, 125, 236
Lync 135

Macher 113
Malaysia 208
Messaging-Dienste 56
Metaplan-Wand 76
Mexiko 163, 224
Meyer, Erin 94, 177, 212
Microsoft Exchange 134
Mikromanagement 21, 27, 30, 45, 72, 75, 80f., 90
Minderleister 98
Mittelstand 27, 134
Monatskonferenz 153–156, 173, 178
Montreal 10f., 20, 23, 53, 68, 102
MOOC 20f., 24, 49, 50f., 53–55, 66–68, 84, 103, 121, 125, 145–148, 164, 166, 185f., 188, 223, 226, 234, 236–238, 240
Moskau 116, 229
Motivation 45f., 110, 116, 175, 191, 247
Motivationsfaktor 115, 196

Naher Osten 116, 255
Naturkatastrophen 9, 12, 54
Netze, soziale 56
Netzwerke 37, 47, 56, 192
New York 49, 59, 83, 103, 147f., 164, 169, 185, 188, 224
Nichtregierungsorganisation (NGO) 12f., 171, 235, 244, 247
Niederlande 36, 94
Nizza 89
Non-Profit-Projekte 51
Norming 179f.
Norwegen 213

Open-Source-Bewegung 198
Osmanovic, Cemal 216f.

Partner 15, 47, 86, 140, 144, 151, 188, 192, 197f., 223
Performing 179, 181

Persönlichkeit 29–31, 39, 42, 62f., 175, 179, 223
Persönlichkeitsprofile 58, 111
Persönlichkeitsstruktur 112f.
Persönlichkeitstests 112f.
Planer 113
Plattformen 14, 48, 52, 134
PowerPoint 32
Powerteam 7, 13–16, 27f., 35, 38, 40, 56, 58, 61, 140
Präsenz-Workshops 162
Prezi 32
Product Owner 173
Produktivität 89f., 124, 128, 133, 144, 195
Projectplace 135
Prozess-Master 174

Risikomanagement 171, 207
Roadmaps 69, 85f., 91f., 97
Russland 94–96, 213

SAP 130, 139
Saudi-Arabien 214
Schweden 95, 213
Scrum 172f., 195
Scrum Master 173
Selbstreflexion 107
Senge, Peter M. 158, 177f.
Silicon Valley 195, 197
Skandinavien 94
Skype 11, 19, 21–23, 25, 27, 34, 49, 52, 60, 66–68, 70, 101, 122, 124f., 127, 129, 135, 145, 149, 204, 219, 223, 236
SMART-Formel 72, 91–94, 97
smile2 GmbH 216
Social Media 163, 210
Soft Skills 159
Spezialisten 14, 24, 109–111, 139f., 144, 221
Stärkenanalyse 110
Stärkenfinder 59
Storming 179f.
StrengthsFinder 59, 76, 107

Teamarbeiter 98
Team-Charta 162 f.
Teamfähigkeit 159
Teamkonferenzen 49, 150, 155, 157, 159, 162, 229, 251
Teamkultur 14, 95, 116, 158, 178, 191, 192, 196, 213, 215 f.
Team-Newsletter 216
Teamplayer 109–111
Teams, multikulturelle 26 f., 211
Teamstruktur 192 f.
Teams, virtuelle 12, 27, 35, 38 f., 45, 47, 51, 60, 63 f., 72, 74 f., 77, 99, 109, 136, 158, 163, 166, 175, 191, 207, 213, 221, 247
Teamzusammenhalt 41, 99, 114
Telefonkonferenz 21, 31, 39, 61, 90, 134, 149
Timekeeper 155
Timeline 92 f.
To-do-Apps 130
Top-down 154, 214
Transmontanien 9–11, 19–23, 28, 48, 54 f., 65, 69, 103 f., 121, 123, 146, 164, 169, 187–189, 199, 203, 222, 225–227, 236, 238, 240–242, 251 f.
Trello 130, 135, 218
Tuckman, Bruce 179 f.
Twitter 9–11

Update-Konferenzen 60

Vertrauen 27 f., 30 f., 35, 41, 56, 58, 76, 142, 164, 167 f., 172, 175 f., 178 f., 209, 212
Videokonferenz 22, 32, 42, 44, 60, 69 f., 84, 127, 129, 131 f., 134, 142, 146, 153, 162, 164, 167, 169, 178, 180, 185, 194, 197 f., 200, 205, 210, 219, 223, 235, 238
Virtuelle persönliche Assistenten (VPA) 124, 136–138, 140
Visionäre 113, 171
Visual Questionnaire 111, 170

WebEx 60, 70, 83, 101, 123, 135, 147, 167, 169, 186–188, 200, 223 f.
Weltbank 23, 51 f.
WhatsApp 22, 125, 129, 163, 251 f.
Whiteboard 32, 70, 76, 83, 86 f., 92, 129, 171, 197 f.
Wissensmanagement 124, 126 f.
Wochenkonferenz 147, 153, 155 f., 173 f.
Workshops 26, 31–35, 42, 59, 69 f., 72, 75 f., 83, 91–97, 99 f., 123, 131, 146, 148–153, 166, 169, 179, 188, 205, 208 f., 214, 226, 230, 236
Wunderlist 135

GABAL
Dein Business
Dein Leben
Dein Erfolg

Dein Business
Aktuelle Trends und innovative Antworten auf brennende Fragen in den Bereichen Business und Karriere.

Kurt-Georg Scheible
Ausgereizt!
ISBN 978-3-86936-696-8
€ 24,90 (D)
€ 25,60 (A)

Matthew Mockridge
Dein nächstes großes Ding
ISBN 978-3-86936-692-0
€ 24,90 (D)
€ 25,60 (A)

Steffi Burkhart
Die spinnen, die Jungen!
ISBN 978-3-86936-691-3
€ 24,90 (D) / € 25,60 (A)

David Butler, Linda Tischler
Wachstum gestalten
ISBN 978-3-86936-690-6
€ 29,90 (D) / € 30,80 (A)

Thorsten Bosch
Führung made in Germany
ISBN 978-3-86936-662-3
€ 39,90 (D) / € 41,10 (A)
Nicht als E-Book erhältlich

Anne M. Schüller
Touch. Point. Sieg.
ISBN 978-3-86936-694-4
€ 29,90 (D) / € 30,80 (A)

Edgar K. Geffroy, Benjamin Schulz
Goodbye, McK... & Co.
ISBN 978-3-86936-664-7
€ 29,90 (D) / € 30,80 (A)

Dominic Multerer
Klartext
ISBN 978-3-86936-658-6
€ 24,90 (D) / € 25,60 (A)

Alle Titel auch als E-Book erhältlich

gabal-verlag.de

GABAL

Dein Business
Dein Leben
Dein Erfolg

Dein Erfolg

Erprobte Strategien, die Ihnen auf dem Weg zum Erfolg hilfreiche Abkürzungen bieten.

Ilja Grzeskowitz
Mach es einfach!
ISBN 978-3-86936-689-0
€ 19,90 (D)
€ 20,50 (A)

Svenja Hofert
Was sind meine Stärken?
ISBN 978-3-86936-693-7
€ 24,90 (D)
€ 25,60 (A)

Stephen R. Covey
Die 7 Wege zur Effektivität
ISBN 978-3-89749-573-9
€ 24,90 (D) / € 25,60 (A)

Bernhard Wolff
Titel bitte selbst ausdenken
ISBN 978-3-86936-697-5
€ 19,90 (D) / € 20,50 (A)

Devora Zack
Die Multitasking-Falle
ISBN 978-3-86936-663-0
€ 24,90 (D) / € 25,60 (A)

Steffen Kirchner
Totmotiviert?
ISBN 978-3-86936-657-9
€ 24,90 (D) / € 25,60 (A)

Paul Johannes Baumgartner
Das Geheimnis der Begeisterung
ISBN 978-3-86936-590-9
€ 24,90 (D) / € 25,60 (A)

Ilja Grzeskowitz
Das Veränderungs-Journal
ISBN 978-3-86936-666-1
€ 19,90 (D) / € 20,50 (A)
Nicht als E-Book erhältlich

E-Book Alle Titel auch als E-Book erhältlich

gabal-verlag.de

Whitebooks

Kompetentes Basiswissen für Ihren beruflichen und persönlichen Erfolg.

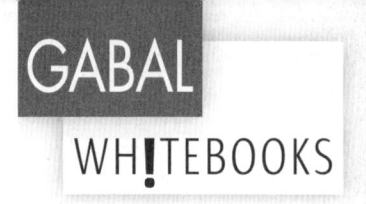

GABAL WH!TEBOOKS

Martin Geiger
Schneller als die Konkurrenz
ISBN 978-3-86936-703-5
€ 19,90 (D)
€ 20,50 (A)

Katharina Maehrlein
Erfolgreich führen mit Resilienz
ISBN 978-3-86936-669-2
€ 19,90 (D)
€ 20,50 (A)

Andreas Buhr
Führungsprinzipien
ISBN 978-3-86936-702-6
€ 19,90 (D) / € 20,50 (A)

Hannelore und Markus F. Weidner
Anerkennung und Wertschätzung
ISBN 978-3-86936-705-7
€ 19,90 (D) / € 20,50 (A)

Lars Schäfer
Vertrauen im Verkauf
ISBN 978-3-86936-670-8
€ 19,90 (D) / € 20,50 (A)

Urs Altmannsberger
Profitabler Einkauf
ISBN 978-3-86936-706-4
€ 19,90 (D) / € 20,50 (A)

Martina Mangelsdorf
Von Babyboomer bis Generation Z
ISBN 978-3-86936-672-2
€ 19,90 (D) / € 20,50 (A)

Claudia Fischer
99 Tipps für erfolgreiche Telefonate
ISBN 978-3-86936-668-5
€ 24,90 (D) / € 25,60 (A)

E-Book Alle Titel auch als E-Book erhältlich

gabal-verlag.de

In 30 Minuten wissen Sie mehr!

Kompetentes Wissen praxisorientiert und übersichtlich auf den Punkt gebracht.

Jedes Buch 96 Seiten, € 8,90 (D) / € 9,20 (A)

GABAL 30 MINUTEN

Dörthe Huth
30 Minuten
Achtsamkeit
ISBN
978-3-86936-708-8

Hans-Georg Willmann
30 Minuten
Arbeitszufriedenheit
ISBN
978-3-86936-677-7

Michael T. Wurster, Jörg Knoblauch, Werner Ziegler, Hanns Hub
30 Minuten Bewerben mit Profil
ISBN 978-3-86936-676-0

Nayoma Viktoria de Haen, Torsten Hardieß
30 Minuten Gewaltfreie Kommunikation
ISBN 978-3-86936-673-9

Svenja Hofert, Thorsten Visbal
30 Minuten Teams führen
ISBN 978-3-86936-711-8

Marieluise Noack
30 Minuten Umsetzungspower
ISBN 978-3-86936-709-5

Tobias Ain
30 Minuten Verkaufsgespräche
ISBN 978-3-86936-710-1

Markus Hornig
30 Minuten Lebensenergie
ISBN 978-3-86936-678-4

E-Book Alle Titel auch als E-Book erhältlich

gabal-verlag.de

ANZEIGE

Bei uns treffen Sie Gleichgesinnte ...

... weil sie sich für **persönliches Wachstum** interessieren, für **lebenslanges Lernen** und den Erfahrungsaustausch rund um das Thema Weiterbildung.

... und Andersdenkende,

weil sie aus unterschiedlichen Positionen kommen, unterschiedliche Lebenserfahrung mitbringen, mit unterschiedlichen Methoden arbeiten und in unterschiedlichen Unternehmenswelten zu Hause sind.

Auf unseren Regionalgruppentreffen und Impulstagen entsteht daraus ein **lebendiger Austausch**, denn wir entwickeln gemeinsam **neue Ideen**. Dadurch entsteht ein **Methodenmix** für individuelle Erlebbarkeit in der jeweiligen Unternehmenswelt.

Durch Kontakt zu namhaften Hochschulen erhalten wir vom Nachwuchs spannende Impulse, die in die eigene Praxis eingebracht werden können.

GABAL.
Wissen vernetzen

Das nehmen Sie mit:

- Präsentation auf den GABAL Plattformen (GABAL-impulse, Newsletter und auf www.gabal.de) sowie auf relevanten Messen zu Sonderkonditionen
- Teilnahme an Regionalgruppenveranstaltungen und Kompetenzteams
- Sonderkonditionen bei den GABAL Impulstagen und Veranstaltungen unserer Partnerverbände
- Gratis-Abo der Fachzeitschrift wirtschaft + weiterbildung
- Gratis-Abo der Mitgliederzeitschrift GABAL-impulse
- Vergünstigungen bei zahlreichen Kooperationspartnern
- u.v.m.

Neugierig geworden? Informieren Sie sich am besten gleich unter:

www.gabal.de/leistungspakete.html

GABAL e.V.
Budenheimer Weg 67
D-55262 Heidesheim
Fon: 06132/5095090,
Mail:info@gabal.de